美国冲突法理论嬗变的法理

——从法律形式主义到法律现实主义

许庆坤　著

商　务　印　书　馆
2009年·北京

图书在版编目(CIP)数据

美国冲突法理论嬗变的法理:从法律形式主义到法律现实主义/许庆坤著. —北京:商务印书馆,2009
ISBN 978-7-100-06693-8

I. 美… II. 许… III. 冲突法—研究—美国 IV. D997

中国版本图书馆 CIP 数据核字(2009)第 109874 号

本书得到
山东大学人文社会科学青年成长基金(后期资助项目)资助

美国冲突法理论嬗变的法理
——从法律形式主义到法律现实主义
许庆坤 著

商 务 印 书 馆 出 版
(北京王府井大街36号 邮政编码 100710)
商 务 印 书 馆 发 行
北京瑞古冠中印刷厂印刷
ISBN 978-7-100-06693-8

2009年12月第1版 开本 880×1230 1/32
2009年12月北京第1次印刷 印张 10¾
定价: 22.00 元

序　一

可以肯定地说，改革开放三十多年来，我国国际私法研究已渐入佳境。我们还记得，改革开放之初，我国国际私法学界比较多地讨论国际私法的一般问题，比如，国际私法的概念、性质、范围、特点、作用，国际私法与国际公法、国际经济法、民法的关系等。当年刚刚步入国际私法领域的我也是如此，比较热衷于国际私法的基本理论问题，比如，曾对国际私法的国际性质、冲突法体系等问题有浓厚的兴趣。后来，随着我国改革开放的深入发展，许多国际私法学者认识到国际私法仅仅研究空虚的理论是不够的，还要注重解决实际问题，我也曾倡导"少谈些主义、多谈些问题"，大家便把研究逐渐转向国际民商事交往中以及我国涉外司法实践中的一些具体问题。国际私法的研究成果不再只局限在宏观的、框架性的、基础性的研究，而是在一些具体领域逐步深入展开。比如，国际统一实体私法的研究进入了实质性的阶段，不仅初步澄清了国际统一实体私法的基本理论问题，而且在国际货物买卖、国际货物运输、国际代理、国际知识产权和国际收养等具体领域取得重大进展；国别国际私法研究取得了丰硕成果，扛鼎之作就是韩德培教授与韩健教授合著的《美国国际私法导论》，一些博士生也先后完成了瑞士、澳大利亚、加拿大、荷兰、德国、俄罗斯等国的国际私法研究；区际法律冲突问题的研究更加具体、务实和深入，尤其注重对具体领域的区际法律冲突解决方案的研究;国际民事诉讼与国际商事仲裁法律问题的研究空前活跃,涌现了一批重要研究成果。

进入新世纪以后,我们意识到有必要重新重视国际私法基本理论问题的研究,因为对许多基本理论问题缺乏深入的研究,在学界难以形成共识,这就影响了整个国际私法学科的发展:不能上升到一个很高的角度来研究具体的问题,从而使理论的升华受到了很大的限制。因此,我们有必要深入讨论国际私法的基本理论问题。可喜的是,国内国际私法学界一批年轻学者甘于寂寞、埋头苦读,致力于具体问题与现象的理论升华,致力于国际私法基本理论问题的探索,比如,对当代国际私法的实体取向的研究,对示范法的比较研究以及对冲突法的经济分析等。这样,在国际私法新领域逐步拓展和对中国国际私法实践的研究逐渐深化的同时,我国国际私法研究的理论深度也得到了提升。可以这样说,我国国际私法学界正在进入抽象理论研究和具体实践研究双翼齐飞的新阶段,这和国际私法既有高度理论性又有高度实践性的特点恰好吻合。

读者面前的这部著作是许庆坤博士潜心理论研究的结晶。虽然美国冲突法理论早在改革开放之初就受到我国国际私法学界的重视,但本书没有停留在早期成果的简单介绍和评价层次,而是深入到法理层面论证美国冲突法理论的来龙去脉。为了完成这部著作,作者曾在美国跟随著名学者 Peter Hay 教授学习一年,并收集了大量一手英文资料。数年来,作者始终坚持博学之、审问之、慎思之、明辨之、笃行之,终成此书。

综观全书,可以看出其三个突出特点:

一是视角独特、观点明确。本书以美国法理思潮的演变为起点,首先阐明了美国法律现实主义的真正内涵,然后论证早期的法律现实主义者库克、安特马和凯弗斯等对传统冲突法理论和制度的批判，最后精选五种最有代表性的现代冲突法理论剖析其法律现实主义根基。全书紧紧围绕“从法律形式主义到法律现实主义”这条美国冲突法理论嬗变的红线展开论证，主题十分鲜明。

二是资料新颖、注释详尽。作者充分利用其出国学习的有利条件，资料收集得相当详尽，在写作中引用了近50部英文著作和近150篇英文论文，其中不乏国内罕见的资料，这在同类著作中并不多见。这充分展现了作者研究的认真态度和求实文风。全书注释相当充分，基本做到了重要事实和观点均有据可凭。这使本书中的一些新观点具有很强的说服力。

三是逻辑严密、论证充分。或许是因为长期阅读英文资料并在美国和英国学习过，作者深具英美学者行文的风格。不仅“导言”部分首先交待清楚全书的论点和思路，而且每一章甚至每一段同样首先阐明作者的观点和思路，然后再详尽论证。这种写作方法使全书思路清楚、逻辑缜密、论证充分。

在同许庆坤博士的交往过程中，我深感他勤奋好学、治学认真。以前在中国国际私法学会年会召开之际，他曾多次同我讨论国际私法问题。一年前，他到武汉大学国际法研究所做博士后研究，我们有了更多的交流。作为他的合作导师，我很高兴看到他这些年在学术上所取得的进步。当然，许庆坤博士作为一位步入学术殿堂不久的年轻学者，学术功力毕竟有限，本书难免会有一些瑕疵，但我期待他能以本书为起点，在未来的学术之旅中刚健不息，取得更大的进步。

黄　进

2009年8月1日于北京

序　二

多年来，法律形式主义、法律现实主义这些词汇，对我国专事法理学研究的学人而言，并不陌生。但我国法理学者比较熟悉的，不过集中在诸如法律形式主义的主张者布莱克斯通、兰德尔，法律现实主义的主张者霍姆斯、卢埃林、弗兰克等几个人的思想上。从法律形式主义到法律现实主义作为一场颇具声势的法律运动，作为美国乃至整个西方世界20世纪以来法律变革的一条基本线索，它不仅牵涉到法理学，而且直接影响着“部门法学”，更冲击着既有的司法理念，甚至法律理念。所谓司法克制和司法能动的分野，就是在司法领域对从法律形式主义到法律现实主义运动的事实回应。

这种情形，与我国法学发展形成明显对照。或许是我国法学处于草创期，处于对外域法学的吸收和消化期，或许是我国体制变革尚没有明确朝着法治的路线前行，致使法理学的发展对法学全局性的影响有限，对整个法制发展的影响更是如之。这进一步导致一种法学理论在我国的提出，很难形成法学界的整体性呼应、反思与批判，也难以获得法制实践的首肯和回应，因之，法理学和“部门法学”之间以及法律实践之间常常画地为牢、孤芳自赏，同时也相互埋怨，或怨对方不提供“有价值”的理论，或怨对方不尊重既有的研究成果。

此种法理学和“部门法学”之间、法理学和法律实践之间的脱节，恐怕是造成目下我国法理学界在研究国外的一些影响甚大的法学理论时，只见树木、不见森林，只见几条观点、不见具体论证，只见法理学上的主张、不见“部门法学”上的回应……的原因所在。因之，相关的研究，说挂一漏万，恐不为过。这对中国法学更系统地消化外来的法律思想、引入外来的法律文化，不可不说是一种学术自觉方面的阻力。这要求在法学研究中，特别是在绍介外域的法学成果方面，法理学者们不但要关注法理学视角的一些宏观主张，更要关注这些主张在其他“部门法学”上的回应，关注其在法律实践中的反响。与此同时，在具有本土特色的法理原创中，不仅要关注法理观点的惊世骇俗，更要关注这种观点可能在“部门法学”中、在法律实践上的回应和反响，把法理置诸细节之处，使法理学的实践品格得到更好的呈现。

令人欣喜的是：近些年来，在新一代法学学人的孜孜努力下，我国法学不论是对外域法学学术的绍介，还是本土法学学术的原创，都呈现出越来越细化的特征。关注法律学术的细节，并在细节关注中寻求法律学术的突破，是新一代法学学者学术研究的特点之一。设法打通法理学和部门法学之间的鸿沟，搭架法学和法律实践之间的桥梁，也是这一代法学学者所自觉努力的方向。在这一努力中，读者不时可发现一些令人眼前一亮的法学作品。

读者面前的这部作品——《美国冲突法理论嬗变的法理——从法律形式主义到法律现实主义》，就是新一代法学者努力的结果之一。作者站在冲突法的视野上，把在法律形式主义到法律现实主义这一运动中，美国冲突法学者的相关论述作出了具体、仔细的分析和梳理。在该书中，读者可以发现以前我国法学者们在中文世界很难看到的一些学者、观点和资料。并会由此进一步发现：这些学术观点，上承现实主义法学运动的一般学术理念，下启美国的冲突法实践，真正体现着所谓“实践理性”的学术精神。读者从中不但可以领略到一种冲突法理论在美国的展开，而且由此进入，在法理学视角上更深地领会法律现实主义运动的细节问题。

作者在攻读博士学位期间，曾赴美一年，对美国法律现实主义运动在冲突法领域里的表达多所涉猎。因之，文中有关美国冲突法学界对现实主义法学的回应和贡献的梳理、总结，都是建立在其所收集的第一手资料基础上的。在论文写作中，作者无论在行文、逻辑上，还是在材料、观点上，都精益求精、力戒舛误。这正是读罢该书，能够让人获得现实主义法学在细节上的一些观点和论述的原因。

正是专注于再现美国冲突法学界对法律现实主义的回应，专注于在学术思想史的梳理中体现，或者自然表达作者自身的主张，因此，初览此书，读者或许会感觉：作者究竟持有何种观点，似乎所获不多。不过仔细阅罢后，读者也许会改变看法，会发现作者巧妙地将自己的观点寓于细则陈述中的能力。换言之，会发现作者对相关问题的细节性陈述、编排和运用，本身在表达着作者自己的思考、见解和学术洞察力。

该书作者许庆坤君，是笔者所指导的已获得博士学位的第二位硕士阶段出身于“部门法学”的博士生。其研究内容，既没有远离他所从事的专业，也和我从事的法理学学科紧密相关。在就学期间，他不嗜功利，笃志于学；毕业之后，其仍孜孜以求，探寻新知。

在其作品于商务印书馆付梓之际，我匆匆赘言如上，是期待庆坤君能百尺竿头，更进一步；守凌云志，力争上游。

是为序。

陇右天水学士　谢 晖

2009年5月9日

目　录

导 言

抛开冲突法理论,将无从理解冲突法的制度和实践。冲突法是个古老而又年轻的学科。古老,是言其历史久远,可追溯至12世纪甚至更早;[①]年轻,是言其常谈常新,新理论和新制度至今仍不断面世。在冲突法演变的历史长河中,一直是理论在提供源源不竭的动力。相对于其他法律领域,冲突法对学术理论的依附更加令人瞩目。成文法,无论是国际条约还是国内立法,背后常有学者的影子,甚至由学者直接执笔;[②]判例法中充斥着对学术著作的引用,律师为胜诉也不得不分析相冲突的各种法律选择方法。[③]美国学者凯(H. Kay)甚至宣称:

> 冲突法不是一个法律的领域,而是学者的领地。欧洲冲突法为理论家和专著作者所支配,以至于其历史可以按照学

---

① 荣格将冲突法的真正起点定于12世纪罗马法在意大利的复兴,最早的冲突法学者就是研究罗马法的注释法学者。但他同时谈到了古希腊和古罗马解决法律冲突的早期实践和零星规定。See F. Juenger, *Choice of Law and Multistate Justice*, Dordrecht: Martinus Nijhoff Publishers, 1993, pp. 6-11.

② See O. Kahn-Freund, *General Problems of Private International Law*, Leyden: Sijhoff, 1976, pp. 128-136.

③ See J. Westbrook, "Survey and Evaluation of Competing Choice-of-Law Methodologies: The Case for Eclecticism", *Missouri Law Review*, Vol. 40, 1975, p. 411.

> 者关于法律选择的不同方法写就。美国冲突法的历史支持相似的方法……[1]

第二次世界大战以后，美国冲突法理论独领世界风气之先。自最早的冲突法理论——法则区别说问世至今，冲突法研究的中心随着世界经济核心区的变化几度迁移。从意大利到法国，再到荷兰、德国与英国，冲突法学术巨匠的天才妙想辉映在欧洲的学术天空。[2] 美国早期作为英国的殖民地，没有本土的冲突法理论资源。19 世纪哈佛大学法学院的斯托雷(Story)教授借用了荷兰胡伯的国际礼让说，正式开始了美国冲突法理论的拓荒之路。[3] 19 世纪末 20 世纪初，同为哈佛大学法学院教授的比尔(Beale)基于英国戴西的理论创建了既得权说。第二次世界大战之后，美国冲突法研究局面焕然一新。欧洲的战火硝烟迫使一批欧洲冲突法学者避乱于美国，为美国本土意外带来了海外智力资源；[4]20 世纪初，美国法律现实主义运动为冲突法学者准备了锐利的思想武器；

---

① H. Kay, "Ehrenzweig's Proper Law and Proper Forum", *Oklahoma Law Review*, Vol. 18, 1965, p. 233.

② 意大利的巴托鲁斯(Bartolus)、法国的杜摩兰(Dumoulin)和达让特莱(D'Argentré)、荷兰的胡伯(Huber)、德国的维希特(Wächter)和萨维尼(Savigny)、意大利的孟西尼(Mancini)、英国的戴西(Dicey)这些中世纪和近代的欧洲冲突法学者奠定了现代冲突法大厦的根基。See F. Juenger, *Choice of Law and Multistate Justice*, Dordrecht: Martinus Nijhoff Publishers, 1993, pp. 11-42.

③ 美国第一部冲突法著作《论不同州和国家实体法差异带来的问题》为利弗莫尔(Livermore)所著，但由于该书企图引进欧洲开始抛弃的法则区别说，在美国影响不大。美国冲突法理论构建真正开始于斯托雷的国际礼让说。See F. Juenger, *Choice of Law and Multistate Justice*, Dordrecht: Martinus Nijhoff Publishers, 1993, pp. 29-30.

④ 努斯鲍姆(Nussbaum)、劳伦森(Lorenzen)、纳德尔曼(Nadelmann)、拉贝尔(Rabel)等著名的美国冲突法学者均来自欧洲。

繁荣的国际和州际贸易导致涉外判例激增，为创新冲突法理论提供了丰富的素材；早期法律现实主义者对既得权理论的批判为开辟新道路作了充分的铺垫。美国冲突法舞台的大幕徐徐拉开，在20世纪下半叶上演了一场轰轰烈烈的冲突法革命。凯弗斯(Cavers)、柯里(B. Currie)、艾伦茨威格(Ehrenzweig)、莱弗拉尔(Leflar)和里斯(Reese)等一批天才巨星纷纷登台上场，“优先选择原则说”、“法律适用兴趣分析说”、“法院地法说”、“五点考虑因素说”等创新理论令人炫目地扑面而来，令国际学界为之震惊。欧洲学者甚至惊叹：“理论，长期被视为欧洲大陆法学的一个鲜明特色，至少在冲突法领域已经成为一种美国人的特权。”①与之相比，曾经长期占据冲突法理论舞台的欧洲学界在第二次世界大战后鲜有大的起色。

如今，美国冲突法理论成为了西方冲突法学界的显学之一。在作为冲突法研究晴雨表的海牙国际法演讲台上，一大批美国学者纷纷登台献艺。② 过去欧洲学者几乎垄断海牙演讲的局面不见了，即使登上海牙演讲台的欧洲学者也鲜有不论及美国冲突法理论者。克格尔(Kegel)于1964年以“冲突法的危机”为题对美国冲突法革命中的主要理论作了梳理和评论，是欧洲早期研究美国冲突法革命的奠基之作，其影响深远。在海牙演讲之外，美国冲突法理论也是现代学者的热门话题。1981年在冲突法的发源地——

① K. Siehr, “Domestic Relations in Europe: European Equivalents to American Evolutions”, *The American Journal of Comparative Law*, Vol. 30, 1982, p. 71.

② 如凯弗斯、艾伦次威格、温特劳布(Weintraub)、里斯、彼得·海(Peter Hay)、凯、布里梅耶(Brilmayer)、西蒙尼德斯(Symeionides)等美国学者均登上过海牙国际法演讲台。

意大利召开了美国冲突法革命的专题研讨会，欧美学者集中对美国冲突法革命的内涵、利弊和对欧洲冲突法的影响予以正面交锋。荷兰学者德·波尔（M. de Boer）以一部专著《超越侵权行为地法》对美国冲突法革命在侵权领域的影响作了专题研究，成为该领域的权威之一。瑞士学者维舍（Visher）长期跟踪研究美国冲突法革命及其之后的理论和实践进展，并将自己的研究心得用于瑞士《国际私法法典》的编纂之中，使其成为现代冲突法国内立法中最为完备和成功的法典。

相形之下，我国学界对美国冲突法理论的研究尚处于起步阶段，存在诸多空白甚至谬误，尤其缺乏法理分析。清末以降，冲突法学同中国变革求强的征途一样命运多舛。19 世纪下半叶，冲突法学就伴随通商口岸对外开放传入中国。① 在战乱频仍的年代，近代的冲突法研究浅尝辄止于对国外制度和理论的简单介绍和模仿，涉及美国理论部分概莫能外。② 1949 年以后，当美国冲突法革命风起云涌之时，我国内地时而全盘苏化，时而盛行法律虚无主义，政治干扰使得成长于民国时期为数不多的冲突法学者无法顾及美国冲突法理论的新发展。20 世纪 80 年代后，学术环境虽然有所改善，但外文资料的匮乏和畸形的科研体制，导致不少冲突法

---

① 据考证，1864 年丁韪良翻译的《万国公法》中涉及冲突法；1898 年傅兰雅（John Fryer）翻译的《各国交涉便法论》是一部关于国际私法的专著。参见刘正中："中国国际私法词源考"，《中国国际私法与比较法年刊》总第 10 卷，北京大学出版社 2007 年版，第 210—211 页。

② 坊间可见的卢峻所著《国际私法之理论与实际》出版于 1936 年，现被列入"二十世纪中华法学文丛"重新出版。该书当年被郭云观教授称为"当代国际私法难得的佳作"，曹建明称卢峻对大陆法系和英美法系国际私法作出了"独到的比较研究"，但书中对美国斯托雷学说的介绍仅仅短短的四行字。参见卢峻：《国际私法之理论与实际》，中国政法大学出版社 1998 年版，第 44—45 页。

学者屈从浮躁之风，闭门造车、望文生义，学术泡沫之严重令人惊诧。在此背景下关于美国冲突法理论的研究成果，或者简略片面，或者错误迭出。[①] 对美国冲突法理论本身尚缺乏精细梳理和准确把握，对其更深层的法理分析当然无从奢望。

唯有深邃的法理，才是打开美国冲突法理论神秘大门的金钥匙。以比尔为代表的传统冲突法学者将法律形式主义用于构建既得权理论，而美国现代的冲突法革命是法律现实主义在冲突法领域的一场试验。沃德豪(Wardhaugh)认为："所谓的冲突法革命不仅是法律现实主义所激发的一场运动，而且它也为卷入法律现实主义运动者主张的某些观点提供了一些经验证明。"[②]格

---

① 建国后第一部研究美国冲突法的专著《现代美国国际私法学说研究》仅 11.2 万字，该书称："以库克为代表的'地方法理论'，是美国资产阶级在刚刚经历了空前的世界经济大危机后，又被卷入了前所未有的世界大战，在被称作为(原文如此——笔者注)焦虑、多事和混乱年代中所产生的法律思想。"张翔雨编著：《现代美国国际私法学说研究》，武汉大学出版社 1986 年版，第 23 页。其实，库克于 1924 年 3 月在《耶鲁法律期刊》第 33 卷发表的"冲突法的逻辑与法律基础"一文中提出了"本地法说"，当时既没有世界经济危机，也没发生第二次世界大战。这种结论完全是主观臆断。这种错误完全为第二部研究美国冲突法理论的专著《美国现代国际私法流派》(修订版)所继承，邓正来先生同样宣称："库克的'本地法说'也可谓是美国当时风靡的保守主义思潮的产物。当时，美国刚刚从空前的经济大危机中摆脱出来，却又被卷入了第二次世界大战。在这个被称之为乱世之秋的年代中，美国为维护和稳定国内的法律秩序，竭力排斥外国或外州法律的适用。"邓正来：《美国现代国际私法流派》(修订版)，中国政法大学出版社 2006 年版，第 32—33 页。此外，两部书中多处误解了美国的学说，如认为库克反对适用外国法或外州法，这绝非"本地法说"中的应有之义。李浩培先生于 1992 年在《中国国际法年刊》上所发表的"美国的国际私法革命"一文代表了当前相关研究中的最佳成果，但它只介绍了库克、凯弗斯、柯里和里斯的学说，不仅内容简短、缺乏详尽注释，而且一些结论略显仓促。参见李浩培：《李浩培文选》，法律出版社 2000 年版，第 390—423 页。

② B. Wardhaugh, "From Natural Law to Legal Realism, Legal Philosophy, Legal Theory, and the Development of American Conflict of Laws since 1830", *Maine Law Review*, Vol. 41, 1989, p. 307.

林(Green)称冲突法革命被广泛看做是法律现实主义的产物。[①]布里梅耶同样指出,美国法律现实主义对冲突法理论的影响已经获得广泛的认可。重要的冲突法理论家如库克(Cook)和劳伦森深受他们同时代的法理思想论战的影响。现代冲突法理论家引以为豪的闪光点之一是他们的观点将冲突法引入了同法理学发展同步的轨道。[②] 可以说,离开对美国法理思潮的分析,不仅无从把握美国冲突法理论演变的动力和基础,而且难以理解美国冲突法理论和制度本身。

对美国冲突法理论进行法理分析,这是一项意义重大但令人望而生畏的探究征途。美国学者自称冲突法领域为"令人沮丧的沼泽地"(dismal swamp),[③]理论众多,难题丛生。全面把握某个冲突法理论非常艰难。它不仅要求直接阅读冲突法原作,而且要理解作者的思想背景、他人的评价以及实践的回应。美国学者精于个案分析,普遍疏于宏观介绍和论证,这更为外国学者的研究增添了难题。不言自明的是,理解美国的理论还需跨越文化、制度与语言障碍。更加令人发憷的是,不仅国内学者对美国冲突法理论理解粗浅,而且法理学界至今对在美国影响深远的法律现实主义

---

① M. Green, "Legal Realism, Lex Fori, and the Choice-of-Law Revolution", *The Yale Law Journal*, Vol. 104, 1994－1995, p. 967.

② L. Brilmayer, "The Role of Substantive and Choice of Law Policies in the Formation and Application of Choice of Law Rules", *Recueil des Cours*, Vol. 252, 1995, p. 32.

③ 普罗瑟(Prosser)教授对冲突法的复杂和难以理解有一段令人捧腹的描述:"冲突法王国是一片令人沮丧的沼泽地,布满了陷人的泥淖,博学而古怪的教授驻足其中,他们用一种怪异而难以理解的行话将神秘的问题理论化。普通的法官或律师一旦卷入其中将彻底不知去向。"W. Prosser, "Interstate Publication", *Michigan Law Review*, Vol. 51, 1953, p. 971.

运动研究有限,仅有的成果也是不乏错误、难以为据。[①] 笔者在这次学术跋涉中,深深体会到诸多学者不愿陷入其中的苦楚。

但是,美国冲突法理论是座必须翻越的高山。不理解理论,便无从理解美国冲突法制度。吸收百家之长,方能成一家之言。错过借鉴美国冲突法理论之精华,我国冲突法制度和理论的建构必然留下遗憾。不理解过去,无以把握现在和预测未来。欠缺对美国已有冲突法理论的研究,即使研究所谓再"前沿"的课题也会显出功力不足,难以避免错误迭出。这是中国早期冲突法学者本应完成的艰难任务,但由于诸多时代限制,至今依然是个未解的难题。笔者凭借年轻人的激情和精力,早在几年前就萌生了研究这一课题的热望;加之有幸获得国家留学基金管理委员会和山东大学的资助,在美国苦读一年,其间得以同爱默雷(Emory)大学法学院的伯尔曼(H. Bermann)教授当面请教美国法律现实主义运动的始末和具体内容,同彼得·海教授多次交流对美国冲突法理论的见解并坚持听完了他的冲突法课程;爱默雷法学院图书馆藏书的丰富以及馆际互借的快捷便利令笔者惊叹并受益匪浅;互联网时代带来的获取信息的便利也是本研究得以完成的不可或缺的条件;还有国内诸多师长、同事、朋友的鼓励和帮助令笔者一直感恩地勤耕不辍,终于初步领略了美国冲突法理论的迷人魅力并形诸文字。

下文的研究将从四个层面展开。第一部分首先分析美国法律现实主义对法律形式主义的批判和新规则建构思路。法律形式主

---

① 参见许庆坤:"重读美国法律现实主义",《比较法研究》2007 年第 4 期,第 1 页。

义与法律现实主义均具有丰富的内涵，在本书中前者指兰德尔(Langdell)将法律奉为科学的僵化思维，它一度在美国理论和实践界风靡一时；后者指在美国20世纪二三十年代流行的思潮，其法律观包含了规则怀疑主义、法律功能主义和规则细化主义。第二部分评价比尔的既得权理论及《冲突法重述(第一次)》，揭示法律形式主义如何构成了二者的法理根基并成为冲突法革命的导火索。第三部分解答早期法律现实主义者如何解构比尔的理论和制度，并为后起的冲突法革命提供工具和方向。第四部分内容最为详尽，笔者根据多数学者的观点精选五位冲突法学者的理论，①详尽分析法律现实主义如何逐步占领美国冲突法理论的舞台，并最终成功具体化为《冲突法重述(第二次)》。

---

① 精选柯里的“法律适用兴趣分析说”、艾伦茨威格的“法院地法说”、凯弗斯的“优先选择原则说”、莱弗拉尔“五点考虑因素说”和里斯的冲突法思想作为美国现代冲突法理论的代表，是笔者反复比较和谨慎思考之后的判断。美国学者之间对现代冲突法理论的总结有所差异。现代美国最权威的教材读物思格尔斯(Scoles)等人所著《冲突法》一书选择了“法律适用兴趣分析说”、“法院地法说”、“功能分析方法”、“价值导向的方法(主要指莱弗拉尔的学说)”作为现代冲突法理论。See E. Scoles, P. Hay, P. Borchers and S. Symeonides, *Conflict of Laws*, St. Paul: Thomson, 2004. pp. 25-58. 荣格选择了“适当法方法”、“兴趣分析方法”、“影响法律选择的考虑因素”和“《第二次冲突法重述》的折中主义方法”作为现代冲突法理论。See F. Jurenger, *Choice of Law and Multistate Justice*, Dordrecht: Martinus Nijhoff Publishers, 1993, pp. 96-106. 莱弗拉尔、麦当格尔和菲利克斯的冲突法教材将“法律适用兴趣分析”、“优先选择原则”、“影响法律选择的考虑因素”、“最重要关系方法”和“全面的兴趣分析”作为现代美国冲突法理论。See R. Leflar, L. McDougal III and R. Felix, *American Conflicts Law*, Charlottesville: The Michie Company Law Publishers, 1989, pp. 276-285. 布里梅耶和戈德史密斯(Goldsmith)的冲突法教材选择了“兴趣分析”、“比较损害方法”、“较好规则方法”、“《第二次冲突法重述》和最重要关系方法”作为冲突法的新思维。参见L. Brilmayer and J. Goldsmith, *Conflict of Laws: Cases and Materials*, 中信出版社2003年影印版，第215—277页。

第一章 美国冲突法理论嬗变的法理基石

确定性通常是幻想,而高枕无忧不是人的天命。①

美国冲突法理论从传统向现代的嬗变号称一场轰轰烈烈的冲突法革命,②这场革命的法理基础就是法律现实主义。恰如沃德豪所言:"所谓的冲突法革命不仅是法律现实主义所激发的一场运动,而且它也为卷入法律现实主义运动者主张的某些观点提供了一些经验证明。"因此,把握美国冲突法理论嬗变的哲理首先需要了解美国法律现实主义。

遗憾的是,我国法学界对法律现实主义的理解只是浅层次的,甚至存在一些片面或错误之处,比如认为美国现实主义"否认法律规则的存在",③"法官不是根据法律也不是根据事实而是根据法

---

① O. Holmes,"The Path of the Law", *The Boston Law School Magazine*, Vol. 1, 1896 - 1897, p. 1.

② 艾伦茨威格较早采用"冲突法革命"一词,但他是在讽刺意味上使用的。See A. Ehrenzweig, "A Counter-Revolution in Conflicts Law? From Beale to Cavers", *Harvard Law Review*, Vol. 80, 1966 - 1967, p. 377. 德国的克格尔在其 1964 年海牙演讲中也提到"冲突法革命"(conflicts revolution)一词,但他并不认为美国的理论变革为革命,而称其为"冲突法危机"(crisis)。See G. Kegel, "The Crisis of Conflict of Laws", *Recueil des Cours*, Vol. 112, 1964, p. 95.

③ 刘星:"法律的不确定性——美国现实主义法学述评",《中山大学学报》1996 年增刊,第 199 页。刘星认为"现实主义法学的主要观点之一是否认法律规则的存在"。

官个人的心理偏好审判”。[1] 其实法律现实主义者并不否认规则的作用，只是指出规则并不是影响判决的唯一因素；弗兰克(Frank)对法官心理偏好的极端推崇也没有获得其他学者的广泛赞同。造成误解的根源之一是缺乏对法律现实主义全面而深入的研究。美国法律现实主义兴起的复杂背景是什么？为何是运动而非学派？这一运动的主要内容有哪些？我们应该如何评价这一深具美国特色的法学思潮？本部分尝试对上述问题作出初步解答，以便为后文的分析提供理论工具。

一、美国法律现实主义兴起的背景

每一场社会思想变革都有它革除的对象，美国法律现实主义反对的是法律形式主义。法律形式主义是美国 19 世纪后期和 20 世纪早期的主流法律思维模式，其根基是著名法官布莱克斯通(Blackstone)的观点：法官发现而非创制法律，判决源自不可变易的正义原则。[2] 法官犹如一台自动售货机，只要根据先例或正义原则，就可推导出任何案件的判决。正因为普通法在神秘的正义光环下简直包罗万象，因此成文立法不仅没有必要，而且构成对普通法自然演进的干扰。一种极端的观点甚至认为，成文立法是一种侵入法律肌体的毒瘤。[3] 法院的功能就是维护现有社会秩序，

---

① 朱景文：“对西方法律传统的挑战——评美国批判法律研究运动”，《中国法学》1995 年第 4 期，第 116 页。

② See G. Aichele, *Legal Realism and Twentieth-Century American Jurisprudence: The Changing Consensus*, New York: Garland Publishing, Inc., 1990, p. 4.

③ K. Llewellyn, *The Bramble Bush*, Oceana Publications, Inc., 1960, p. 89.

它们不会呼吁改革，更不会成为改革的领导者，因此通常不需要根据社会条件重新调整法律。[①] 在这种思潮影响下，哈佛大学法学院院长兰德尔在19世纪后期将普通法的自足性和系统性发展到了巅峰，提出法学也是科学，庞杂的判例法可以浓缩为类似几何学原理的少数法律基本原理。精通法律原理的法科生凭借法学教授们总结出的规则便可驰骋天下。在诸多社会学科纷纷冠以科学之名的时代，兰德尔法学以类似几何学的面貌登堂入室于科学殿堂。[②]

法律形式主义与当时自由放任的市场政策和私法自治政策息息相通。自由市场的良性运作需要契约自由和交易安全，要求法律具有明确性和稳定性，形式主义法学推导出的数量不多的法律原则恰好满足了商人们的这种偏好。当时，梅因(Maine)的"从身份到契约"的观念被广为接受，契约就意味着合同自由，排除国家的公权干预；公法和私法存在严格的界限，国家只能执行而无权干预当事人的约定；侵权法也由严格责任转为过失责任，当事人只对可预见到的损害负责。[③] 这种私法自治的过分形式化造就了今日看来荒谬的判决，伊利诺伊州最高法院在"里奇"(Ritchie)一案中宣告妇女享有与男子同样的合同自由，在从事劳动权利上不应作任何区别。[④]

---

① See G. Aichele, *Legal Realism and Twentieth-Century American Jurisprudence: The Changing Consensus*, New York: Garland Publishing, Inc., 1990, p. 10.

② See A. Sutherland, *The Law at Harvard*, Cambridge: The Belknap Press, 1967, p. 174.

③ J. Singer, "Legal Realism Now", *California Law Review*, Vol. 76, 1988, pp. 478-481.

④ R. Pound, "Liberty of Contract", *The Yale Law Journal*, Vol. 18, 1908-1909, p. 466.

法律形式主义的理论依据之一是市场自足和自立的神话，政府只是市场的"守夜人"，交易者个个理性十足，契约代表的交易内容无需国家插手。但是，当资本主义发展到垄断资本主义阶段，"市场失灵"(market failure)频频出现，经济危机恶性循环，市场自足和自立的神话开始破产。这时，政府已经无法继续袖手旁观，于是开始主动干预市场，插手私人经济生活。对于经济干预，法律形式主义不仅没有良策妙方，反而禁锢人们的思维，成为人们改造社会的紧身衣。这种现象在美国20世纪初表现得十分显著。当时，美国经济出现了公司化和高度垄断的现象。1904年，占企业总数1%的2000家公司生产了40%的工业品。伴随着社会的高度公司化，企业造成的侵权案件占了多数。① 这种新型的侵权案件要求改革私法的半壁江山——侵权制度。同时，私法的另一部分——合同法也出现了危机。伴随市场化进程带来的两极分化，许多合同当事人实力悬殊，合同自由徒具其表。为了社会公正，一些开明的立法机关用成文法确立合同强制性条款。但坚守法律形式主义阵营的法官们多次动用美国宪法第14条正当程序条款，打着保护财产所有权和契约自由的旗号，宣告了几百件试图革新的进步立法无效。② 当法院频繁运用司法权否定反映社会进步的立法时，支持这些立法的法律现实主义者被激怒了，他们追溯普通法早期的"宏大风格"传统，挑战法律形式主义的僵硬思维。

---

① W. Fisher III, M. Horwitz and T. Reed (eds.), *American Legal Realism*, New York: Oxford University Press, 1993, pp. 130-132.

② J. Singer, "Legal Realism Now", *California Law Review*, Vol. 76, 1988, p. 499.

美国法律现实主义得到了德国自由法运动和美国实用主义哲学的启迪。德国自由法运动通过庞德(Pound)、格雷(Gray)和卡多佐(Cardozo)等人传入美国。自由法运动反对僵化的演绎推理和规则至上,认为法律通过调整相互冲突的利益满足人的需要。①自由法运动的代表人物耶林(Jhering)认为法律不仅应保证个人之间的公平,而且还应追求不同社会阶层之间的公平;为衡量不同社会阶层的利益,不得不求助于法律之外的政治和道德观点。②耶林的社会阶层之间公平的观念为不少法律现实主义者接受,他的"概念天国"的比喻也常被法律现实主义者借用以讽喻法律形式主义。③ 同时,美国本土的实用主义哲学为挑战法律形式主义的僵化思维提供了强大的理论工具。实用主义在美国由来已久,它的许多观点特色鲜明。比如,不要看原则、类别和假定,而要看结果、事物和现实;"概括的法律规则和原则是初步假设,需要经常运用具体情况加以检验。认识不到这一点,就无法解释这种看似矛盾的现象:一个时期的自由主义口号变成了随后一个时期反动保守的壁垒。"④詹姆斯(James)和杜威(Dewey)等实用主义者的这

① M. Martin, *Legal Realism: American and Scandinavian*, New York: Peter Lang Publishing, Inc., 1997, p. 22; G. Aichele, *Legal Realism and Twentieth-Century American Jurisprudence: The Changing Consensus*, New York: Garland Publishing, Inc., 1990, p. 37.

② See H. Pihlajamaki, "Against Metaphysics in Law: The Historical Background of American and Scandinavian Legal Realism Compared", *The American Journal of Comparative Law*, Vol. 52, 2004, p. 474.

③ F. Cohen, "Transcendental Nonsense and the Functional Approach", *Columbia Law Review*, Vol. 35, 1935, p. 809.

④ J. Dewey, "Logical Method and Law", *The Cornell Law Quarterly*, Vol. 10, 1914-1925, p. 26.

类哲学观深为霍姆斯(Holmes)、卢埃林(Llewellyn)、弗兰克、库克等法律现实主义者所赞同,并将其运用于法学研究。[①] 结果,这些实用主义哲学进入法学领域初试牛刀便崭露锋芒,带来了令人耳目一新的结论。法律现实主义的先驱霍姆斯断言:"法律的生命从来不是逻辑:它历来是经验"[②];"对法院将来事实上如何裁判的预言,而不是额外的虚饰,就是我所指的法律"[③]。相对于以往人们坚信不疑的法律形式主义,这种规则怀疑主义和法律预测观振聋发聩,发出了法律现实主义运动的先声。庞德提出了"书本上的法"和"行为中的法"的区分,认为二者的区别不仅真实存在,而且两类法律有天壤之别。[④] 这种结论一语惊人,它揭示了一些判例中法官遵循先例的虚伪,为法律现实主义者批判人们习以为常的三段论思维提供了依据。

其他科学领域的崭新成果为法律现实主义者提供了丰富的给养。爱因斯坦的相对论打破了牛顿物理力学自足完美的神话,科学家更多注重经验归纳而非演绎推理;与此相呼应,社会科学领域也盛行反对神秘莫测的概念和空洞无聊的研究,主张根据变化的社会现实重新界定概念和命题。20 世纪初,在哲学、心理学、人类学、语言学、历史学、经济学和社会学领域掀起了一场思维方式革

---

① M. Martin, *Legal Realism: American and Scandinavian*, New York: Peter Lang Publishing, Inc., 1997, p. 12.

② O. Holmes, *The Common Law*, Boston: Little, Brown, and Company, 1881, p. 1.

③ O. Holmes, "The Path of the Law", *The Boston Law School Magazine*, Vol. 1, 1896 - 1897, p. 4.

④ R. Pound, "Law in Books and Law in Action", *American Law Review*, Vol. 44, 1910, p. 15.

命的风潮，功能主义逐渐取代结构主义。[①] 受此启发，库克将自然科学的思维变化引入法学，强调经验归纳而反对形式主义的演绎推理；弗兰克将弗洛伊德的精神分析用于司法分析过程；卢埃林则将社会学中的田野调查方法用于研究印第安人的习惯法；摩尔(Moore)将行为科学中的学习理论用于法学研究，宣称“法律制度是许多特定群体习惯的复杂集合体”[②]。

有生命力的法律理论一定根植于本国国情，美国多元的法律体系和法院在法治中的核心地位成为法律现实主义诞生的沃土。美国虽然继承了英国普通法的衣钵，但在发展中逐渐与英国法明显拉开距离，美国法变得越来越复杂。这与美国的国情有很大关系。美国作为联邦制国家，地域广大，法律多元，[③]诉讼种类繁多，源于英伦岛国数量有限的判例很难调整如此复杂的社会关系。美国法律现实主义者阿诺德(Arnold)对此早有察觉：如果少数先例可使瑞士法律运转协调，英国这样的岛国则需要 800 卷的先例，而像美国这样复杂的社会每年需要大约 25000 个先例才能使它保持普通法传统。[④] 在 20 世纪初美国工业化和城市化使社会变革加速时，判例的增加更加引人注目。威利斯顿(Williston)教授估计

---

① L. Kalman, *Legal Realism at Yale, 1927 – 1960*, Chapel Hill and London: The University of North Carolina Press, 1986, pp. 14-16.

② U. Moore, “Rational Basis of Legal Institutions”, *Columbia Law Review*, Vol. 23, 1923, p. 613.

③ 美国在 19 世纪 40 年代就已有 25 种法律制度，而当时的人口比英国少。See H. Pihlajamaki, “Against Metaphysics in Law: The Historical Background of American and Scandinavian Legal Realism Compared”, *The American Journal of Comparative Law*, Vol. 52, 2004, p. 483.

④ T. Arnold, “Institute Priests and Yale Observers—A Reply to Dean Goodrich”, *University of Pennsylvania Law Review*, Vol. 84, 1935 – 1936, p. 818.

从1885年到第一次世界大战开始的三十年间，美国判例法装订的卷数差不多增至原来的三倍。[1] 判例众多不仅容易产生矛盾冲突，为法律现实主义者批判法律一致性的虚伪提供了口实，而且为了至少保持法律表面上的稳定性和确定性，也要求法律规则具有更大的灵活性；在缺乏先例时法官需要创制规则，这种要求与法律形式主义的法律发现理论恰恰相反。

由于历史的原因，美国法院在法律体系中居于中心地位，美国法官比英国同行具有更大的自由裁量权，其地位更是欧洲大陆的法官无法比拟。美国法官不仅在司法领域受到较少约束，而且对于立法机关还有制约权力，法院可以宣告立法机关的成文法因违宪而无效。正是基于这两点，法律现实主义者才能够将法律定义为法院的行为，并特别强调法官在司法中的创造性作用。[2] 而这种论断在欧洲大陆是很难想象的，即使在其他的普通法国家也很令人费解。

法律现实主义者生逢其时，他们的批判精神和改革要求在罗斯福新政中找到了施展的历史舞台。罗斯福上台后为走出经济大萧条，需要废除陈旧的自由市场法则，增加政府干预的立法；减少资方的过多自由和特权，增加工会力量和社会福利。这些变革要求无法在法律形式主义者中得到支持，但恰好与法律现实主义者与时俱进的改革精神不谋而合。因此，一大批法律现实主义者，如弗兰克、阿诺德、弗兰克福特(Frankfurter)和道格拉斯(Douglas)

---

① J. Johnson, *American Legal Culture, 1908 - 1940*, Westport: Greenwood Press, 1981, p. 59.

② M. Martin, *Legal Realism: American and Scandinavian*, New York: Peter Lang Publishing, Inc., 1997, p. 10.

等得以在新政期间服务于联邦政府，将法律现实主义的理论付诸实践。[①] 从某种意义上讲，法律现实主义构成了罗斯福新政制度的法理根基；[②]罗斯福新政则展示了法律现实主义的迷人魅力和惊人力量。诸多天时地利的条件为美国法律现实主义的崛起提供了丰富的土壤，早期的法律现实主义思想火花终于在 20 世纪二三十年代点燃了一场轰轰烈烈的法理革命烈火。

二、美国法律现实主义的主要内容

美国法律现实主义不是严格意义上的学派，更恰当地讲它是一场法律变革运动。在 1931 年与庞德论战时，卢埃林就特别强调，法律现实主义不是一支法学派别，他们没有学术团体、创立者、共同的学术兴趣和研究领域；没有领头人，代言人是自称的，他们的观点不是代表这个群体，而只是为这场运动表明自己的立场。[③]

① See W. Fisher III, M. Horwitz and T. Reed (eds.), *American Legal Realism*, New York: Oxford University Press, 1993, p. xiv.

② G. E. White, "From Sociological Jurisprudence to Realism: Jurisprudence and Social Change in Early Twentieth-century America", *Virginia Law Review*, Vol. 58, 1972, p. 999.

③ K. Llewellyn, "Some Realism about Realism—Responding to Dean Pound", *Harvard Law Review*, Vol. 44, 1930 - 1931, pp. 1233-1234, 1251. 卢埃林为反驳庞德对现实主义的指责，在文章第一部分罗列了庞德可能针对的 20 个人；在第二部分具体陈述现实主义者的观点时，他罗列了大约 60 多人作为他个人认定的现实主义者。这也不是一个完整的名单，"他们的人数是变化的"。被罗列其中的人反映也不一，他们有人并不认为自己是现实主义者，如 L. Green 说："如果我是一位现实主义者，我自己一直不知道这回事……据我所能地回忆，我从没有在我的作品中用过现实主义一词。" L. Green ,"Innocent Misrepresentation", *Virginia Law Review*, Vol. 19, 1932 - 1933, p. 247. 后来的学者在总结这场运动时罗列的人数也差距甚大。由于是一场新思想运动而非学派，这似乎注定了有关它的参加者和观点的争议会一直不断。

他们虽然都反对形式主义，但他们的批判方法和视角各异；他们都主张法律变革，但是变革的主张多样。虽然存在众多的差异，但是这些并不妨碍他们之间的共性。法律现实主义作为一场法律变革运动，他们有自己共同反对的目标——法律形式主义，并因此具有许多相似的出发点；他们虽然没有形式上的领导者，但都顺应时代变革的呼声不约而同地从事着共同的事业，恰如卢埃林所言“像有一只看不见的手在引领他们”①；他们的成果客观上相互关联、补充和促进，形成了推动法律变革的一场潮流。因此，美国法律现实主义同以往的自然法学、分析法学和历史法学等学派不同，它发生在美国社会转型时期，一批敏锐感受到社会脉搏跳动的学者和法官不约而同地关注司法实践和社会现实，反对法律形式主义的僵化思维，发出批判和改革呼声。更准确地讲，美国法律现实主义只是表明了在特定历史背景下，一种与法律旧思维决裂的心态和追求新规则的潮流，一种立足于司法行为的现实并力求变革法制现状的呼声和行动，称这种变革潮流为“运动”比冠之以通常所言的“学派”显然更为妥当。

由于这场运动在美国法治史上具有起承转合的重要作用，因此有关的研究著述汗牛充栋。同时由于法律现实主义者人数众多并且观点庞杂，很难梳理和归纳，现有学术观点多有分歧。笔者将美国法律现实主义的法律观简要总结为规则怀疑主义、法律功能

① K. Llewellyn, “Some Realism about Realism—Responding to Dean Pound”, *Harvard Law Review*, Vol. 44, 1930 - 1931, p. 1235.

主义、规则细化主义。[1]规则怀疑主义对应法律现实主义对旧规则

① 对法律现实主义的认识和评价很大程度上取决于资料的选取。本书观点的形成所依赖的法律现实主义原始资料有:K. Llewellyn,“A Realistic Jurisprudence—The Next Step”, *Columbia Law Review*, Vol. 30, 1930, p. 431; K. Llewellyn, *The Bramble Bush*, Oceana Publications, Inc., 1960; K. Llewellyn,“Some Realism about Realism—Responding to Dean Pound”, *Harvard Law Review*, Vol. 44, 1930-1931, p. 1222; K. Llewellyn,“On What Is Wrong with So-called Legal Education”, *Columbia Law Review*, Vol. 35, 1935, p. 651; W. Cook,“Scientific Method and the Law”, *American Bar Association Journal*, Vol. 13, 1927, p. 303; W. Cook, *The Logical and Legal Bases of the Conflict of Laws*, Cambridge: Harvard University Press, 1942; F. Cohen,“Transcendental Nonsense and the Functional Approach”, *Columbia Law Review*, Vol. 35, 1935, p. 809; M. Cohen,“Property and Sovereignty”, *The Cornell Law Quarterly*, Vol. 13, 1927-1928, p. 8; O. Holmes, *The Common Law*, Boston: Little, Brown, and Company, 1881; O. Holmes,“The Path of the Law”, *The Boston Law School Magazine*, Vol. 1, 1896-1897, p. 1; U. Moore,“Rational Basis of Legal Institutions”, *Columbia Law Review*, Vol. 23, 1923, p. 609; T. Arnold,“Institute Priests and Yale Observers—A Reply to Dean Goodrich”, *University of Pennsylvania Law Review*, Vol. 84, 1935-1936, p. 811; T. Arnold,“The Jurisprudence of Edward S. Robinson”, *The Yale Law Journal*, Vol. 46, 1936-1937, p. 1282; T. Arnold,“The Role of Substantive Law and Procedure in the Legal Process”, *Harvard Law Review*, Vol. 45, 1931-1932, p. 617; J. Gray, *The Nature and Sources of the Law*, D. Campbell and P. Thomas (eds.), Aldershot: Ashgate & Dartmouth, 1997; B. Cardozo, *The Nature of the Judicial Process*, New Haven: Yale University Press, 1921; J. Frank, *Law and the Modern Mind*, New York: Brentano's Publishers, 1930; J. Frank,“Are Judges Human?”, *University of Pennsylvania Law Review*, Vol. 80, 1931-1932, p. 17; J. Frank,“Why Not a Clinical Lawyer-school?”, *University of Pennsylvania Law Review*, Vol. 81, 1932-1933, p. 907; J. Frank,“What Constitutes a Good Legal Education?”, *American Bar Association Journal*, Vol. 19, 1933, p. 723; J.C. Hutcheson,“The Judgment Intuitive: The Function of the ‘Hunch’ in Judicial Decision”, *The Cornell Law Quarterly*, Vol. 14, 1928-1929, p. 274; H. Oliphant,“A Return to Stare Decisis”, *American Bar Association Journal*, Vol. 14, 1928, p. 71; W. Sturges and S. Clark,“Legal Theory and Real Property Mortgages”, *The Yale Law Journal*, Vol. 37, 1927-1928, p. 691; H. Yntema,“The Hornbook Method and the Conflict of Laws”, *The Yale Law Journal*, Vol. 37, 1928, p. 468; L. Green,“The Duty Problem in Negligence Cases”, *Columbia Law Review*, Vol. 28, 1928, p. 1014; A. Corbin,“Offer and Acceptance, and Some of the Resulting Legal Relations”,

的批判，法律功能主义代表法律现实主义核心理念，规则细化主义表明法律现实主义者构建新规则的进路。这一归纳力图比较全面地体现法律现实主义法律观的真相，当然它并不否定从其他视角归纳的正确性，也不否认这种归纳可能隐含的简单化缺陷。①

The Yale Law Journal, Vol. 26, 1916 - 1917, p. 169; H. Laski, "The Basis of Vicarious Liability", *The Yale Law Journal*, Vol. 26, 1916 - 1917, p. 105; N. Isaacs, "The Standardizing of Contracts", *The Yale Law Journal*, Vol. 27, 1917 - 1918, p. 34; W. Douglas, "A Functional Approach to the Law of Business Associations", *Illinois Law Review*, Vol. 23, 1928 - 1929, p. 673; W. Hohfeld, "Some Fundamental Legal Conceptions as Applied in Judicial Reasoning", *The Yale Law Journal*, Vol. 23, 1913, p. 16; C. Clark, "Relations, Legal and Otherwise", *Illinois Law Quarterly*, Vol. 5, 1922 - 1923, p. 26; E. Lorenzen and R. Heilman, "The Restatement of the Conflict of Laws", *University of Pennsylvania Law Review*, Vol. 83, 1934 - 1935, p. 555。本书选取的研究法律现实主义的二手资料主要有：L. Kalman, *Legal Realism at Yale, 1927 - 1960*, Chapel Hill and London: The University of North Carolina Press, 1986; G. Aichele, *Legal Realism and Twentieth-Century American Jurisprudence: The Changing Consensus*, New York: Garland Publishing, Inc., 1990; J. Singer, "Legal Realism Now", *California Law Review*, Vol. 76, 1988, p. 465; W. Fisher III, M. Horwitz and T. Reed (eds.), *American Legal Realism*, New York: Oxford University Press, 1993; M. Martin, *Legal Realism: American and Scandinavian*, New York: Peter Lang Publishing, Inc., 1997; W. Twining, *Karl Llewellyn and the Realist Movement*, Weidenfeld and Nicolson, 1973; H. Pihlajamaki, "Against Metaphysics in Law: The Historical Background of American and Scandinavian Legal Realism Compared", *The American Journal of Comparative Law*, Vol. 52, 2004, p. 469; G. Gilmore, "Legal Realism: Its Cause and Cure", *The Yale Law Journal*, Vol. 70, 1960 - 1961, p. 1037; M. White, *Social Thought in America: The Revolt against Formalism*, Boston: Beacon Press, 1957; H. Jones, "Law and Morality in the Perspective of Legal Realism", *Columbia Law Review*, Vol. 61, 1961, p. 799(本注释中论文的页码均为起始页码——笔者注)。

① "法学教育的革新"是法律现实主义者将理论运用于社会现实的重要实践，是法律现实主义运动的重要内容。但由于这部分内容与美国冲突法理论演变没有直接的关联，因此后文将其省略。法律现实主义者变革法学教育的具体情况可参见许庆坤："重读美国法律现实主义"，《比较法研究》2007 年第 4 期，第 10—11 页；许庆坤："美国法学教育透视"，《山东大学法律评论》总第四辑，山东大学出版社 2007 年版，第 248—250 页。

(一)规则怀疑主义

规则怀疑主义构成了美国法律现实主义最鲜明的特色,众多法律现实主义者运用充满火药味的辛辣言语挑战陈旧规则和形式主义成为 20 世纪初美国法学界最亮丽的一道风景,但后人对此的误解也最深。在法律现实主义运动已经尘埃落定半个多世纪的今天,回眸这一伟大的法制变革运动,我们不禁要问:法律现实主义者为何怀疑规则?怀疑规则的哪些方面?理由何在?充满智慧和历史使命感的众多法律现实主义者难道一时集体失忆,想要推翻所有规则,忘了法律为规则的常识吗?

传统普通法原则在剧烈的社会变革面前反应迟钝,带来诸多社会不公,这激起了法律现实主义者的强烈反感和质疑。普通法经过长期历史积淀并借法律形式主义者之手已经上升为少数看似神圣的原理,财产所有权不可侵犯和契约自由即是其经典代表。在垄断资本主义到来时,由这些原则演绎出的荒谬结论令人瞠目结舌。资本可以自由联合,而资方的对立面——工人的联合却被劳动契约所禁止;工人的罢工和纠察活动被法院认为侵犯了资方的财产所有权。契约自由和所有权保护演变为资方欺凌工人、恣意掠夺的借口。在 1896 年审理“维格兰诉甘特纳案”(Vegelahn v. Guntner)时,霍姆斯在附议中敏锐地指出了社会的发展趋势和现有法律的不公:自由的竞争意味着联合,世界的组织化已是大势所趋;既然允许资本集中和联合,工人就不应被剥夺同样的组织工会的自由,以争取自身利益的最大化。① 普通工人的权利不被认可令人同情,而妇女在契约自由下的遭遇则令人愤慨。妇女常常

① Vegelahn v. Guntner, 167 Mass. 92, 44 N. E. 1077 (1896).

饱受过长工作时间的摧残，甚至因此导致不孕或婴儿死亡，死守教条的法官却依然宣布限制妇女工作时间的成文法因侵犯了契约自由而违宪。据统计，保守的法官凭借自由市场的信念，打着保护财产所有权和契约自由的旗号，宣告了几百件试图革新的成文法无效。① 此类判决反复出现令法律现实主义学者和有良知的法官再也无法容忍普通法和社会现实之间的巨大鸿沟。②

法官们对此作出了不同的反应。少数摆脱了"法律父亲情结"的智慧法官面对不合理的先例感到"怒发冲冠"时，大胆推翻先例，重新确立规则；而拘泥于法律教条的法官则信守演绎推理，作出与社会形势格格不入的判决；也有不少法官虽然已发觉先例的陈旧与落伍，但表面上仍旧依循先例，通过灵活的法律解释求得个案的公平。③ 在法律现实主义者看来，无论上述哪种情况都表明了旧规则无法描述实际的法官行为。在第一种和第三种情况中，原有的规则遭到抛弃，事实上法官已经在"立法"；在第二种情况中，规则虽然得到遵守，但不是规则而是其他因素如偏见和直觉在起支配作用。

法律现实主义者对旧规则提出质疑，首先质疑规则的产生方

---

① See Singer, "Legal Realism Now", *California Law Review*, Vol. 76, 1988, p. 499.

② 在"洛克纳诉纽约州案"(Lochner v. New York)中，美国最高法院宣告纽约州的限制工时的劳动法违宪，霍姆斯对此提出异议。See 198 U. S. 45, 75 (1905), 25 S. Ct. 539. 在"马勒诉俄勒冈州案"(Muller v. Oregon)中，法律现实主义者布兰代斯(Brandeis)和戈德马克(Goldmark)为限制妇女每日工时的立法辩解。See 208 U. S. 412, 419 (1908).

③ K. Llewellyn, "A Realistic Jurisprudence—The Next Step", *Columbia Law Review*, Vol. 30, 1930, p. 439. 卢埃林观察发现，纸面规则(paper rules)是告诉官员的应然规则，其中有的官员置之不理，有的官员表里不一，也有的官员死守规则。

式——“法律是被发现而非创制”。“法律发现论”是法官反对立法的屏障，也是法官只看先例不看社会效果的借口，同时还是法官掩饰自身偏见和司法真实面目的冠冕堂皇的理由。只要法律被隐藏在“法律发现论”的黑洞中，法律现实主义者就难以对其加以审视、批判和改造。格雷是较早批判“法律发现论”的学者之一。他重新界定立法的含义，认为立法并不一定意味着只有立法机关制定规则，“谁拥有至上的权力去解释法律，并且宣告什么是法律，他就是真正的立法者。”①他通过研究发现，“法院经常创制具有追溯效力的法律，只是法院不情愿面对这一特定的事实。”②卡多佐从自身审判经验体会到，法官创立的法律是“既存生活现实的一部分”，他赞同霍姆斯的观点——“法官必须而且确实在立法”③。宾厄姆(Bingham)承认司法立法的现实，但反对法院阻挠代表公众意愿的立法。④ 库克从逻辑的角度推论，当法官面对新型案件时，无论愿意与否，他必须立法。⑤

“法律发现论”的破产撕破了普通法神秘完美的华丽面纱，接受普通法训练的法律现实主义者很自然地转向从司法行为视角去关注法律现实，提出了令人耳目一新的“法律行为论”，法官的行为就是法律。面对法律与现实日渐加大的鸿沟，关注法官的言辞只

---

① J. Gray, *The Nature and Sources of the Law*, D. Campbell and P. Thomas (eds.), Aldershot: Ashgate and Dartmouth, 1997, p. 65.

② Ibid., p. 63.

③ B. Cardozo, *The Nature of the Judicial Process*, New Haven: Yale University Press, 1921, pp. 10, 69.

④ G. Aichele, *Legal Realism and Twentieth-Century American Jurisprudence: The Changing Consensus*, New York: Garland Publishing, Inc., 1990, p. 40.

⑤ W. Cook, "Scientific Method and the Law", *American Bar Association Journal*, Vol. 13, 1927, p. 308.

能看到"书本上的法",而法官实际的判决才体现了真实的规则。早在19世纪末,霍姆斯法官就精练地提出了法律即是对司法行为的预测。他还提出了从坏人视角观察法律的风趣观点:"如果你想知道法律而非其他,你必须从坏人的角度观察法律,他只关注法律知识使他作出预测的实质效果……"①霍姆斯的司法行为预测观和从坏人观察法律的视角得到了法律现实主义者的广泛接受,成为他们批判旧规则名不副实的主要工具。卢埃林在他的代表作《荆棘丛》中开宗明义地写道:"官员如何处理纠纷,就我的想法而言,本身就是法律。"②弗兰克从咨询律师的客户角度将法律分为两种:一种是实际的法律,即过去对于某种情况的特定判决;二是可能的法律,即对于未来特定判决的预测。通常,客户关心的是法院未来可能的判决。③ 奥立芬特(Oliphant)在1927年就任美国法学院协会主席时发表了著名演讲——"重回遵循先例"。他认为,过去的判例研究之所以没有预期效果,是因为过分关注法官表面的言辞;科学地研究判例必须将重点放在法官的实际行动——法官面对手头案件事实的"刺激"将会如何实际作为上。④ 库克认为,就像物理学家研究客观的物理现象,律师思考的是人的行为;执业律师对社会上特定官员过去的行为感兴趣,目的是对他们将来的可能行为作出预测。"只有当法律准确地和尽可能简洁地描

---

① O. Holmes, "The Path of the Law", *The Boston Law School Magazine*, Vol. 1, 1896–1897, p. 3.

② K. Llewellyn, *The Bramble Bush*, Oceana Publications, Inc., 1960, p. 3.

③ See J. Frank, *Law and the Modern Mind*, New York: Brentano's Publishers, 1930, p. 55.

④ H. Oliphant, "A Return to Stare Decisis", *American Bar Association Journal*, Vol. 14, 1928, p. 161.

述这些社会机构的过去行为并能预测它们的未来行为时，我们对‘法律’的表述才因此是真实的。”[①]柯恩主张从法律效果的角度重新界定法律概念和规则，“这样每一个法律问题都能解释成关于法官实际行为的问题”[②]。

通过研究现实中的司法行为，法律现实主义者揭示了规则并非是决定判决的唯一因素。卢埃林发现，用书本上的规则来描述法官实际裁决的情况是罕见的。[③] 斯特奇斯(Sturges)和克拉克(Clark)通过研究多个州的判例发现，虽然看似不同的州法院采用了不同的抵押权理论，但规则表面不同的背后是判决结果的一致。[④] 他们的发现证明法律概念并不能决定案件的结果，这一结论给予法律形式主义以致命一击。安特马(Yntema)主张司法活动实质上是一个情绪化的过程，法官首先得出判决的结论，然后用法律原则和逻辑阐述发生的过程。在这种意义上，逻辑和原则在其中只起第二位的作用。[⑤] 弗兰克认为，无论从哪个角度看，书面的规则和原则都不能构成实际生活中真正起作用的法律。它们可能是法官尝试检测或形成结论的辅助手段；它们也可能是促使法官作出明智或不明智决断的实际因素；它

---

① W. Cook, *The Logical and Legal Bases of the Conflict of Laws*, Cambridge: Harvard University Press, 1942, p. 29.

② F. S. Cohen, "Transcendental Nonsense and the Functional Approach", *Columbia Law Review*, Vol. 35, 1935, p. 840.

③ K. Llewellyn, "A Realistic Jurisprudence—The Next Step", *Columbia Law Review*, Vol. 30, 1930, p. 444.

④ W. Sturges and S. Clark, "Legal Theory and Real Property Mortgages", *The Yale Law Journal*, Vol. 37, 1927 - 1928, p. 706.

⑤ H. Yntema, "The Hornbook Method and the Conflict of Laws", *The Yale Law Journal*, Vol. 37, 1928, p. 480.

们或者只是法官装扮自己想法的外在服饰。但它们不可能控制法官的精神活动。[①] 弗兰克不仅怀疑法律规则的作用，而且也怀疑法官据以判决的法律事实。因为法官作为证据的确认者听取证言和发现事实，他不仅有自由裁量权，而且也会犯错。对于保守的法律同行，他提出了尖刻的疑问——“法官是人吗？”[②]尽管很少有人赞同弗兰克的极端观点和观察视角，但大多数法律现实主义者接受他著作中关于法律具有不确定性的认识。[③]

法律现实主义者从多个视角解构规则完美确定的神话。卢埃林通过研究上诉法院的判决发现，三段论的逻辑大前提——先例规则并不确定，每个先例都像“杰纳斯的面孔”(Janus-face)，包含了两个相互对立的原则：一个原则用于视作有利的先例；另一个原则用于带来麻烦的先例。[④] 先例本身的模糊，为法官操纵先例达到想要的结果提供了方便。法官们可以根据需要或宽或窄地解释先例。看似判决严格依循先例，实际上判例成为法官达到其所需结果的手段。库克将自然科学的发展成果用于法学研究，他认为自然科学已经走出用机械的规律描述宇宙的阶段，概念和理论的相对性是新兴科学观的特征，归纳而非演绎成为研究的主要方法；法学作为科学也应认识到逻辑前提的缺陷和演绎逻辑

---

① See J. Frank, *Law and the Modern Mind*, New York: Brentano's Publishers, 1930, p. 131.

② J. Frank, "Are Judges Human?", *University of Pennsylvania Law Review*, Vol. 80, 1931–1932, p. 28.

③ L. Kalman, *Legal Realism at Yale, 1927–1960*, Chapel Hill and London: The University of North Carolina Press, 1986, p. 8.

④ K. Llewellyn, *The Bramble Bush*, Oceana Publications, Inc., 1960, p. 74.

的有限性。[①] 法律现实主义者还引入了历史分析方法。霍姆斯认为法律包含了一个国家几个世纪的发展史，不能将它简单视为仅仅好比是从一本数学书中得出的原理和推论。[②] "理性地研究法律很大程度上仍然是研究历史。历史必须是研究不可或缺的一部分，因为离开历史，我们便不知道规则的准确范围……"[③]柯恩(Cohen)则从历史的角度阐明了公法和私法的实质。虽然罗马法中早就存在公法和私法的划分，但盎格鲁-撒克森习惯法中并不存在这种分类。公法和私法的区分既不是从来就有的，也不应始终恪守。[④] 弗兰克是美国法学界对司法过程精神分析的集大成者，他指出美国法学研究之所以落后物理学几十年，人们依旧固守法律完美确定的神话，是因为在法律界"恋父情结"根深蒂固，法律几乎成为父亲的替代品。[⑤]

既然规则并非决定判决的唯一因素，那么规则以外的何种因素影响了法官判决呢？法律现实主义者对此的回答并不一致。霍姆斯在 1905 年"洛克纳诉纽约州案"(Lochner v. New York)判决的附议中大胆断言："判决微妙地取决于洞察力或直觉，而不是明

---

① W. Cook, "Scientific Method and the Law", *American Bar Association Journal*, Vol. 13, 1927, p. 306.

② See O. Holmes, *The Common Law*, Boston: Little, Brown, and Company, 1881, p. 1.

③ O. Holmes, "The Path of the Law", *The Boston Law School Magazine*, Vol. 1, 1896 - 1897, p. 10.

④ 柯恩发现，1910 年英国开始对土地征税和取消贵族院的特权，正是由于这次公法领域的斗争胜利才使得私法领域的革命最终完成。See M. Cohen, "Property and Sovereignty", *The Cornell Law Quarterly*, Vol. 13, 1927 - 1928, pp. 9-11.

⑤ See J. Frank, *Law and the Modern Mind*, New York: Brentano's Publishers, 1930, p. 248.

确的大前提。”[1]弗兰克认为法官的个性在判决中起了关键作用。“个别法官的独特性格、禀性、偏见和习惯通常会决定了他挑选什么规则作为法律”[2]。法官哈奇森(Hutcheson)公开承认直觉在司法审判中的作用。当遇到疑难案件时,“在审查完所有掌握的可资利用的资料并适当考虑之后,我就让我的思绪飘荡,深思案件起因,在司法脚步经过的最黑暗的路口,等待那种感觉——直觉……照亮前行的道路。”[3]虽然不少法律现实主义者承认直觉或个性在司法审判中的作用,但大多数法律现实主义者更多地强调法官偏见的社会决定因素。大多数法官出身于类似的社会阶层,这个阶层共有的态度和利益对法官判决的影响更大。比较而言,后者可以更有说服力地解释这种现象:为何不同个性的法官对类似的案件作出了大致相同的裁决。[4] 他们对规则的怀疑也只是针对以往不合理的规则和法律形式主义者对规则确定性的过分强调,甚至最极端的弗兰克也没有否定过规则的作用。[5]

既然法律完美确定的神话被打破,法律具有不确定性,法官实际在立法,那么法官应该如何由不确定的规则作出判决?法官应该如何创立新规则?对于此类问题,大多数法律现实主义者将目光投向法律功能主义。

---

① Lochner v. New York, 198 U.S. 45, 25 S. Ct. 539 (1905).

② See J. Frank, *Law and the Modern Mind*, New York: Brentano's Publishers, 1930, p. 111.

③ J. Hutcheson, "The Judgment Intuitive: The Function of the "Hunch" in Judicial Decision", *The Cornell Law Quarterly*, Vol. 14, 1928 – 1929, p. 278.

④ See W. Fisher III, M. Horwitz and T. Reed (eds.), *American Legal Realism*, New York: Oxford University Press, 1993, p. 165.

⑤ See K. Llewellyn, "On Reading and Using the Newer Jurisprudence", *Columbia Law Review*, Vol. 40, 1940, p. 599.

(二)法律功能主义

与规则怀疑主义并蒂而生的是法律现实主义者的法律新理念——法律功能主义。法律现实主义者追溯普通法早期的宏大风格,将法律放到社会时空的大幕上来审视。法律只是社会调控工具的一种,不能局限于法律内部的结构就法论法,而应当视法律为实现社会政策的工具;政策分析不仅能揭示"书本规则"的虚伪,而且也是建构新规则的指南;伴随社会生活和政策的变化,法律本身随之变动;为更好地实现法律的功能,有必要重新认识法律的分类。

1. 动态的法律

在剧烈的社会变革面前,法律形式主义者将法律理解为静态的抽象原则无异于故步自封,并日益成为抵制改革的保守力量。法律现实主义者适应社会发展变革的要求,提出流变的法律概念;由于社会处于生生不息的变化之中,法律往往追不上社会变化的步伐,因此有必要经常审视法律和社会之间的距离。① 不是将社会强行装进固定的法律容器;恰恰相反,法律要不断适应社会的变化和要求。弗兰克从法律的工具性角度揭示法律变化的根源。抽象的概念只是解决具体问题的工具,只有解决了特定问题,法律才能实现自己的价值。当新问题出现时,旧的工具可能无法运用,这时只有调整旧规则才能解决新问题。② 法律现实主义者的这一观

---

① 这是卢埃林在同庞德论战中提出的两个法律现实主义者的共同出发点,但他同时指出,它们虽然是法律现实主义的突出特点,但并不为法律现实主义所独有。See K. Llewellyn, "Some Realism about Realism—Responding to Dean Pound", *Harvard Law Review*, Vol. 44, 1930－1931, pp. 1236, 1238.

② See J. Frank, *Law and the Modern Mind*, New York: Brentano's Publishers, 1930, p. 246.

念普遍受惠于庞德的早期研究成果。庞德认为，仔细分析判决经常会发现，判决中实际运用的并非指称的法律；法律稳定的表象只是形式，“法律一直是并毫无疑问将永远继续处于变化之中”[①]。庞德将法律看做一种社会工程，是人而不是规则在掌管司法；既然社会生活永不停息地发展变化，法官会利用各种手段调整法律使其适应社会生活。不过，不少法律现实主义者比庞德走得更远。他们认为，不仅规则本身不断变化，而且法律的价值也只具有相对性。柯宾(Corbin)就强调正义的观念应该与社会变化同步。[②] 库克认为价值判断只是进一步思考的假设，需要根据以后的实际情况不断加以修正。他举例说，我们在谈及“正义”、“幸福”、“善良”等词语时好像存在一致的价值，但只要涉及具体历史和社会背景下的特定问题，人们马上莫衷一是。[③]

2. 作为手段的法律

法律现实主义者吸收了法社会学的研究成果，主张突破法律形式主义的束缚，将法律作为社会变革的手段而不是羁绊。“法律是社会目的的手段而非目的本身；因此任何法律都应该经常从法律的目的和效果审视，并且从目的和效果及其相互关系的角度加以评判。”[④]卢埃林将此作为法律现实主义运动的出发点之一。这

① R. Pound, “Law in Books and Law in Action”, *American Law Review*, Vol. 44, 1910, p. 22.

② W. Twining, *Karl Llewellyn and the Realist Movement*, Weidenfeld and Nicolson, 1973, p. 27.

③ W. Cook, “Walter Wheeler Cook”, *My Philosophy of Law*, Littleton: Fred B. Rothman & Co., 1987, pp. 62-63.

④ See K. Llewellyn, “Some Realism about Realism—Responding to Dean Pound”, *Harvard Law Review*, Vol. 44, 1930 - 1931, p. 1236.

一论断同动态的法律观息息相关，法律既然作为社会变革的手段，是否合理就应该看其调整社会关系的效果；如果效果不佳，法律自身就要变革以更好地实现社会目的。法律同社会交互作用的画面跃然纸上，法律的价值观也隐然若现。实现社会目的的法律才有价值；没有社会效果的法律意义近乎零。这意味着“书本上的法”如果没有成为人们的行为准则，变为“行为中的法”，这种法律将形同虚设。对于任何把“书本上的法”都奉若神明的保守学者而言，这种法律观对他们是一个重创。库克从科学的视角得出的结论同卢埃林的观点不谋而合，他认为任何法学研究都隐含着这样的前提条件：法律是调整人们行为达到社会目的的工具；要评价法律规则，首先要查清特定时期的社会目的，然后判断法律是否达到预设的目标。[①] 格林则从法院判决的角度看待作为手段的法律，他认为，法律可被视为国家通过法院作出判决的权力，通过具体的判决权力，国家实现社会控制的目标。[②]

判断法律是否实现了社会目的，首要的是查清法律规则及其实施的真实面目。为此，应在事实调查阶段尽可能持客观的立场，避免根据原有规则想当然地推测。卢埃林主张为了研究的目的，应将法律的“实然”(is)和“应然”(ought)暂时分离：首先客观地了解法律的实际运作，然后再理智地对法律的应然作出判断。[③] 以往的法律思维将书本中的“应然”规则错误地视做现实中实际运用

---

① W. Cook, “Scientific Method and the Law”, *American Bar Association Journal*, Vol. 13, 1927, p. 308.

② L. Green, “The Duty Problem in Negligence Cases”, *Columbia Law Review*, Vol. 28, 1928, p. 1015.

③ K. Llewellyn, “Some Realism about Realism—Responding to Dean Pound”, *Harvard Law Review*, Vol. 44, 1930－1931, pp. 1236-1237.

的"实然"规则，接着就认为书本上的"应然"规则真的支配了社会实践。[①] 如果任由法律的"应然""污染"对法律"实然"的判断，就无法掌握实际规则的真相，也无从判断法律作为社会目的的手段是否达到了改造社会的设想。

法律是实现社会目的的手段，那么是否存在确定的甚至终极的社会目标呢？法律现实主义者对此持相对的动态观点。摩尔指出，人类的实践证明世上没有终极目标，终极目标只能是空中幻影和白日梦想。万事陈陈相因，一个环节中的手段到了另外的环节就成为了目的。只能在行动之前设定特定的目的，然后用事后的效果加以检验。[②] 社会目的是相对的，作为手段的法律也是相对合理的。这是一种新颖的法律相对论。卢埃林将此总结为："法律，就像其他人类制度……随着时间推移、经验积累和条件而变化。"[③]这种相对论为将法律不断调适于改革目标奠定了理论基础。

3. 政策分析

政策分析或价值衡量贯穿于法官司法或立法的过程，这是法律现实主义者从司法行为的视角观察法律运行得出的重要结论，也是规则怀疑主义的理论基础之一。霍姆斯早在19世纪末就大胆提出："感受到的时代需要，占主导的道德和政治理论，公开的或潜意识的公共政策的直觉，甚至法官和其同行共有的偏见，这些因

---

① K. Llewellyn, "A Realistic Jurisprudence—The Next Step", *Columbia Law Review*, Vol. 30, 1930, pp. 443-444.

② U. Moore, "Rational Basis of Legal Institutions", *Columbia Law Review*, Vol. 23, 1923, p. 612.

③ K. Llewellyn, *The Bramble Bush*, Oceana Publications, Inc., 1960, p. 52.

素要比三段论的推理更能决定人们要遵守的规则。"[①]在随后审理"维格兰诉甘特纳案"时，霍姆斯再次突出强调了政策和利益分析的实际作用："判决的真正基础是对政策和社会利益的考虑；仅仅依赖毫无争议的逻辑和泛泛的法律命题就能找到解决方案，这是一种徒然的猜想。"[②]柯宾在研究合同中的要约和承诺中验证了霍姆斯的论断，他发现法院并不是遵循他们口头所称的当事人真实期望来判定当事人之间的权利义务，而是根据特定的社会背景决定当事人之间的关系；法律决定的这种关系常常为当事人无法预知。因此，他的结论是："判决依赖于法院对于政策、福利、公平、妥当与否的认识，这种认识常常是难以言喻和潜意识的。"[③]卢埃林从法律的不确定性中找到了政策分析必要性的依据。既然每个先例都有两副相反的面孔，严格依循先例必然会有同样权威而不同的结果，那么，这就意味着按照传统的逻辑推理思路无法作出判决。这种情况下，法官只有对不同的前提条件作出选择，而选择的依据只能是政策问题。只有从这个角度，人们才能理解相关而不同的先例。他将政策分析作为法律现实主义者的共同立场之一。[④]

法律现实主义者运用政策分析击中了原有制度的要害，充分展示了陈旧制度在社会变革面前的弊病根源，并提出了他们改造

---

① O. Holmes, *The Common Law*, Boston: Little, Brown, and Company, 1881, p. 1.

② Vegelahn v. Guntner, 167 Mass. 92, 44 N. E. 1077 (1896).

③ A. Corbin, "Offer and Acceptance, and Some of the Resulting Legal Relations", *The Yale Law Journal*, Vol. 26, 1916 - 1917, p. 206.

④ K. Llewellyn, "Some Realism about Realism—Responding to Dean Pound", *Harvard Law Review*, Vol. 44, 1930 - 1931, p. 1252.

原有制度的设想。其实，每一种制度在产生时都有特定的社会条件和政策目标，只不过时过境迁，人们容易忽略这一点。法律现实主义者就是要唤醒人们的记忆。

美国在侵权领域最初实行严格责任制度，政策目标侧重对受害人的保护。但在自由市场主义盛行的19世纪，为了增强市场行为的可预见性，将严格责任改为了过错责任，侵权人只有存在过错时才对受害人进行赔偿。当自由的市场演变为垄断的市场，社会越来越呈现出公司化的态势时，侵权人往往是公司，尤其是铁路、钢铁和纺织等行业的公司。过错责任的社会条件已经发生了重大变化，原来学徒娶走雇主女儿的浪漫故事不再重演。一个个雇主变成了公司，公司的“女儿”还是公司。由于技术和财力的限制，受害人对这种公司雇主造成的侵权很难证明公司存在过错，从而受害人在许多情形下难以获得赔偿。这时必须根据社会条件的变化重新将侵权制度的政策调整为侧重对受害人的保护，公司即使没有过错也要为其雇工造成的侵权承担责任。① 同样，公司即使没有过错也要对受伤的雇工进行赔偿。因为在新的生产条件下，工人受伤是可预见的，最终公司应担负赔偿。说到底，是否采用新的侵权制度取决于这样的政策衡量：公众愿意在多大程度上保证为他们提供服务者的安全。②

美国起初对合同实行严格管制，政策目标是维护身份关系的稳定。进入自由资本主义时期，合同法采用契约自由原则。法律

---

① H. Laski, "The Basis of Vicarious Liability", *The Yale Law Journal*, Vol. 26, 1916-1917, pp. 112, 122.

② O. Holmes, "The Path of the Law", *The Boston Law School Magazine*, Vol. 1, 1896-1897, p. 9.

形式主义者认为契约自由原则将个人权利和国家权力相分离，市场自我调控，排除政府干预。但是，法律现实主义者认为市场完全自由纯属虚构，合同自由制度的背后是国家采取的刺激生产效率和公平分配财富的政策。表面上国家不干预私人交易，但其实国家通过维护市场秩序、执行法律，有效地改变了合同关系，它赋予了合同强势一方对弱势一方施加优势力量的自由。① 当市场出现垄断时，大公司滥用优势地位，大量采用格式合同。这时应该采用保护弱方当事人的新政策，限制合同自由。他们发现美国许多立法反映了这种积极的政策变化，国家在劳动法、保险法、公共服务法和担保法等立法中积极干预不合理的合同条款。梅因认为社会演变的历史是一场从身份到契约的运动。如果这一论断可以适用于以往的法律发展的话，那么美国20世纪初开始的制度变革恰恰与此相反。②

财产制度背后同样隐含着国家政策。自由资本主义时期为了鼓励创造财富和市场繁荣，国家实行私有财产神圣不可侵犯的法律原则。私人利用国家权力排除他人的干预，决定财产使用人和收益的分配。从表面看，财产所有人和使用人可以自由谈判，以服务换取金钱，其实这是一种假象。制度赋予了财产所有人更大的特权，因为财产所有人不答应对方的要求可以比对方生存得更长久。在资本垄断时期，财富日益集中，财产所有人不时滥用财富特权，侵犯弱方当事人和社会的利益。此时，国家应采用社会公益优

---

① J. Singer, "Legal Realism Now", *California Law Review*, Vol. 76, 1988, pp. 482-483.

② N. Isaacs, "The Standardizing of Contracts", *The Yale Law Journal*, Vol. 27, 1917-1918, pp. 37-38.

先的政策,限制私人所有权的滥用。[1]

4. 法律分类

功能主义分析使法律现实主义者把重点放在法律的目的和功能,而不是法律概念。为了更好地认识法律的作用,他们还力图打破原有的法学学科界限,重新构建法学布局。

阿诺德认为,过去法学领地被标有源自拉丁语和希腊语名称的界桩划分成许多不规整的地盘,现在为了共同利益大家应该齐聚一堂、共享资源。[2] 他从审判效果观察,实体法和程序法之间并非界限分明,每一个实体法问题都可以从程序法角度分析,"实体法是神圣化的程序法,程序法是摘掉面具的实体法。"[3]卢埃林对实体法和程序法的区分持类似的观点,他认为实体法和程序法的区分是一种假象,因为没有救济就没有权利,救济的缺陷就是权利的缺陷。[4] 实体权利和程序保障二者相互依存,浑然一体。格利弗(Gulliver)赞成将有关无遗嘱继承、遗嘱和涉及无偿转移的信托等的实体法作为一类法律来对待。他认为值得关注的是特定案情下的司法行为的实际效果,所有的相关因素适宜一并考虑;分类的基础是案情而不是法律概念。[5] 道格拉斯不赞同将原本一体的商业组织法生硬地分成公司法、合伙法和代理法,这种划分强调的是

---

① M. Cohen, "Property and Sovereignty", *The Cornell Law Quarterly*, Vol. 13, 1927–1928, p. 21.

② T. Arnold, "The Jurisprudence of Edward S. Robinson", *The Yale Law Journal*, Vol. 46, 1936–1937, p. 1282.

③ T. Arnold, "The Role of Substantive Law and Procedure in the Legal Process", *Harvard Law Review*, Vol. 45, 1931–1932, p. 645.

④ K. Llewellyn, *The Bramble Bush*, Oceana Publications, Inc., 1960, p. 94.

⑤ A. Gulliver, "Book Review", *The Yale Law Journal*, Vol. 41, 1931–1932, p. 787.

组织的外在形式，妨碍人们思考法律的功能。他呼吁人们不应该继续受制于概念的束缚，而应将思考的重点从工具向功能、从形式向事实、从静态的神学向以人的行为内容为前提条件进行转变。①

但关于法律分类最精彩的部分是法律现实主义者从法律功能的视角对公法和私法分类的批判。美国在18世纪并没有严格区分公法和私法，商业公司、市政公司和行会等被视为公私兼备。19世纪古典自由主义逐渐占了上风，主流观点认为政府和官员握有危险的强制权力，应严格控制公权以免其侵犯个人自由；私人应享有合同自由权，以增进私人利益最大化。② 这种公权和私权界限分明的划分受到法律现实主义者的猛烈抨击，他们运用政策分析揭示了私法背后的公法因素，认为并不存在真正的私法。

合同法具有公法因素。首先，因为合同依赖国家强制力得到执行；如果完全排除国家干预，那么当事人就可以自由地违反承诺，而不去履行合同。国家强制人们遵守承诺是为了创造安全的市场秩序，促进交易，是国家政策使然。其次，国家通过政策选择决定何种合同合法，比如反高利贷法、防止欺诈法宣告了高利贷合同和部分以口头形式缔结的合同无效。最后，合同争议依赖法院这种国家机关解决，法院在填补合同空白时涉及公共政策选择和价值判断。③

财产法背后也有国家的影子。国家对财产权的保护赋予了财

---

① W. Douglas, "A Functional Approach to the Law of Business Associations", *Illinois Law Review*, Vol. 23, 1928－1929, pp. 673-675.

② W. Fisher III, M. Horwitz and T. Reed (eds.), *American Legal Realism*, New York: Oxford University Press, 1993, pp. 98-99.

③ J. Singer, "Legal Realism Now", *California Law Review*, Vol. 76, 1988, pp. 483-485.

产所有人一种支配权。如果他人想使用财产以满足基本生活需要,他就必须接受所有人提出的条件。财产所有权还极大地影响到财富的分配,财产法赋予所有人收取一种类似于国家税收的财产使用费的权利。此外,一种物品或利益是否属于财产以及在多大程度上受到保护也取决于对国家政策的权衡。①

总之,自由资本主义时期公法和私法之间理所当然的界限遭到法律现实主义者的全面质疑。他们认为,国家基本上卷入了所有的市场交易中;通过界定财产和合同权利,国家决定了当事人的相对谈判力量,因此,在很大程度上决定了谈判的条件。市场从本质上就是公共管制和私人活动的混合体。问题是市场采用何种形式?市场中的权力如何分配?如何在财产和自由的合同中间画线?何时使用经济力量合理,何时不合理?这些问题只能通过对道德和政策的考虑来回答。②

(三)规则细化主义

美国法律现实主义的主要贡献在于批判和揭示了古典规则的缺陷,并主张通过功能分析使法律更好地服务于社会目的。但如何将法律的功能和社会政策转化为具体规则以重建美国法律制度,法律现实主义者缺乏系统完整的建议。这意味着法律现实主义更侧重于批判而非建设。这一缺陷是导致法律现实主义在第二次世界大战后影响力减弱的原因之一。但不可否认,对于未来新规则的创制,法律现实主义中已不乏睿智的思想火花——规则细化主义(particularism),这种思路对美国后来法律的发展产生了

---

① J. Singer, "Legal Realism Now", *California Law Review*, Vol. 76, 1988, pp. 487-488, 494.

② Ibid., p. 491.

深远影响。

需要指出的是，规则细化主义并不与法律现实主义者的规则怀疑主义相矛盾。规则怀疑主义质疑法律形式主义支配下的泛化规则，认为以往过于概括的规则难以解决现实生活中复杂多变的法律争议，反而在司法实践中成为法官随意摆弄体现自身偏见的工具。虽然个别法律现实主义者可以被冠之以唯名主义者，认为法律概念只是交流的工具，难以与具体事务一一对应，但大多数法律现实主义者并不否认归纳的可行性，他们认可法律概念和规则的价值。但他们主张，为了使归纳更有意义和价值，归纳应尽可能基于经验现实和有针对性地细化。换而言之，法律现实主义反对的是旧规则，承认并努力创建的是新型规则，这种规则能准确描述法院的行为，从而律师借此可为客户提供更准确的法律后果预测服务。

规则细化主义与当时主流的社会科学思潮一脉相承。20世纪初美国社会科学界盛行科学研究的客观性（objectivity）和描述的具体性（particularity）。客观性要求研究者要尽可能摆脱自身价值观和先见的影响，准确地描述观察到的现象。描述的具体性是客观性的引申，是指许多社会科学家主张为了保证客观性，要以高度个性化的方式看待事实，将观察到的现象总结为一系列独立和个别的个体。“科学知识体系就是由一个个事实累加而成”①。这种思潮反对抽象的概念和判断在实际生活中的作用，强调归纳的针对性和解决问题的实效性。

---

① E. Purcell, *The Crisis of Democratic Theory: Scientific Naturalism and the Problem of Value*, Lexington: The University Press of Kentucky, 1973, pp. 22-23.

霍姆斯在法学界较早发出反对抽象概念的呼声，他在审理“洛克纳诉纽约州案”中反对仅仅依据概括的规则推导出案件的判决，认为“抽象的命题不能裁决具体的案件”①。他看到了如果法官忽视每一个案件的具体案情和社会背景，那么判决难免成为法官偏见支配下的荒诞怪物。但是霍姆斯仅仅注意到直觉在法官判决中的作用，而对“抽象的命题”没有提出具体的改造方案。

斯特奇斯和克拉克通过考察各州有关抵押权的判决后发现，概括的规则并不能约束法院的具体判决。面对具体案件，当事人在场提出不同的主张，法院可能因考虑个案的特殊性而牺牲关于抵押的单一归纳和概括的原则、理论或概念的完整，任何理论或概念的匀称此时都将消失在“个案的荒野”中。② 但他们两位也只是发现了概括的规则对解决具体问题的无能为力，对于如何在“个案的荒野”中树起指引路人前行的界碑，他们苦无良策。

柯恩从如何更好地实现司法功能的视角理解法律细化的重要性。他认为，法律在司法审判中的功能就是法律，合同法就是合同法在司法审判中的功能。如果承诺被依法强制执行，就存在合同。但泛泛而谈合同没有意义，应该将这个大问题拆成以下小问题，具体考察相应的法院实际行为：(1)法院对一个交易可能作出什么判决？结果如何？(2)法院会将交易中的什么因素看做相关而且重要？(3)法院对过去的类似交易如何处理？(4)什么力量会迫使法院遵循先例？这些力量的强弱如何？(5)什么因素会诱导法院对

① Lochner v. New York, 198 U.S. 45, 25 S.Ct. 539 (1905).

② W. Sturges and S. Clark, “Legal Theory and Real Property Mortgages”, *The Yale Law Journal*, Vol. 37, 1927－1928, p. 706.

手头案件作出新判决？这些因素的强弱如何？[1] 对这些具体法院行为进行归纳而形成的规则才可能使律师对未来判决作出准确的预测。柯恩的方案为人们思考规则的细化提供了一个粗略的指南。

霍菲尔德(Hohfeld)不仅注意到笼统的概念对法律推理的阻碍，而且提出了拆解已有概念的建设方案。他发现，过去人们把各种法律关系，哪怕最复杂的信托、期货权益和公司利益等都简化为权利义务关系，这种概念的过于简化妨碍了人们准确地理解、敏锐地表述和正确地解决问题。变化不定的语词是人们思路清晰和表达准确的障碍。他为此提出了将权利和义务构成的一般法律关系分解成由八个概念组成的四对具体法律关系：要求权(rights)与义务(duties)、自由权(privileges)和无权(no-rights)、支配权(powers)和责任(liabilities)、排除权(immunities)和无资格(disabilities)。[2] 甲与乙签订劳动合同，甲享有“要求”乙完成特定工作的权利，乙有完成特定工作的“义务”；甲可以“自由”解除劳动合同，乙享有同样的自由，但他“无权”要求甲不能解除合同；甲依照合同可以“改变”乙的工作岗位，乙有“责任”履行合同约定；甲可以要求法院签发禁令，“排除”工人纠察队对工厂运转的妨碍，工人纠察队“无资格”妨碍工厂的正常运作。享有一种权利不等于享有其他的权利，而过去判决的荒谬恰恰在于法官经常混淆各种不同权利之间的界限。库克将霍菲尔德的八对概念用于分

① F. Cohen, “Transcendental Nonsense and the Functional Approach”, *Columbia Law Review*, Vol. 35, 1935, p. 839.

② W. Hohfeld, “Some Fundamental Legal Conceptions as Applied in Judicial Reasoning”, *The Yale Law Journal*, Vol. 23, 1913, pp. 28-29, 58.

析劳动合同案件的判决,发现法官经常无意识地将一种权利替换成另一种权利。这显然不是逻辑推导的结果,只有出于政策考虑才会使一组概念去支持另一组概念。假如公司享有同工人签订包含禁止加入工会条款合同的自由权,仅仅根据逻辑推理不能得出它同时享有要求法院排除工人纠察队干预的排除权。法院只有基于政策考虑才会额外地在自由权之外增加对公司排除权的维护。①

霍菲尔德的分类细化方案受到众多法律现实主义者的追捧,成为他们批判陈旧规则和创立新规则的锐利武器。② 卢埃林认为,过去的简单规则过分宽泛,常常涵盖了并不相似和并非简单的事实情况。因此,他对现有的概念能直接用于归纳新资料表示怀疑,主张要把新资料尽可能看成原始资料,然后审查现有概念能在多大程度上最大限度地涵盖相关资料。考虑到过去总是过分宽泛归纳的倾向,现在应尽可能使用小的类别——既可以在现有的概念基础上进行细分,也可以重新分类。由于社会生活处于变动之中,因此应该经常复查和概念相对应的资料是否仍旧存在,注意审查归纳后相对应的事实是否已经消失。③ 将判例和法律事实归纳成更细小的类别,他把这一做法作为法律现实主义者的共同出发

---

① W. Cook, "Privileges of Labor Unions in the Struggle for Life", *The Yale Law Journal*, Vol. 27, 1918, pp. 789-790.

② See C. Clark, "Relations, Legal and Otherwise", *Illinois Law Quarterly*, Vol. 5, 1922 - 1923, p. 26; W. Cook, "Hohfeld's Contributions to the Science of Law", *The Yale Law Journal*, Vol. 28, 1919, p. 721; A. Corbin, "Legal Analysis and Terminology", *The Yale Law Journal*, Vol. 29, 1919, p. 163. ; K. Llewellyn, *The Bramble Bush*, Oceana Publications, Inc., 1960, pp. 97-101, etc.

③ K. Llewellyn, "A Realistic Jurisprudence—The Next Step", *Columbia Law Review*, Vol. 30, 1930, pp. 453-454.

点之一。①

但是,单纯依靠概念分析和逻辑推理并不能创立新规则,新规则的拟订要反映公共政策和道德准则。“自然正义”或类似的抽象原则、公共政策、“终极”正义、与不公正相对的公正、社会的长期信念、商业和社会习惯以及时代的道德,这些政策和道德原则是法官创立新规则不可或缺的基石。②

由于法律是动态和具体的,新规则还要与特定的时间和情境相适应;超越时空的法律规则无法调整具体的社会生活。劳伦森(Lorenzen)和海尔曼(Heilman)在评论《冲突法重述(第一次)》时认为,将“住所”当成孤立的、没有特定适用场合的概念是一种错误的空想。在不同场合下,住所的概念各不相同。《冲突法重述(第一次)》把住所界定成适用于一切场合的概念,这和审判实践大相径庭。③

总而言之,法律现实主义者在批判旧规则的过程中,对转变法律理念和实践提出了三种相关的建议:(1)学者和法官应该抛弃大多数人习以为常的“黑体字”(black letter)规则,逐步提炼出更准确描述法院行为的“实用规则”(working rules),这种规则可使律师更明智地服务于他们的客户;(2)必须拆解大多数的现有法律概念,这样它们在描述法院行为或促进法律改革方面才能派上用场,拆解每一个法律概念都要考虑相关社会政策要求;(3)这种政策决

---

① K. Llewellyn, “Some Realism about Realism—Responding to Dean Pound”, *Harvard Law Review*, Vol. 44, 1930 - 1931, p. 1237.

② A. Corbin, “Jural Relations and their Classification”, *The Yale Law Journal*, Vol. 30, 1920 - 1921, pp. 237-238.

③ E. Lorenzen and R. Heilman, “The Restatement of the Conflict of Laws”, *University of Pennsylvania Law Review*, Vol. 83, 1934 - 1935, p. 561.

定必须与特定的社会经济环境相适宜。提炼一条涵盖所有合同和抵押的规则毫无意义,因为合同和抵押的成立与履行背景大相径庭。①

三、小结

正如法律现实主义将法律视做动态具体的规则一样,我们在评判法律现实主义运动时也不能脱离这一运动发生的特定时代背景。20世纪初美国的工业化和城市化达到高潮,人口、财富和公司数量激增,工人运动此起彼伏,新问题层出不穷,社会发展面临严峻挑战。源于英伦岛国的普通法开始显得水土不服,普通法的缓慢演进已经难以应对社会剧变带来的种种难题,甚至还激化社会矛盾。针对普通法难以适应复杂现实的困境,美国法律界采取了多种措施应对:狭隘地理解先例理论、放弃先例创立新规则、以成文法取代判例法、尝试制定全国统一的州法、私法联邦化以及将成文法提升到法典的地位等。法律现实主义运动是应对普通法制度危机众多方案中的一种。法律现实主义猛烈攻击概念主义的僵化和不合时宜,主张将传统的法律制度根据现实适时地调整;从一种新颖视角探究司法过程的实质,力图创造一种有利于创新的氛围,将法律变得更加实用和灵活,以便更好地解决社会冲突。② 因此,法律现实主义运动是深

---

① W. Fisher III, M. Horwitz and T. Reed (eds.), *American Legal Realism*, New York: Oxford University Press, 1993, pp. 166-167.

② G. Gilmore, "Legal Realism: Its Cause and Cure", *The Yale Law Journal*, Vol. 70, 1960-1961, p. 1047.

具美国时代特色的社会产物，在一定意义上可以说是普通法美国化的一个显著过程。

普通法的美国化由来已久。在法律现实主义运动之前，杰出的法官霍姆斯、著名学者格雷和社会法学的创立人庞德就已经为此作出了努力，他们的著述奠定了法律现实主义运动的理论基础。从理论新颖性看，法律现实主义并无多少建树。阿塞尔(Aichele)有些夸张地总结道，法律现实主义可以被视为一群年轻法学家将霍姆斯的几句名言警句构建为一个法律理论的努力。① 卢埃林自己承认，在思想上法律现实主义主要借鉴了前人的观点。但是法律现实主义运动的独特贡献在于它持之以恒地努力把思想变为现实。② 因此，评价这场运动的得失成败最好看其产生的实际社会效果。

从当时的社会效果看，在不到30年的时间里，法律现实主义运动产生了广泛的影响，成为了人们的一种"思维习惯"，法律形式主义"法律发现论"的神话彻底破产，法官立法获得人们广泛认可，功能主义分析成为学者的常用工具。在立法层面，罗斯福新政之前成文法的典型风格是模糊宽泛、松散杂乱、前后矛盾；在新政之后，成文法开始变得严谨准确、技术精妙、细致入微。无论在私法还是公法领域，这种新模式都已经成为了联邦和各州广泛接受的立法样板。③ 这种立法层面的变化与法律现实主义强调规则细化

① See G. Aichele, *Legal Realism and Twentieth-Century American Jurisprudence: The Changing Consensus*, New York: Garland Publishing, Inc., 1990, p. 56.

② K. Llewellyn, "Some Realism about Realism—Responding to Dean Pound", *Harvard Law Review*, Vol. 44, 1930-1931, p. 1255.

③ G. Gilmore, "Legal Realism: Its Cause and Cure", *The Yale Law Journal*, Vol. 70, 1960-1961, p. 1045.

和注重实效的主张完全吻合。

不可否认，作为两次世界大战之间的特殊时代产物，法律现实主义具有其自身难以克服的内在缺陷。它猛烈抨击陈旧规则的缺陷与可笑，但并未提出创立新规则的系统主张；它从司法行为的新颖视角观察法律，但忽略了法律视角的多面性；它发现了政策在法官判决中的重要作用，但对政策的具体分析鲜有论证。因此，整体而言，法律现实主义的批判性有余而建设性不足。在一定意义上，法律现实主义运动正如卡莱尔（Carlyle）评价阿诺德那样："他领着他们来到荒野中，然后就把他们晾在了那里。"①

当法律形式主义的大厦轰然倒塌后，法律现实主义的历史使命已基本完成，其时代价值也就急转直下，成为其他理论的批判目标。进入20世纪40年代，当欧洲的极权主义威胁日益严峻的时候，对法律现实主义的批评发展成了一种全面的攻击。批评者将法律现实主义作为美国专制统治出现的危险征兆，认为它是一种危险的政治意识形态。卢埃林的名言——法律就是"官员处理纠纷的行为"——好像把法律贬低成纯粹的强制力，让人很不舒服地联想起希特勒的"强权即真理"②。第二次世界大战以后，希特勒的极权主义导致的血腥战争迫使人们思考传统法律秩序的合理成分，美国普通法的传统价值和规则因素重新回到人们的视野。相

---

① R. Stevens, *Law School: Legal Education in America from the 1850s to the 1980s*, Chapel Hill and London: The University of North Carolina Press, 1983, p. 156.

② See G. Aichele, *Legal Realism and Twentieth-Century American Jurisprudence: The Changing Consensus*, New York: Garland Publishing, Inc., 1990, p. 76.

应地,法律现实主义的规则怀疑主义遭到猛烈批判:批判者或者认为法律现实主义忽略了法律必须反映人们对于正义的认识,这是它最大的败笔;[①]或者认为法律现实主义否定法律规则,法官可以不依赖规则作出判决;或者认为法律现实主义只是把法律当做司法行为,而不是规则。[②]

对法律现实主义的批判表明了后来的学者法学知识和认识水平的提升,大多数批判观点不乏智慧的火花,但是这其中也不乏过激言论和误解,认为法律现实主义否定规则或只把法律当做司法行为即属于后者。这种误解妨碍了人们正确认识和借鉴法律现实主义的闪光点。

古典时期的不少规则简陋且落伍,相互之间不乏矛盾。法律现实主义者嘲讽和批判的主要是这种陈旧过时的规则,没有哪一个法律现实主义者完全否定法律在判决中的作用。[③] 同时,他们从司法行为视角对法律的描述也并不代表其对法律的总体认识。比如,霍姆斯意识到"法律"一词有几种含义,但他只是关注其中的

---

① See G. Aichele, *Legal Realism and Twentieth-Century American Jurisprudence: The Changing Consensus*, New York: Garland Publishing, Inc., 1990, p. 77.

② M. Martin, *Legal Realism: American and Scandinavian*, New York: Peter Lang Publishing, Inc., 1997, pp. 70, 76.

③ See W. Fisher III, M. Horwitz and T. Reed (eds.), *American Legal Realism*, New York: Oxford University Press, 1993, p. 164. 此外,辛格认为弗兰克只是法律现实主义运动的边缘角色,他用心理学解释司法判决和对弗洛伊德主义的推崇没有得到其他法律现实主义者的响应;法律现实主义者并不认为法院判决只是由法官的心理特性决定,也并不因为法律规则的不确定性就认为所有归纳全无意义。See J. W. Singer, "Legal Realism Now", *California Law Review*, Vol. 76, 1988, p. 470;卡尔曼认为,法律现实主义者本质上并不反对法律规则和概念,他们相信规则和概念在预测司法判决中有用,但他们发现其他因素在理解司法过程中同样发挥作用。See L. Kalman, *Legal Realism at Yale, 1927–1960*, Chapel Hill and London: The University of North Carolina Press, 1986, p. 6.

一个。在“法律之路”一文中，他只是将法的含义局限在给律师付费的客户想知道的那种法。将他对法的定义随意扩展适用于所有场合或目的，这种解读缺乏依据。① 卢埃林后来坦言，“对法官行为预测”的观点是对法律的不完整的表述，这种表述只适用于律师或案件的当事人，并不适用于法官或普通公民。他同时为弗兰克辩解，弗兰克只是否认法律具有百分之百的确定性，而且主要论述的是初审法院的规则；而他的对手讲的是一般规则，双方都在庆祝一种虚假的胜利。② 卢埃林在1950年为《荆棘丛》作序时进一步解释，不能仅凭他的一句话就认为其否认规则的作用，赞同司法任性和专制，他指责那些误解他的人没有看完这本书。③ 库克虽然也从行为预测的角度看待法律，但他指出初审法官无需预测自己的行为，尽管他须考虑上诉法院法官的可能行为；很明显，上诉审法官更不需要预测自己的行为。④

如今，尽管不可能准确查明法律现实主义对美国法学和法律影响的程度，但是当代法理学者对不同理论的争论表明法律现实主义运动依然保持着持续性的影响。作为曾在20多年间占据主导地位的理论，法律现实主义已经成为了大多数学者和上诉法院法官的核心理论导向。形式主义的僵化思维已经成为历史烟云，功能主义成为人们自然而然的思维习惯。“人不是为法律而生；恰

---

① M. White, *Social Thought in America: The Revolt against Formalism*, Boston: Beacon Press, 1957, pp. 61-62.

② K. Llewellyn, “On Reading and Using the Newer Jurisprudence”, *Columbia Law Review*, Vol. 40, 1940, pp. 593, 599.

③ K. Llewellyn, *The Bramble Bush*, Oceana Publications, Inc., 1960, p. xi.

④ W. Cook, *The Logical and Legal Bases of the Conflict of Laws*, Cambridge: Harvard University Press, 1942, p. 30, Note 52a.

好相反，法律为人所造并服务于人。"[①]这句弗兰克的名言已经成为了人们的共识。法学教授们在课堂上谈论政策因素成为了当今的普遍实践。法律交流已经从抽象的演绎推理转向用政策、道德和制度术语论证法律。[②] 每一个称职的律师都明白，三段论不是判决的唯一决定因素，逻辑的背后是政策选择。尽管有的律师口头上十分激烈地反对法律现实主义的理论观点，但他在实务中一定是一个法律现实主义者。[③] 受益于法律现实主义的成果，大多数当代法学者作为一种假设接受道德相对主义，这一主义是法律现实主义运动的一大特征。虽然当代法学者对法官决定社会政策的资格和能力提出了疑问，但是很少有人质疑法官立法的合理性。[④]

总而言之，虽然法律现实主义作为一种主流的法学理论已经成为往事，但它对今天法学理论和实践的深远影响依然处处可见。许多美国法学教师对法律现实主义也是抱有一种矛盾的心态，他们有时把它当做过时的理论提及法律现实主义，同时又承认法律现实主义的持续影响。法律现实主义的这种现状可以通过一句非常有名的口头禅来表示："现实主义已经死亡；如今我们都成了现实主义者。"[⑤]

---

① See J. Frank, *Law and the Modern Mind*, New York: Brentano's Publishers, 1930, p. 252.

② J. Singer, "Legal Realism Now", *California Law Review*, Vol. 76, 1988, pp. 474-475.

③ H. Jones, "Law and Morality in the Perspective of Legal Realism", *Columbia Law Review*, Vol. 61, 1961, p. 803.

④ See G. Aichele, *Legal Realism and Twentieth-Century American Jurisprudence: The Changing Consensus*, New York: Garland Publishing, Inc., 1990, pp. 97-101.

⑤ W. Twining, *Karl Llewellyn and the Realist Movement*, Weidenfeld and Nicolson, 1973, p. 382.

在法律现实主义运动期间，库克、安特马等一批法律现实主义者就开始在冲突法领域清除以比尔既得权理论为代表的法律形式主义思想。在第二次世界大战之后，柯里、艾伦茨威格等法律现实主义者将这种冲突法领域的法律现实主义运动推向高潮，掀起了一场轰轰烈烈的“冲突法革命”。在论证这些内容之前，我们首先需要知悉，比尔如何运用法律形式主义构建了既得权理论并将其用于《冲突法重述（第一次）》的编纂，比尔的规则和理论存在何种缺陷让众多法律现实主义者如此气势汹汹？

第二章　冲突法领域的法律形式主义

> 被看做科学的法律，由一些原则或原理构成。①

比尔是兰德尔法律形式主义的信徒，主张从冲突法领域的繁杂判例中抽象出少数规则，进而将其上升为既得权原则。在侵权冲突法领域，比尔总结出侵权适用侵权结果最后发生地法；在合同冲突法领域，比尔的结论是合同效力适用合同缔结地法，合同履行适用合同履行地法。这些简单的冲突法规则都来自比尔的既得权理论。

本章首先展示《冲突法重述（第一次）》（以下除标题和翻译的内容外均简称为《第一次重述》）和既得权理论如何将法律形式主义带入冲突法领域，然后据此分析比尔规则和理论的法律形式主义根基和时代背景，最后对比尔的规则和理论略作评析。需要指出的是，由于美国冲突法的理论和制度变革主要发生在合同和侵权冲突法领域，本章以及其后的论述将主要集中于这两个领域。同时，法律现实主义者从各个视角揭示了比尔规则与理论的错误和缺陷，本章将不重复这些内容。

---

① C. Langdell, *A Selection of Cases on the Law of Contracts*, Boston: Little, Brown, and Company, 1871, p. vi, "Preface".

一、《冲突法重述(第一次)》和既得权理论

(一)《冲突法重述(第一次)》

20世纪初,美国社会的剧烈变革导致法律诉讼激增,不仅通过先例创立的新规则不断涌现,而且日益增多的判例之间也不乏矛盾冲突。伴随社会和经济生活的飞速变化,法律缺乏稳定性和确定性的问题越来越突出,普通法制度在这场社会变革面前濒临崩溃。[①] 在形式主义法学的激励下,新成立的美国法学会(The American Law Institute)作出了重述美国普通法的宏伟计划。[②] 美国法学会期望通过法律重述增强法律的稳定性和明确性,认为只要法律界将法律重述作为对美国一般法律的初步正确表述,就可以消除普通法崩溃的危险。[③] 1923年,美国法学会首先将冲突法、合同法和侵权法列入重述的工作日程。比尔作为哈佛大学法学院的教授,拥有在冲突法领域教学研究30多年的丰富经验,声名显赫,被选作冲突法重述的报告人。由于美国各州冲突法各不相同且不断变化,冲突法重述的起草过程非常艰难。历经11年的反复修改补充,比尔起草的第二稿终于在1934年5月美国法学会年会上获得通过并作为正式文本对外公布。[④]

---

① See The American Law Institute, *Restatement of the Law of Conflict of Laws*, St. Paul: American Law Institute Publishers, 1934, p. ix.

② L. Kalman, *Legal Realism at Yale, 1927 – 1960*, Chapel Hill and London: The University of North Carolina Press, 1986, p. 14.

③ See The American Law Institute, *Restatement of the Law of Conflict of Laws*, St. Paul: American Law Institute Publishers, 1934, p. ix.

④ Ibid., pp. x-xiii.

《第一次重述》着眼于涉外审判的实践需要，先后规定了管辖权、法律适用和判决的承认和执行等事项，按照各章的题目依次为"简介"(introduction)、"住所"(domicile)、"管辖权一般规则"(jurisdiction in general)、"法院的管辖权"(jurisdiction of courts)、"身份"(status)、"公司"(corporations)、"财产"(property)、"合同"(contracts)、"不法行为"(wrongs)、"司法判决设定的义务和其他强制责任"(obligation of judgments and other imposed duties)、"遗产管理"(administration of estates)和"程序"(procedure)。从第5章"身份"(第119条起)至第9章"不法行为"(第428条止)为法律适用部分，"身份"部分的一般规定有：结婚适用婚姻合同缔结地法，离婚适用法院地法，子女是否婚生适用父母住所地法，收养适用被收养子女或养父母的住所地法，父母对婚生子女的监护适用子女出生时父亲的住所地法，监护人和被监护人的关系适用被监护人的住所地法；①"公司"部分主要规定：公司的成立适用公司成立地法，其行为能力适用公司成立地法和行为地法；②"财产"部分的重要内容包括：财产的识别、有形财产所有权的原始取得、土地的转让和继承以及转让人的能力、土地继承的遗嘱、动产转让人的能力和动产的转让通常适用财产所在地的法律，但有关动产的遗嘱适用死者死亡时住所地法。③ 这些规定反映了美国冲突法普遍的司法实践和普通法的特有理念，具有较大的合理性和稳定性，

---

① See American Law Institute, *Restatement of the Law of Conflict of Laws*, St. Paul: American Law Institute Publishers, §121, §135, §137, §142, §149 (1934).

② Ibid., §155, §165 (1934).

③ Ibid., §208, §211, §215, §245, §216, §249, §255, §257, §306 (1934).

在美国冲突法革命中未受到大的冲击，其实质内容基本上为《冲突法重述（第二次）》（以下除标题和翻译的内容外均简称为《第二次重述》）所吸收和保留。①

真正激起其他学者强烈批评的是比尔草拟的合同和侵权领域的冲突法。在这两个重要领域，比尔将法律形式主义发挥得淋漓尽致。

在侵权领域，美国法院最初直接适用法院地法。1843 年，美国联邦最高法院审理“史密斯诉康德里案”（Smith v. Condry）时改而采用了“相似（similarity）论”适用侵权行为地法。② 纽约州上诉法院在 1881 年的一份判决中认为，这个原则是公正合理的，但这个原则并不要求外国法与法院地法准确相同，而只是要求意思和性质相似。③

霍姆斯法官不满意于“相似论”的模糊，而是钟情于既得权理论。他在 1904 年运用了这一理论审理了“斯莱特案”（Slater）。在该案中，霍姆斯法官认为：

> 涉外诉讼的理论是，尽管被诉行为并不受制于任何在法

---

① See American Law Institute, *Restatement*, *Second*, *Conflict of Laws*, St. Paul: American Law Institute Publishers, § 283 结婚；§ 285 离婚；§ 287 子女是否婚生，这一部分增加了适用子女住所地法；§ 289 收养，虽然此处规定适用法院地法，但根据第 78 条，享有管辖权的法院为养父母或养子女的住所地法院，实际适用的法律与《第一次重述》相同；§ 296 公司成立；§ 301 公司的权利和责任；§ 223 土地转让；§ 231 土地转让人的责任；§ 255 动产转让人的能力；§ 236 土地的无遗嘱继承；§ 239 有关土地继承的遗嘱有效性和效果；§ 260 动产无遗嘱继承；§ 263 有关动产继承遗嘱的有效性和效果（1969）。

② Smith v. Condry, 42 U. S. 28, 11 L. Ed. 35 (1843).

③ See C. Morse, *Torts in Private International Law*, North-Holland Publishing Company, 1978, pp. 11-13.

院生效的法律，但它产生了一项债务，同其他债务一样，该债务与债务人形影相随。在发现这个人的地方，该债务就可被强制执行。①

换言之，只要债务人背负了债务，相应的债权人就享有了债权。在发现债务人的地方，债权人就可向法院起诉，要求执行其既得权。

比尔早在19世纪末就接受了既得权理论，后来这一理论受到"斯莱特案"等类似案件的支持。根据既得权理论和相关判例，他在1934年的《第一次重述》中将侵权冲突规则提炼为：侵权的性质、免责和赔偿等适用侵权行为地法，侵权行为地为最后结果的发生地。② 这一规则显然与欧洲不少国家采用的对侵权行为地的灵

---

① Slater v. Mexican National R. R., 194 U. S. 120, 126 (1904).

② 《第一次重述》第9章"不法行为"并非只是简单规定侵权适用侵权行为最后结果发生地法，它涵盖了"侵权"(Torts §§377-383)、"死亡案件的诉讼"(Actions for Death §§391-397)、"工人赔偿"(Workman's Compensation §§398-403)、"海事侵权"(Maritime Torts §§404-411)、"赔偿金"(Damages §§412-424)和"犯罪"(Crime §§425-428)六个小节。在这一章中，基本原理是一致的，即行为适用行为地的法律和保护既得权，但并非所有的条文都是如此。在"工人赔偿"一节中，基本原则是各州的工人赔偿行政裁判所(administrative tribunal)只适用本州的工人赔偿法。See American Law Institute, *Restatement of the Law of Conflict of Laws*, St. Paul: American Law Institute Publishers, 1934, pp. 485-486. 这一原则基本上为《第二次重述》所吸收。See American Law Institute, *Restatement*, *Second*, *Conflict of Laws*, Chapter 7, Topic 3 "Workman's Compensation", "Introductory Note", St. Paul: American Law Institute Publishers, 1969. 在"海事侵权"部分有两个侵权行为地法的例外：一是在公海上发生的船上侵权行为以及在公海上发生的船舶碰撞且船舶属于共同的船旗国时，适用船舶的船旗国法律(§406, §410a)；二是在公海上发生的船舶碰撞且船舶不属于同一船旗国时，以及海事赔偿责任限制适用的是法院地法(§410b, §411)。See American Law Institute, *Restatement of the Law of Conflict of Laws*, St. Paul: American Law Institute Publishers, §§377-428(1934).

活解释有很大的不同，也同美国以往的司法判例有所区别。以往法院虽然长期适用侵权行为地法，但并没有将侵权行为地固定为最后事件的发生地。比尔在设计侵权冲突法规则时把既得权说中包含的地域主义和法律形式主义推到了极端。

虽然比尔的侵权冲突法规则与欧洲的同类规则有所不同，但毕竟二者的基本原则雷同，欧洲国家在20世纪初对于侵权也大多采用侵权行为地法。[①] 但在合同领域，比尔的规则与欧洲的冲突法出现了巨大的差异，合同领域的冲突法规则成了《第一次重述》中最能体现比尔思想特殊性的规则。

比尔极力反对当时许多国家合同冲突法实践中普遍采用的意思自治原则，也不满意于以往美国法院普遍采用的斯托雷规则的灵活性和由此导致的法院判决不一，主张除了履行的时间、地点、履行义务人、履行是否充分和免责理由等个别事项适用履行地法之外，合同的效力、解释、形式、合同的转让、合同义务的范围、承运人的义务和责任限制、代理或合伙关系的成立、当事人的能力等问题一概适用合同签订地法。[②]

比尔的合同冲突法规则其实与他"重述"美国普通法中冲突规则的主张背道而驰，而是其理论推导出的"合理"结果。此处有必要对其进行详细考察。

比尔撰写的三卷本《冲突法专论》是对《第一次重述》的详细说明，他在书中用大量篇幅阐述了为何反对实践中广泛采用的意思

---

① 参见许庆坤："论传统国际私法——兼与徐崇利教授商榷"，《中国国际私法与比较法年刊》总第9卷，北京大学出版社2007年版，第13—16页。

② See American Law Institute, *Restatement of the Law of Conflict of Laws*, St. Paul: American Law Institute Publishers, § § 332-347, § 358 (1934).

自治原则和合同履行地法，而主张合同签订地法是涉外合同法律适用的最佳选择。

比尔认为，反对意思自治原则的根本理由是它涉嫌允许当事人从事立法行为。换言之，允许当事人协商确定合同适用的法律实际上就是“成立了一个由任何决定达成协议并签约的两人组成的立法机构”。个人可以立法的结果就是当事人“随意采用任何外国法决定他们的行为，那么他们就能任意摆脱法律的束缚，原本适用于他们行为的法律失效了”。意思自治原则不仅“理论上站不住脚”(theoretically indefensible)，而且在实践中也是“绝对行不通的”(absolutely impracticable)。法律规则实践可行性最重要的检测标准是其确定性和律师向客户表述该规则的难易程度。由于意思自治原则让随意两个私人手中握有如此特别的权力是绝对反常的，因此，各国法院几乎一致规定，当事人行使这项权利的时候必须遵循善意。但何谓善意，则完全由法院根据具体情况加以确定，这常常使当事人难以预料法院会作出何种判决。即使当事人在合同中对所适用的法律事先作出了明确的约定，但法院是否认可当事人的约定，是否会用善意标准加以否定也很难事先作出判断。因此，律师很难事先肯定地告诉客户他们未来行为的后果。[①]

反对合同适用履行地法的理由是它让当事人有权以合同履行地法取代合同成立地法。如果合同成立地法不认可合同的效力，则不存在任何其他法律赋予当事人的签约行为以合法性。合同履行地法作为法律不能在他国具有法律效力，依据是各国法律效力

① J. Beale, *A Treatise on the Conflict of Laws*, Vol. 2, § 332. 2, New York: Baker, Voorhis & Co., 1935, pp. 1079-1085.

的属地性。从实践上看，合同的履行地可能有多个，这时就无法适用合同履行地法解决合同有效性问题。另外，如果合同签订后当事人咨询当地律师，而合同履行发生在另一地，律师就必须对另一法律作专门研究，而且特别容易出错，这给律师咨询带来了难题。[①]

实践中经常采用的三类规则中的两种被彻底否定，就只有合同缔结地法可供选择了。比尔认为，合同性质和有效性适用签订地法毫无疑问在理论上是正确的。这个规则的基础是只有法律才能在当事人之间确立有约束力的权利义务关系，而当事人之间的协议只具有道德和社会意义。它充分包容了法律的属地性，使得每一个主权国家的法律得以约束在本国境内发生的合同行为。从实践效果看，合同适用合同缔结地法是最好的规则，它避免了针对其他两种规则的任何指责。[②]

从比尔的著作看，他不仅详尽考察了合同法律适用的历史，非常清楚欧洲大陆国家和英国普遍采用意思自治原则，而且他用大量篇幅详细列举了美国联邦法院和各州法院合同法律适用的情况，他发现当时美国大多数州与欧洲国家一样采用意思自治原则。[③] 但是比尔此处抛弃按照法律实况"重述"的目的于不顾，依然反实践而行之，固执地采用当事人缔结地法规则，并踌躇满志地预言："用不了多少年，美国法学会的影响可能就会带来这样的结果：当事人意志理论被抛弃，而合同缔结地法被一致

---

① J. Beale, *A Treatise on the Conflict of Laws*, Vol. 2, § 332. 3, New York: Baker, Voorhis & Co., 1935, pp. 1086-1089.

② Ibid., § 332. 4, pp. 1090-1092.

③ Ibid., § 332. 5, § 332. 7, § 332. 57, pp. 1095-1174.

采用。”[1]此处比尔展现了一种真理代言人的心态：只有错误的判决，而没有错误的“重述”；司法实践中的“错误”规则早晚会被“重述”所改变。那么，什么力量支撑他作出如此肯定的结论呢？答案在于他的既得权理论。

（二）既得权理论

在比尔的冲突法著述中，到处可见武断的信条式结论，能够让比尔底气十足的是他坚信的既得权理论。既得权理论是《第一次重述》的灵魂，每逢规则表述复杂之处，只要你从既得权理论的角度思考很快就可对其心领神会。

接受既得权理论并把它作为编撰《第一次重述》的指导思想是比尔精心比较相关理论后的结果。比尔详细梳理了当时欧美主要的冲突法理论，并把它们归纳为三个学派——法则区别学派（statutory system of thought）、国际法学派（international system of thought）和地域法学派（territorial system of thought）。法则区别学派是中世纪法律区别说的复活，魏斯（Weiss）、孟西尼（Mancini）和毕耶（Pillet）是这一学派的代表人物，他们主张把法律分成两类，从中选择其一；国际法学派主张存在一套约束所有国家的冲突法制度，其代表人物有萨维尼（Savigny）、冯·巴尔（von Bar）、齐特尔曼（Zitelmann）和吉塔（Jitta）；地域法学派认为冲突法为国内法，但所有文明国家都承认和保护既得权，斯托雷、弗里克斯（Foelix）和戴西是这一学派的代表人物。比尔认为，法则区别学派的致命缺陷是它无法提供法律分类的可行方法，这一学派主张

---

① J. Beale, *A Treatise on the Conflict of Laws*, Vol. 2, § 332. 57, New York: Baker, Voorhis & Co., 1935, p. 1174.

的本国法原则也无法适用于国内存在多种法律的美国。[1] 国际法学派的观点与人们普遍认可的国际法特征不符。真正的国际法必须具有两个特征：明确的规则和文明国家对这些规则的普遍接受。但是，实际生活中并没有普遍接受的冲突法规则，甚至国际法学派的学者之间对这些规则的归纳都观点不一；文明国家也从没有接受过一致的冲突法制度。如果说在欧洲国家间通过公约还有可能达成一致的话，那么接受这种欧洲的制度对于缺乏罗马法基础的普通法国家来讲不仅不可行，而且不可能。[2] 地域法学派有两个分支——礼让理论和既得权理论。对于斯托雷和弗里克斯主张的礼让理论，比尔引用多位学者和法官的观点加以批驳，认为它使法律脱离了理智，成为一套变幻不定的规则；同时它使法官盲从自身的权威，冒用主权权力，仅仅因为一些假想的不便就排除本应适用的外国法；权威的法官认为礼让只是一种政策，不是一种法律概念，因而具有极大的模糊性，依靠它无法对最简单的国际私法案件作出正确的判决，事实上国际礼让从未被恰当地采用过，或者至少大多数案件不是以礼让的名义作出判决。换一个角度来讲，国际礼让只是赋予国家一种自由决定冲突法规则的权利，但它并未指明任何具体情况下的规则，依赖它无法决定何时用属人法取代属地法。[3] 结果，比尔选择了最令他满意的既得权理论，他认为这一理论早在斯托雷时代就被英国和美国的法院广泛接受，它是普通法自身演变出的理论，并且难能可贵的是它只有礼让理论的优点

---

① J. Beale, *A Treatise on the Conflict of Laws*, Vol. 3, § § 51-61, New York: Baker, Voorhis & Co., 1935, pp. 1925-1947.

② Ibid., § 68, pp. 1960-1961.

③ Ibid., § 71, pp. 1964 - 1965.

而没有其缺点。比尔欣喜地宣告："为取代荷兰的礼让理论，普通法发展出了一种本土的既得权理论，它可以达到和礼让理论同样的目的，即取得公正的结果，而不会遭受礼让理论受到的指责。"①

比尔综合判例和其他学者的研究成果，将既得权理论完整地表述为：

> 被称为"冲突法"的领域探讨的是对外国既得权的承认和执行。在法律意义上，所有的权利都必须由某个法律所创设。任何权利都是人为设计的，而不是单纯的自然现象；不存在天然的法律权利。权利是政治性的，而不是社会性的；不存在由单纯的当事人意志创设的法律权利。法律是一种约束未来交易的普遍规则，它创设权利的方法是这样规定的：一旦出现某一事件，一项权利随即产生。法律为这种事件附加了一个特定的结果，即创设一项法律权利。因此，一项权利的创设以一个事件的发生为条件。受法律影响的事件可以分为两类：人的行为和所谓的不可抗力(acts of God)，也就是没有人为因素的事件。权利通常因人的行为而产生，尽管有时权利被创设是不可抗力的结果(随着时间的流逝，财产的自然增加)。当一项权利已经为法律所创设，这项权利本身就成为一个事实；它的存在可能成为另一事件中的因素，而另一事件成为同一或其他法律创设新权利的条件。换言之，一项权利可以由创设它的法律所改变，或由其他有权变更之法

① J. Beale, *A Treatise on the Conflict of Laws*, Vol. 3, § 73, New York: Baker, Voorhis & Co., 1935, p. 1967.

> 律所改变。如果没有任何有权变更之法律改变这一权利，既存的权利就应该在各地被认可；这样做只是承认一项事实的存在。①

比尔的既得权理论并非其首创，它源自戴西的冲突法理论。在评价戴西1896年的《英格兰冲突法汇纂》一书时，比尔就对戴西大加赞赏："他成功地以几行字就表述出其研究领域的基本原则，这比以往任何人做得都好。"②在1900年出版的《冲突法判例选编》（第一卷）中，比尔就采用了戴西的既得权理论主张冲突法中的法律适用其实是法律权利和义务的创设问题，③在1901年出版的《冲突法判例选编》（第二卷）中他又将戴西关于既得权的论述直接引用作为权利创设的基本原理。④ 尽管比尔充分意识到了胡伯的国际礼让说对斯托雷的影响，⑤但他没有谈到戴西的既得权理论也是源自胡伯的国际礼让说。⑥

既得权思想的循环论证的致命缺陷早在19世纪中叶就已被

---

① J. Beale, *A Selection of Cases on the Conflict of Laws*, *Summary of the Conflict of Laws*, Vol. 3, §§1-5, Cambridge: The Harvard Law Review Publishing Association, 1902, p. 501.

② J. Beale, "Dicey's 'Conflict of Law'", *Harvard Law Review*, Vol. 10, 1896-1897, p. 168.

③ J. Beale, *A Selection of Cases on the Conflict of Laws*, Vol. 1, Cambridge: The Harvard Law Review Publishing Association, 1900, p. v, "Preface".

④ J. Beale, *A Selection of Cases on the Conflict of Laws*, Vol. 2, Cambridge: The Harvard Law Review Publishing Association, 1901, p. 3.

⑤ See J. Beale, *A Treatise on the Conflict of Laws*, Vol. 3, §34, New York: Baker, Voorhis & Co., 1935, p. 1904.

⑥ See H. Yntema, "The Historic Bases of Private international Law", *The American Journal of Comparative Law*, Vol. 2, 1953, p. 308, Note 29. 文中提到戴西通过其好友霍兰（Holland）的著作《法理学》吸收了胡伯理论中的既得权成分。

维希特和萨维尼等学者所发现，[①]但比尔似乎没有注意到这一点。他坚信既得权理论是最优选择，并持之以恒地将之贯穿于他所有的冲突法著述中。我们要想深刻理解他的这一理论选择，不得不追问比尔的法理思想和他生活的时代背景。

二、比尔规则和理论的法理基础与时代背景

（一）比尔规则和理论的法理基础

比尔教授过法理学课程，他对法律和法学的认识是一个系统的整体。[②] 他在众多冲突法理论中选择既得权理论并据此草拟出深具美国特色的《第一次重述》不是偶然的，这同其法理思想息息相通。法律形式主义是比尔既得权理论的法理根基，同时他也受到了普通法联邦主义、法律属地性和对普通法与大陆法差异认识的影响。

比尔的理论和规则强调法律的明确性、稳定性和系统性，他把法律看做是一套法律概念体系，判断司法判决正确与否的标准是其是否符合这套概念体系，这是他对兰德尔形式主义法学的继承。柯恩称比尔是兰德尔法律思想的最佳代表，一些法律现实主义者则经常称他为法律原教旨主义者（legal fundamentalist）。[③] 在

---

① F. C. von Savigny, *A Treatise on the Conflict of Laws*, Translated by W. Guthrie, 2nd Edition, South Hackensack: Rothman Reprints, Inc., 1972, p. 147.

② W. Samuels, "Joseph Henry Beale's Lectures on Jurisprudence, 1909", *University of Miami Law Review*, Vol. 29, 1974 - 1975, pp. 261-280.

③ M. Cohen, "A Critical Sketch of Legal Philosophy", A. Reppy(*ed.*), *Law, A Century of Progress, 1835 - 1935*, Vol. 2, New York: New York University Press, 1937, pp. 290-291.

1914年美国法学院联合会年会上所作的主席演讲中，比尔热情称赞兰德尔和阿姆斯(Ames)等人全力投入法学研究，广泛阅读历史法律典籍，全面考证各个现行法律领域，最终发现了每一法律领域的一般原理，并把它们用科学的形式精确地表述出来。① 但除了这次主席演讲，比尔在著述中很少直接引用兰德尔的作品。如果不了解兰德尔的形式主义法学的主张，则很难看出比尔同兰德尔之间的关联。兰德尔曾将他的形式主义法学观简洁地总结为：

> 被看做科学的法律，由一些原则或原理构成。精通这些原则或原理，以便能够始终便利和确定地将它们运用于常常令人困惑、乱成一团的人类事务，是一位真正律师的素质；因此，具备这种素质应该成为每一位认真的法科生的本分。每一个法律原理都是缓慢地成为了今天的样子；换言之，法律原理在不断演变，在几百年间通过许多判例不停地延展。我们大体上是通过一系列的判例追溯这种演变历程；如果不是有效精通法律原理的唯一方法，那么最简便和最合适的方法也是研究包含法律原理的判例。然而，相对于所有公布的判例，现今对达到我们的目的有用和必要的判例只构成非常少的一部分。大部分判例毫无用处，甚至对于任何系统研究的目的而言，比无用更糟。而且，基本法律原理的数量要比通常想象的少得多；同一个原理经常以不同的形式露面，法学著述很大

---

① J. Beale, "The Necessity for a Study of Legal System", *Association of American Law Schools*, *Proceedings*, Vol. 14, 1914, p. 32.

程度上在彼此重复，这是造成很多误解的根源。如果这些原理能够被这样归纳和安排在各自应该在的位置，而不是其他任何地方，它们将不再数量惊人。①

对比这段话和比尔的著述，会发现比尔是兰德尔法律形式主义的忠实信徒，他把冲突法每一个领域总结为一条简短的规则，如：合同成立和效果适用合同缔结地法，侵权适用侵权最后结果发生地法，最后把所有的规则汇总为一条——保护既得权原则。比尔一方面呼吁所有学者继承兰德尔等人开创的梳理法律规则的事业，把它看做是时代赋予的使命，②另一方面在自己熟悉的冲突法领域身体力行。

美国冲突法的立法权在各州，比尔生活的时代存在48个州的各有特色的冲突法制度。那么比尔又如何运用形式主义法学的思想梳理冲突法规则，将众多不同的冲突法制度包容在一部意图反映实际规则的重述之中的呢？受戴恩（Dane）和斯托雷普通法联邦主义的影响，比尔将这一看似西西弗斯（Sisyphus）的徒劳任务寄托在了他熟悉的英美普通法原则上。③ 他认为与大陆法律制度相对应，存在一种普遍适用于所有普通法国家的判例法原则，这种法律原则是普通法制度的共有元素，构成了美国各州法律的基础。在1914年的演讲中，他详细描述了这种适合作为科学研究对象的

---

① C. Langdell, *A Selection of Cases on the Law of Contracts*, Boston: Little, Brown, and Company, 1871, pp. vi-vii, "Preface".

② J. Beale, "The Necessity for a Study of Legal System", *Association of American Law Schools*, *Proceedings*, Vol. 14, 1914, p. 32.

③ H. Yntema, "The Historic Bases of Private International Law", *The American Journal of Comparative Law*, Vol. 2, 1953, p. 313.

普通法原则：

> 它无疑是一种哲学体系，一个科学原理的整体，这个国家的每一个普通法辖区都已经采用它并把它作为各自法律的根基。每个辖区的法院在尝试将这个普遍的原则整体运用于自己的辖区时，一直不时地误解和误述它，这种误述容易导致某个辖区的普通法的地方特性。但是，尽管存在这些错误，普遍的、科学的法律依然保持不变；在所有普通法辖区，同样如此。①

在比尔的法理思想中，这种一般法律原则占有特殊地位，在法律渊源中占有比制定法和判例法更重要的地位，它是科学的，而且无所不包。对于这一如此重要的法律组成部分，过去的分析法学派和历史法学派都忽视了或者没有给以足够的重视，而比尔发现了该部分的重要价值和特殊性。他认为只有根据这种一般法律原则，加上运用理性和经验，法律归纳才有可能。虽然法律原则的纯洁可能在错误的判决中荡然无存，坏的先例也会扭曲法律原则，但是错误的判决毕竟不常见，它们不会严重影响法律原则的存在。一般法律原则的适用也可能受到立法的阻碍，但是妨碍普通私法的立法数量相对较少，法律原则不会因为成文法而发生重大改变。法的最大和最重要的组成部分就是这种"原则"(principle)，欧洲学者冠之以"原理"(doctrine)。通过立法或错误的判决对一般原则的改变构成了一个地域特定地方法的大部分内容，但占主导地

① J. Beale, "The Necessity for a Study of Legal System", *Association of American Law Schools, Proceedings*, Vol. 14, 1914, p. 38.

位的法律制度的一般原则与此不同。[①] 根据这一思想，学者总结出的法律原则永远没有错误，而只有常犯错误的先例和立法。比尔编撰的《第一次重述》恰好就是体现冲突法领域此类法律原则的规则体系。[②]

在归纳这种普适的法律原则时，比尔开始有意强调普通法制度与大陆法律制度的不同。在法律的属地性方面，比尔认为两种关于法律本质的观点将世界一分为二。一种观点主张法律是属人的，某国的本地人或某地的居民享有某种法律的保护，无论到了哪里都受这种法律的保护；另一种观点主张法律是属地的，在一个特定的国家除了这个国家的法律不再有其他任何法律，外国人来到这里和本地人一样受当地法律的约束，不再享有属人法的保护。普通法思想一直坚持法律属地的主张，而在一些欧洲国家认为法律是属人的。[③] 比尔难以容忍欧洲大陆国家的法律属人的主张，认为地球文明化的部分已被分割成特定的领土单元，在每一领土中，都有一种特定的法律独自适用于其中。[④] 既然在一个国家有且只有一种法律，在一国之内又岂能容忍他国法律的适用呢？这是他把外国法看做事实的原因，而既得权理论恰好与此相符。

比尔也反对欧洲国家的冲突法渊源含有国际法的观点，认为欧洲流行的"国际私法"一词暗含了这种理念，但这种观点已经不被重视而且无法维系下去。普通法的权威人士从没有采用过这种

① J. Beale, *A Treatise on the Conflict of Laws*, Vol. 1, § 3. 4, New York: Baker, Voorhis & Co., 1935, pp. 24-25.

② Ibid., § 4. 10, p. 43.

③ Ibid., § 5. 2, p. 52.

④ Ibid., § 1. 12, p. 16.

观点。美国法院通过判例发展冲突法，这与其他法律领域没有什么两样。在少数情况下，美国法院的判例曾受到过外国法律原理的影响，但法院在很短的时间内就消除了大部分这类外来法律原理的痕迹。冲突法是法院地法的一部分，法院适用的法律永远是作为自己本地法的法律，外国法不具有法律的效力。如果法院地的冲突法规定根据外国法裁判某一问题，这也意味着法院只是根据自己的法律判案，外国法在案件裁判中只是作为事实被加以考虑。[①] 这种对法律属地性的钟爱在很大程度上影响了比尔，使他毫不迟疑地接受了戴西的既得权理论，因为根据这一理论，一国并不适用外国法，而只是保护根据外国法取得的权利而已。

（二）比尔规则和理论的时代背景

美国传统冲突法不是比尔个人杜撰的产物，在比尔的时代诞生既得权理论和《第一次重述》有其深厚的制度背景和法学基础。

20 世纪初是美国判例法开始系统编撰并大量涌现的时期，城市化和工业化也开始步入高潮，判例法内部的庞杂紊乱一时间集中爆发了出来。在冲突法领域，这一问题并不比其他领域轻微；相反，在某些冲突法领域这种混乱比其他法律领域更加严重。比尔清醒地意识到这一现状，比如他发现在合同冲突法领域：

> 法院针对合同有效性确立了几种完全不同的规则，而且每条规则都有权威判例支持。……我们发现同一司法辖区的判例确立了不可调和的原则；甚至在同一判例中提出了几个矛

---

① J. Beale, *A Treatise on the Conflict of Laws*, Vol. 1, §§5.1,5.3, New York: Baker, Voorhis & Co., 1935, pp. 51-52.

盾的原理作为对一般法律原则的确定无疑的表述，这种情况也不罕见。正是从这方面看，权威判例在这方面的混乱非同寻常。①

地方法院的判例法如此混乱，但是如果联邦法院能确立统一、明确和稳定的规则，则各州冲突法的混乱会逐渐得到矫正。但实际情况恰恰与此相反，比尔发现美国联邦法院在这一领域的判例法同样让人非常失望：

> 在联邦法院，权威案件的状况混乱不堪、令人费解。可以说联邦最高法院没有采用过任何原理来剔除其他不相一致的原理。……因此，可以看出，普通法法院针对合同有效性的法律适用竭力推行的每一种规则，都曾被美国联邦最高法院在不同的时间采用作为自己判决的依据；联邦最高法院在作出每一个判例时显然都没有意识到同以往判例的冲突；许多判例自相矛盾。结果就自然出现了法官来自采用不同观点的州，判决观点就容易是法官来自的那个州接受的原理。……联邦最高法院的判例是这样的一种状况，下级联邦法院自然地会反映出同样的思想混乱。②

比尔分析这种混乱的首要原因是律师和法官没有把这个问题考虑清楚，导致将一个问题与类似的问题相混淆。法院和学者常

---

① J. Beale, *A Treatise on the Conflict of Laws*, Vol. 2, § 332. 1, New York: Baker, Voorhis & Co., 1935, p. 1078.

② Ibid., § 332. 9, pp. 1105-1109.

常确立一些宽泛的原则，但这些原则其实并非适用于所有情况，而只是适用于其中的一类情况。他指责斯托雷应对这种混乱负有不可推卸的责任，因为斯托雷在其著作中先确立了合同适用合同缔结地法的总原则，但随后又指出这条原则只适用于合同在同一地方签订和履行的情况；如果合同的签订和履行不在同一地方，则合同适用不同的冲突法规则。这样，斯托雷其实针对不同情况确立了不同的规则，但他针对一种情况的规则却貌似适用于一切情况的总原则。这种处理方法当然让人困惑不解，并在一定程度上引发了司法界判决的混乱。[①] 正是这种实践中冲突法混乱的局面使得比尔产生了强烈的历史使命感，他要用一种比斯托雷的礼让说更合理的既得权理论统一冲突法规则。

比尔的既得权理论同美国20世纪初的法理学思潮一脉相承。美国法律的思维方式一直属于分析法学和新奥斯丁主义。尽管与19世纪的历史法学派实质性上非常一致，但美国的法理学基本上还是属于分析法学。教授们在判例教学法中的每一步分析都会用到诸如此类的概念：绝对权利和相对权利，权利、权力、特权和义务，权利的承认和执行。这已经成为了普通法每一个领域思考的重要部分。法律背后的哲理也是从早期的这些概念发展而来：自然权利、传统权利、道德和衡平权利。正如当时的阿米扬(Arminjon)所言："所有的权利都是既得的，没有既得的权利是不存在的。"承认和执行既得权的原理不是分析主义法学家在冲突法著作中捏造的一种纯粹概念，它是弥漫于法学界的一种普遍的思维方

① J. Beale, *A Treatise on the Conflict of Laws*, Vol. 2, § 332. 1, New York: Baker, Voorhis & Co., 1935, p. 1077.

式。为了遵循分析法学的思维模式和实体法中的这些概念，在冲突法领域提出既得权思想也是非常自然的结果。①

尽管20世纪20年代开始出现了法律现实主义思潮，但在此之前比尔的既得权理论就已经成型。② 在法律现实主义运动如火如荼地展开的时候，由庞德担任院长的哈佛大学法学院不仅没有接受法律现实主义，而且成为了反对法律现实主义的保守阵营。③因此，尽管比尔在20世纪30年代就非常清楚库克、安特马等人的反对意见，但是这些异议并不妨碍他自信地坚守自己的理论阵地并把它作为总结美国冲突法判例的灵魂。④

三、小结

主要由比尔编撰完成的长达625条的《第一次重述》满足了司法界对规则明确性和稳定性的需求，借助于美国法学会的威名，这套规则体系获得了法院的普遍认可，“几乎具有法令的尊严和效力”⑤。比尔为阐述这套规则而撰写的三卷厚达2127页的《冲突

① F. Sloovere, “On Looking into Mr. Beale's Conflict of Laws”, *New York University Law Quarterly Review*, Vol. 13, 1935 - 1936, pp. 342-344.

② 比尔第一次完整地阐述既得权理论是在1902年。See J. Beale, *A Selection of Cases on the Conflict of Laws*, Vol. 3, § § 1-5, “Summary of the Conflict of Laws”, Cambridge: The Harvard Law Review Publishing Association, 1902, p. 501.

③ L. Kalman, *Legal Realism at Yale, 1927 - 1960*, Chapel Hill and London: The University of North Carolina Press, 1986, p. 45.

④ 在1935年出版的《冲突法专论》序言中，他提到“一支流行但短命的法哲学学派”批评他的法律原则是“概念式和法条主义的”。See J. Beale, *A Treatise on the Conflict of Laws*, Vol. 1, New York: Baker, Voorhis & Co., 1935, p. xiii, “Apologia”.

⑤ S. Symeonides (ed.), *Private International Law at the End of 20th Century: Progress or Regress?*, London: Kluwer Law International, 2000, p. 22.

法专论》也获得极大成功。一般而言，普通学者的著作在出版后或销售很长时间之后才有可能获得法学界吝啬的赞许，但比尔的著作在出版前就已经被看做是“权威的和划时代的作品”，在素以评论苛刻著称的法学界而言，这是对一位法学者罕见的、难得的崇高荣誉。①

尽管比尔的规则和理论获得一时的成功，但是这套规则和理论内部存在的矛盾和缺陷似乎早就预示了它们的命运。不可否认，比尔是本着法律的本来面目来“重述”美国冲突法的，大部分规则也确实是比尔皓首穷经、精心梳理浩瀚的判例法得出的结论，但是也有一些规则并非“重述”，而是“新创”，是比尔根据既得权理论推导出的规则，比如合同缔结地法规则和侵权最后结果发生地法规则。这其中的矛盾倒不难理解。置身于比尔生活的时代背景，我们不难想象比尔当年面临的两难困境：一方面要根据判例的实际面目“重述”冲突法；另一方面实际生活中的判例法又互相矛盾，混乱不堪。面临这种困境，比尔不得已作出了这样的选择：牺牲规则的“重述”性质，而追求规则的单一性和纯洁性。整体而言，《第一次重述》中的大部分规则严格符合既得权理论，但也有一些规则是比尔放弃理论顺从实践的结果。比如对于冲突法中的反致制度，比尔一方面从理论上认为采用反致案件的缺陷在于承认了外国冲突法的效力，而忘记了法院只应适用自己的法律，外国法在本国法院不过是事实而已；②另一方面他却在《第一次重述》第 8 条

① A. Harding, "Joseph Henry Beale: Pioneer", *Missouri Law Review*, Vol. 2, 1937, p. 131.

② J. Beale, *A Treatise on the Conflict of Laws*, Vol. 1, § 7. 3, New York: Baker, Voorhis & Co., 1935, p. 56.

对于土地所有权和离婚判决有效性问题上网开一面，承认土地所在地和当事人住所地外国法律包括该国的冲突法。[①] 因此，不仅比尔的规则与司法实践不相一致，法律规则与既得权理论之间也存在紧张关系。此外，既得权理论内部同样存在难以克服并且显而易见的矛盾。比尔一方面认为法院地并不把外国法看做法律，这种观点符合美国律师界对外国法的一贯态度；但他另一方面又如同把外国法看做法律一样用来判断既得权的存在与性质，"外国法是事实"成了名不副实的一种托词。同时，正如萨维尼和维希特早在半个世纪之前就发现的那样，既得权理论存在逻辑上的循环论证：判断既得权存在与否需要首先确定适用的法律，既得权理论主张适用的是权利取得地的法律，而此时正需要判断权利是否取得。比尔规则和理论这些显而易见的矛盾和问题，决定了当时代对法律的稳定性并不迫切需要的时候，必然有学者对比尔的规则和理论进行猛烈的抨击。

作为《第一次重述》和既得权理论根基的比尔法理思想内部也不乏紧张关系。《第一次重述》的规则强调了基于法律形式主义的稳定性和确定性的一面，但比尔的思想中存在作为法律现实主义的法律动态性的观点。他承认，普通法确实在变化；不仅某一个地方的普通法在变化，普通法制度整体上也在变化之中；较之七世纪前的法律，当代的法律则一定更符合公平原则和时代需要，更有人

① 《第一次重述》第 8 条"关于土地所有权或离婚问题的规则"：(1)土地所有权的所有问题适用土地所在地法，包括该国的冲突法规则；(2)关于离婚判决有效性的所有问题适用当事人住所地的法律，包括该国的冲突法规则。See American Law Institute, *Restatement of the Law of Conflict of Laws*, St. Pawl: American Law Institute Publishers, § 8(1934).

情味，更加灵活和错综复杂。[①] 他还主张，法律必须有能力改变和发展。之所以如此，有两方面的原因：一是正义观念的不停变动；二是文明方式的不停变动。法律的发展除了通过法律观念的改变而变革之外，首要的变革方式是立法。“相对于法律观念的缓慢作用，精心设计的立法是更快速的法律改进剂；当立法基于知识和经验时，正如实际情况那样，它是法律改良最强大的手段。”[②]因此，正如萨缪尔斯(Samuels)指出的，比尔既是一位形而上学者，又是一位实证主义者；比尔思想中既有法律绝对主义的成分，同时也有明显的法律现实主义的思想，他的思想包含着实质各异的成分。他还提到弗兰克对比尔的评价：“公正地讲，比尔不是一位前后一致的比尔主义者。”[③]比尔这种法理上的骑墙立场是《第一次重述》中的规则标准不一的重要根源，大部分规则与实际判例相吻合，这些规则是合理而不需要更动的，需要的是稳定，这时他的法律形式主义思想占了上风；但是，对于合同冲突法，比尔又认为大部分判例中的意思自治原则不合理，将来各地法院应走上他所主张的合同缔结地法的轨道，此处很明显地依据了其法律动态性的法理观点。

更令人惊奇的是，尽管比尔的规则由于过分强调确定性而饱受指责，但是比尔自己对于法律稳定性和灵活性之间的关系，有着非常清醒睿智的论述：

---

① J. Beale, *A Treatise on the Conflict of Laws*, Vol. 1, § 4.7, New York: Baker, Voorhis & Co., 1935, p. 39.

② Ibid., p. 49, § 4.13.

③ W. Samuels, "Joseph Henry Beale's Lectures on Jurisprudence, 1909", *University of Miami Law Review*, Vol. 29, 1974 - 1975, pp. 266, 270.

法律的全部历史就是使法律更加确定和使法律更加灵活交互努力的历史。按照庞德院长更加出色地详细阐述的理论体系，在严格法(strict law)时期，法律的一个目的就是确保精确性和确定性；紧接着进入衡平法和自然法时期，这时的目的是将公平和道义的因素注入法律，因此用灵活性调和严格法的精确性，以便可以使法律更公正地实现自身功能。这一阶段之后紧接着是法律的成熟时期，在这一时期，为使法律更加确定，衡平法救济的宽泛度被法律化并被置于由标准和原则构成的规矩之下，衡平法和自然法时期的灵活性在一定程度上受到约束。需要注意的是，尽管相对于自然法时期，这一时期的法律具有了稳定性，但它并未回归到其早期的精确性，而是保持了相对于严格法更加灵活的内容。这随后依次是再次强调法律的更加自由管制时期；一个我们正在生活其中的时期，这个时期法律规则和原则的适用如果太固定就会导致不耐烦，存在一种将法律适用个案对待的期望。这个时期没有回到前面衡平法和自然法阶段的极端灵活性，因为每一个随后的时期都在法律上留下了自己的痕迹。需要进一步指出的是，不仅各个时期彼此接替，其中确定性或灵活性的因素被显著强调，而且在任何一个法律时期，有些法律部门探求灵活性，其他一些法律部门期望确定性。①

在这段关于法律确定性和灵活性动态交替的精彩论述中，比

① J. Beale, *A Treatise on the Conflict of Laws*, Vol. 1, §4.13, New York: Baker, Voorhis & Co., 1935, pp. 50-51(Citation Omitted).

尔准确地将其生活的20世纪30年代定性为“再次强调法律的更加自由管制时期”,“这个时期法律规则和原则的适用如果太固定就会导致不耐烦,存在一种将法律适用个案对待的期望”。可见,他并不是一位生活在象牙塔中不关心现实的老学究,而是对当时司法界和学术界流行的法律现实主义运动有非常清醒的观察。但是,比尔对冲突法的实际状况作出了不同于法律现实主义者的判断:尽管法律整体发展处于强调个案公平的时期,但这一时期不妨碍“其他一些法律部门期望确定性”。比尔无疑把当时的冲突法当成了“期望确定性”的特别法律部门。

比尔的写作立场和理论假设或许有助于我们更深刻地体会比尔的规则和理论。无论是作为报告人为美国法学会编撰《第一次重述》,还是写作《冲突法专论》,比尔都清醒地意识到要为法律实务界人士提供规则指引,而不是过多地纠缠于理论的是非,甚至他特别强调他不是一位法哲学家。这种思想明确体现在他的《冲突法专论》“序言(四)辩解”中:

> 不可否认,本书中的大部分结论是信条式样的。难道律师界不就是希望信条式的结论吗?诚然,这些原则最终的分析依赖于笔者的说理。但不可否认,律师查找学术专著主要为了找到某领域司法权威判决情况;如果他还想查找其他内容,那就是可能价值有限的作者提出的见解,可能尽管并不怎么好。因此,笔者总体上采用信条的方式表述他的结论,尤其是借重于美国法学会的权威时更是如此;当然,在不采用法学会表述方式时也是如此。那些把笔者当成某一法哲学学派代表的人猜想错了。笔者不是法哲学家,也不需要在为律师写

的这本书中为此致歉。[①]

比尔服务于实践的写作动机无可怀疑，但此处所言自己并非法律哲学家的辩解却过于谦逊；恰恰相反，他是一位非常优秀的法律哲学家，他想要的无疑是他不被贴上康德哲学的标签。[②]

任何一个思想家构建一种理论时都必须作出某些假设。比尔的第一个假设是，人们把知识归纳成原则和概念，并借此解释现象。具体而言，比尔把纷繁的冲突法规则总结为既得权原则，并借此评判冲突法领域的各种理论和判例。这种做法在判例法混乱的时期非常必要，但如果把总结出的原则当做实际规则本身，就与法律现实主义的主张格格不入了。比尔的第二个假设是，美国法官作为一个阶层，诚实和认真地运用从自身研究和实践中得出的法律原则裁判案件，并诚实地在书面判决意见中重现他们的实际推理过程。[③] 这个假设真实地反映了美国司法的一个方面；不过这并非事实的全部，法律现实主义者从另一个角度强调法官偏见和个性的影响。

总而言之，比尔是继斯托雷之后美国冲突法领域的另一位继往开来的法学大师，他把杂乱的冲突法规则梳理成系统的体系，论证充分、内容详尽，使法官和律师有了明确的规则可循。尽管受制于时代背景和理论分析深度的限制，比尔的规则存在着种种缺陷

---

① J. Beale, *A Treatise on the Conflict of Laws*, Vol. 1, p. iv, "Preface", p. xiii, "Apologia".

② A. Harding, "Joseph Henry Beale: Pioneer", *Missouri Law Review*, Vol. 2, 1937, p. 134.

③ Ibid., p. 134.

和错误，但他对美国冲突法发展的贡献无可置疑。斯鲁维尔(Sloovere)把比尔对冲突法的贡献比做奥斯丁对法理学的贡献：尽管奥斯丁的法理学存在局限性，但他是未来法理学派发展的根基；比尔的冲突法成果也是美国冲突法未来发展的基础。[①] 这种类比对于比尔或许有些过誉，但哈丁(Harding)教授把比尔看做一位美国冲突法的开拓者可以说并不为过：

> 在50年的时间里穿越遍布的灌木丛将开辟的小径连接成一条道路。四处可见犯下的错误；这里的斜坡太陡峭，那里的转弯太直接。然而勘察和建设一条崭新的道路需要很长时间。确实，我们可以说：约瑟夫·亨利·比尔——开拓者。[②]

---

① F. Sloovere, "On Looking into Mr. Beale's Conflict of Laws", *New York University Law Quarterly Review*, Vol. 13, 1935－1936, p. 345.

② A. Harding, "Joseph Henry Beale: Pioneer", *Missouri Law Review*, Vol. 2, 1937, p. 160.

第三章　法律现实主义者的早期反击

在一个特定的领域，学术知识的进步可能带来其基本原理的弱化，这时我们开始谈论一场“危机”。如果这些基本原理经历了一次快速的转变，则我们就拥有了一场成功的“革命”。①

在法理学领域掀起法律现实主义运动期间，就有一批法律现实主义者在冲突法领域批判比尔僵化的法律形式主义，发出了美国冲突法革命的理论先声。

美国冲突法革命肇始于何时，对此目前尚有争议。② 如果以

---

① 凯格尔是较早关注美国冲突法理论演变的欧洲学者，并使用了冲突法“革命”一词。但是，他本人并不承认冲突法领域发生了“革命”，而是认定传统的理论与制度依然占据主流，批判者不过是处在边缘的少数派。See G. Kegel, “The Crisis of Conflict of Laws”, *Recueil des Cours*, Vol. 112, 1964, pp. 95, 263.

② 西蒙尼德斯认为冲突法革命开始于20世纪60年代早期。See S. Symeonides (ed.), *Private International Law at the End of 20th Century: Progress or Regress?*, London: Kluwer Law International, 2000, p. 22. 布里梅耶认为美国冲突法革命有两次：第一次发生于20世纪三四十年代，以凯弗斯(D. Cavers)和库克对比尔和《第一次重述》中的属地理论的批判为标志；第二次开始于50年代后期和60年代，以柯里提出“法律适用兴趣分析说”(governmental interest analysis theory)为标志。See L. Brilmayer, “The Role of Substantive and Choice of Law Policies in the Formation and Application of Choice of Law Rules”, *Recueil des Cours*, Vol. 252, 1995, pp. 19-20. 欧洲的学者对此也认识不一，舍尔(K. Siehr)认为是富德法官在“巴布科克案”中的推理“搅起了美国冲突法革命”。See K. Siehr, “Revolution and Evolution in Conflicts Law”, *Louisiana Law Review*, Vol. 60, 1999-2000, p. 1353. 维塔(E. Vitta)则认为冲突法革命“从50年代

理论的颠覆性为准，则20世纪20年代库克、安特马和劳伦森等一批法律现实主义者开始反思和批判传统理论可以作为美国冲突法革命开始的标志。[①]但如果以实际影响为准，则20世纪60年代“巴布科克案”(Babcock)的判决和柯里《冲突法文集》的出版应该成为美国冲突法革命的起始标志。早期法律现实主义者的批判观点虽然睿智深刻，但当时比尔的理论和规则如日中天，他们的观点并未引起众家反响和实践回应。[②]不过，早期法律现实主义者的研究方法、批判观点以及建构思路影响深远，为随后的冲突法革命代表人物所继承和发扬；甚至可以认为，美国冲突法革命不过是早期学者观点的展开和深化。不理解他们的理论观点，则无从理解美国冲突法革命。因此，虽然20世纪60年代开始燃起冲突法革命的熊熊烈火，但我们必须首先理解冲突法革命的理论先声。

发出冲突法革命理论先声的当首推库克、安特马和劳伦森，他们均位列卢埃林所认可的法律现实主义运动20位代表人物之

开始主导美国实践”。See E. Vitta, “The Impact in Europe of the American ‘Conflicts Revolution’”, *The American Journal of Comparative Law*, Vol. 30, 1982, p. 1. 我国韩德培教授主编的教材认为“自20世纪60年代以来，美国兴起了一场‘冲突法革命’”，但该书随后的内容却从介绍库克20年代的“本地法说”和凯弗斯30年代的“规则和结果选择说”开始。参见韩德培主编：《国际私法》，高等教育出版社、北京大学出版社2007年版，第48页。

① 库克的代表作“冲突法的逻辑和法律基础”发表在1924年的《耶鲁法律期刊》上，安特马的批判主张主要体现在发表于1927—1928年卷同一杂志上的“讲座方法和冲突法”一文中，劳伦森的批判观点主要见于1923—1924年卷同一杂志上的“属地性、公共政策和冲突法”一文中。

② 凯弗斯在1943年关于库克论文集的书评中指出，虽然库克对比尔理论的批判不遗余力，但其效果渺渺。See D. Cavers, “Review of Walter Wheeler Cook, The Logical and Legal Bases of the Conflict of Laws”, *The Choice of Law, Selected Essays, 1933–1983*, Durham: Duke University Press, 1985, pp. 40-41.

中。① 其中库克和安特马是法律现实主义运动中科学经验主义的倡导者，他们和奥里芬特一道创办了颇有影响的约翰·霍普金斯大学法律研究院(Law Institute at Johns Hopkins University)，尝试将自然科学的研究方法用之于法律领域。② 凯弗斯是一位后来居上的法律现实主义者，他以1933年发表的"法律选择问题批判"一文奠定了其在冲突法领域的牢固地位。虽然他身处法律形式主义者的大本营——哈佛大学法学院，并接受比尔的言传身教，但他义无反顾地接受和支持了法律现实主义。在其晚年对这篇经典论文的写作背景和动机的介绍中，他激情洋溢地写道：无论他这篇论文的影响如何，"应得的荣誉——或谴责——应归于当时的时代精神。在华尔街，一根根金融支柱在倒塌；在华盛顿，罗斯福新政正猛烈攻击陈旧的宪法障碍；而在法学院，法律现实主义者正在登上舞台。过去的原理在那里受到公然挑战。我投身于法律选择领域。"③

库克、安特马和劳伦森作为美国冲突法革命的先行者，坚定地将法律现实主义用于分析法律冲突问题，他们一致反对比尔和斯托雷的从抽象原理演绎推理具体规则的思路和结论，批判属地理论和既得权理论内在的矛盾和混乱，直陈比尔规则与美国司法实

① K. Llewellyn, "Some Realism about Realism-Responding to Dean Pound", *Harvard Law Review*, Vol. 44, 1930-1931, pp. 1257-1259. 在这篇法律现实主义代表作的附录中，卢埃林罗列了20位他所认可的法律现实主义者及其代表作，库克、劳伦森和安特马的名字分别出现在第1257、1258和1259页。

② L. Kakman, *Legal Realism at Yale, 1927-1960*, Chapel Hill and London: The University of North Carolina Press, 1986, p. 113.

③ D. Cavers, *The Choice of Law, Selected Essays, 1933-1983*, Durham: Duke University Press, 1985, p. 4.

践的背离，主张通过观察法官和其他官员的行为找到真实规则，并尝试通过政策分析和规则细化重建冲突法制度。其中库克的批判和论证最为彻底和全面，安特马和劳伦森的著述在许多方面认可和回应了库克的观点。凯弗斯是早期反思和批判成果的集大成者，他一方面热情肯定了先行者的基本思路和主要结论，但另一方面又推陈出新地指出他们的研究依然没有摆脱法域选择(jurisdiction-selection)的陈旧模式，正确的方法应该是关注规则和结果的分析和选择。下文将依次分析他们是如何将法律现实主义用于分析法律冲突问题，并对其分析思路和结论略作评论。

一、库克的"本地法说"

库克同时身为法律现实主义者和冲突法革命的先行者，他将"科学经验主义"(scientific empiricism)用于分析法律冲突问题并在具体分析中验证其正确性。他的冲突法理论结晶是"本地法说"(local law theory)，认为法院不是根据外国法而是根据法院所在地的冲突法承认和保护当事人的权利，从而推翻了比尔规则的理论基础——既得权理论。库克与比尔属于大致同时代的学者，在比尔的规则和理论受到热烈追捧的时期，"本地法说"是与既得权理论相抗衡的唯一知名理论。

库克一生涉猎广泛。他早年受过物理和数学方面的训练并讲授过这两门课程，一生孜孜不倦地紧跟科学领域以及经济、社会和政治事务的最新发展。因此，他深谙自然和社会科学领域的研究成果和方法，并积极倡导将这套方法同样用于法学研究。他的法学研究领域横跨了法理学、衡平法、刑法和诉讼法，其研究甚至超越了法学领域。在去世前不久，他还撰写了《优生学和优境学》一书，对生物学作出了突出贡献。[①] 令人称奇的是，库克在法学院求学期间并没有选修过冲突法课程，但后来却讲授和研究冲突法，并在该领域声名卓著。对于错过大学阶段学习冲突法，他并未感到遗憾，反而认为这可使其巧合地摆脱了斯托雷和比尔教条主义思维的负面影响，以一种更开放的心态看待冲突法问题。[②]

库克的冲突法研究成果集中体现在他于 1942 年出版的《冲突法的逻辑和法律基础》(*The Logical and Legal Bases of the Conflict of Laws*)一书中，该书书名来自于他于 1924 年发表在《耶鲁法律期刊》上的同名论文。书中收集了他公开发表的 11 篇论文和 7 篇未发表过的作品。1943 年他在《伊利诺伊法律评论》上又发表了"《冲突法的逻辑和法律基础》未发表的一章"一文，系统地总结了自己的冲突法观点，并借机反驳了对其观点的误解和指责。在其著作的"序言"部分，他特别强调，这部书的目的不是"呈现一部关于冲突法的完整专著"，而是尝试解决法律冲突问题思考方式方面一些"更普遍的问题"，即"法律方法"。[③] 与其说库克用现实主义方法解决法律冲突问题，不如说他想用冲突法领域的研究成果验证和展现其法律现实主义观点，其著作取名为《冲突法的逻辑和法律基础》便是一个明显例证。因此，不理解库克的法理思想，将无从理解其"本地法说"；只关注库克结论中的只言片语，

---

① C. Clark and H. Carey, "Walter Wheeler Cook", *Illinois Law Review*, Vol. 38, 1943－1944, pp. 342-343, 346.

② W. Cook, *The Logical and Legal Bases of the Conflict of Laws*, Cambridge: Harvard University Press, 1942, p. x.

③ Ibid., p. ix.

难免错过或误解其理论精华和真实用意。下文将首先分析库克的现实主义法律观，然后分析其理论进路和具体结论，最后对此加以评析。

(一)库克的现实主义法律观

库克自称其现实主义法律观为"科学经验主义"①，具体内容包括三个相互关联的方面：第一，反对从抽象的先验法律原则演绎出具体规则，主张归纳客观法律行为形成初步假设；第二，怀疑法律规则的绝对适用性，提出"法律术语和规则的含义相对于其语境和目的而具有可变性的原则"②；第三，根据社会政策和立法目的理解、运用和创建规则，并尽可能将分类和规则细化。

库克法理思想的第一个论点来自自然科学和社会科学的研究方法。他发现科学界已经抛弃了对维多利亚时代所谓"终极真理"的追求，放弃了从先验的"真理"演绎推理的方法，改而观察客观事实，形成初步的归纳；但即使看似"最可靠的归纳也仅是有用的假设，在理论上随着经验的积累要接受进一步的修正"。在库克熟悉的物理学领域，物理学家通过观察具体现象并反复试验才得出初步结论，将之用以描述过去的观察，并预见未来的观察结果。在社会科学领域也出现了同样的发展势头。比如在经典政治经济学领域，"经济人"之类的先验结论受到挑战，经济学家通过收集经济数

---

① 库克在其晚年所撰写的"我的法律哲学"一文中简要总结了自己的法律观，并称自己的思想是"科学经验主义"。See W. Cook, "Walter Wheeler Cook", *My Philosophy of Law*, Boston: Boston Law Book Co., 1941, p. 56. 下文对其法理思想介绍部分没有注明出处的均来自该文。

② 安特马将库克对冲突法的贡献总结为两方面：一是"本地法原则"；二是"法律术语和规则的含义相对于其语境和目的而具有可变性的原则"。See H. Yntema, "Walter Wheeler Cook", *Illinois Law Review*, Vol. 38, 1943 - 1944, p. 351.

据形成初步判断。虽然法学者不是物理学家,不需“研究电子、原子或行星的行为”,但这套科学方法同样可以用于法学研究,只不过法学者研究的是“人的行为”。法学结论是否成立关键是这些论断能否“简明准确地描述社会成员过去的行为并能预测他们将来的行为”。①

库克法理思想的第二个论点来自于爱因斯坦的相对论、语言学成果和杜威的实用主义,并且是第一个观点的理论根基。物理定律的正确与否乃相对于其适用的条件和环境而言,法律术语和规则的含义同样伴随案情和适用领域的不同而发生变化。像“程序”和“实体”之类的词语并非不证自明;已经表明的是,法院在处理不同领域的问题时,这类词语已经被赋予了不同的含义。随着隐含的社会政策的变化,这种术语的含义也在变化。这是由于词语是“活的思想的外壳”,词语是灵活的,最好从满足我们需要的角度去界定。② 词语的含义是相对的,采用词语表述的法律规则也具有相对性,不存在不经思考就绝对适用于各种案件的抽象规则。以往学者强调规则的神圣性和绝对适用,与他们追求难以实现的终极目的密切相关。为此,库克借用杜威对目的和手段相对性的论断反驳比尔及其追随者们对判决一致性的追求。库克认为:

> 杜威衡量价值的经验主义理论的关键可以见于他对这一事实的强调:只有考虑到目的在实践中的可能结果,我们才会真正地理解“目的”;不了解可用于实现目的的手段,我们仍然

---

① W. Cook, *The Logical and Legal Bases of the Conflict of Laws*, Cambridge: Harvard University Press, 1942, pp. 3-5, 29.

② Ibid., pp. 188, 159.

> 无法理解“目的”。……从这一角度看，手段和目的不可分割；就像最近的一位学者指出的，“手段是目的的一部分。”此外，当我们审查可用的手段时，我们可能发现这些手段不仅能带来我们最初设想的结果，而且还会伴有我们没有考虑到且极不希望的结果。……这种不好的结果可能是我们付不起的代价，可能引导我们重新考虑最初关于目的的决定，至少在发现其他手段之前应该如此。①

法律规则和原则都只是相对正确，因此不存在不证自明且放之四海而皆准的法律原理，盲目地从所谓的法律原理演绎推理出任何案件的具体规则将会非常危险。由此，库克的第一个论点便水到渠成。

库克的第三个论点是其第二观点的自然延伸，体现了法律现实主义的法律功能主义和规则细化的思想。法律术语、规则和原则伴随具体案情和社会目的之改变而灵活调整，因此只有立足于社会政策和立法目的才能理解、运用现有规则；创建规则不仅应反映社会政策和立法目的，而且为了更准确地体现社会政策和立法目的，应该尽可能采用更细小的分类和更细微的规则。法律功能主义强调法律是实现社会目的的手段和政策分析，库克显然接受了这一思想。他在晚年对其法理思想总结出的结论之一为：

> 在法律领域，社会和经济政策证明以往判决为社会所需；

---

① Walter Wheeler Cook, *My Philosophy of Law*, Boston: Boston Law Book Co., 1941, pp. 60-61.

唯有心怀这些社会和经济政策，才能决定判决所需“新型”情况中的相关因素。因此，只是想起存有疑问的规则或原则中的词句是不够的，期待实现的目的必须被带到意识的前线。①

在库克眼中，规则细化是法律功能主义的自然结论，因为“只有分解更大的归类，才能充分考虑社会和经济政策”②。

将上述法理思想用于分析冲突法问题，库克的结论是比尔和斯托雷这些学者主张的“看似简单和极端宽泛的原则是不够格的”，因为它们既不能准确描述法院的行为，也无法“作为法院处理‘新型’案件的指南，它们太简单和过分宽泛，无法为作出对社会有益的判决提供充分的根据”；冲突法领域所谓的基本原理不仅不够格，而且这些原理的支持者也没有连贯一致地运用；即使连贯一致地应用也不会带来对社会有用的结果；政策分析和规则细化是未来新规则的发展方向。③ 那么，库克是如何将其法理思想用于分析法律冲突问题并得出这些结论的呢？其冲突法理论的真实面目如何？他在侵权、合同等具体问题上的结论是什么？下文将对此进行分析。

（二）库克的“本地法说”

库克关于冲突法的核心思想——“本地法说”的内容首次出现于1924年的“冲突法的逻辑和法律基础”一文中，但这篇论文的内容只是构成其冲突法思想的基础部分。库克一生对冲突法的研究

---

① W. Cook, “An Unpublished Chapter of the Logical and Legal Bases of the Conflict of Laws”, *Illinois Law Review*, Vol. 37, 1942-1943, p. 420.

② Ibid.

③ Ibid., pp. 419-422.

广泛而深入，将其“本地法说”的主张用于分析了侵权和合同的法律适用、识别、反致、实质和程序问题的区分、缔约和结婚能力等。本部分将主要分析“本地法说”的主要内容和研究进路，同时展示库克是如何将之用于侵权和合同法律适用的具体问题，并简要提及他在其他一些问题上的主要观点。

冲突法的逻辑基础是什么？是归纳而非演绎。归纳是自然科学和社会科学晚近共同采用的研究范式。通过归纳国际常设法院对“荷花号”一案的判决和美国法院的判例，库克发现冲突法的法律基础是法院地的本地法，而不是比尔和斯托雷所言的先验原理；在“文明国家之间”，不存在关于立法管辖权划分的“一致结论”，美国联邦宪法对各州立法管辖权的限制也几乎不存在。[①]

库克在其 1924 年的论文中这样详细阐述了其“本地法说”：

> 当法院遇到涉外案件时总是将本地法适用于案件。但这样做时，法院作为本地法采纳和执行的裁决规则（a rule of decision）是从同部分或全部涉外因素相关的外州或外国现行法中的判决规则中得来的，内外裁决规则的适用范围相同或虽不同但极相似。在通常情况下，而且取决于下文提到的例外，这样采用的规则，即特定的外州或外国法院将适用的裁决规则，不会适用于现在受理案件的法院面对的这类案情，而适用于*对该外州或外国法院而言类似的但纯粹国内或州内的、无涉外因素的那类案情*（斜体为原文所加——笔者注）。这样

① W. Cook, *The Logical and Legal Bases of the Conflict of Laws*, Cambridge: Harvard University Press, 1942, pp. 71-72, 78.

并入法院地法的规则可以便利地称之为外州或外国的“州(国)内规则”,以有别于该州(国)适用于涉外案件的规则。因此,法院执行的不是一个外州(国)①的权利,而是根据自己的法律所创设的权利。②

这里所说的“例外”包括两种:(1)“从外国角度看,只涉及纯粹国内事实”的案件;(2)法院采用反致适用外国的冲突规则。在这两种情况中,本国法院采用的“裁决规则”将例外地等同于外国法院采用的“裁决规则”。③

库克的这段表述看似复杂,其实内容相当简单。各国的冲突法规则不同,美国的法院在实践中通常如《第一次重述》主张的那样不采用反致,那么美国法院在涉外案件中适用自己的冲突法找到的准据法和外国法院按照自己不同的冲突法适用的准据法自然不同。因此,美国法院就是适用“本地的冲突法”承认和保护当事人的权利,而不是像比尔主张的承认和保护当事人在“外国”的“既得权”——外国法院适用自己的冲突法承认和保护的当事人权利。或许由于没有在求学中接受过冲突法的系统学习,库克此处使用了自己独创的“裁决规则”一词,该词其实等同于“准据法”。之所

---

① 为叙述方便,后文中“外州(国)”简称为“外国”。需要指出的是,美国冲突法理论与制度通常不区分州际冲突与国际冲突,因此下文中的“州”和“国”一般可以互换使用。

② W. Cook, “The Logical and Legal Bases of the Conflict of Laws”, *The Yale Law Journal*, Vol. 33, 1923 - 1924, p. 469. W. Cook, *The Logical and Legal Bases of the Conflict of Laws*, Cambridge: Harvard University Press, 1942, pp. 20-21.

③ W. Cook, “The Logical and Legal Bases of the Conflict of Laws”, *The Yale Law Journal*, Vol. 33, 1923 - 1924, pp. 469-470. W. Cook, *The Logical and Legal Bases of the Conflict of Laws*, Cambridge: Harvard University Press, 1942, p. 21.

以创造这一术语，是因为库克想着意强调“法律”一词的含义。他发现，在适用外国“法”时，美国法院通常并不适用外国的“冲突法”，而是满足于找到外国法院在“纯国内案件”中适用的“实体法规则”。

库克的结论来自于他对法官行为的观察和归纳。他在论述中几乎全盘照搬了汉德(Hand)法官1923年在“吉尼斯案”(Guinness v. Miller)中的分析和结论。分析该案可让我们更好地理解库克的理论。

该案为美国人向德国人提起的违约赔偿之诉，德国人没有按期支付合同价款，美国人要求按照违约时——1917年12月16日的汇率赔偿，而德方主张按照判决时的汇率赔偿。汉德法官将这起违约赔偿等同于侵权赔偿，但他明确反对当时流行的既得权原则，因为适用该原则将按照马克计算赔偿额并采用判决时的汇率。他最后作出的判决支持了原告的要求。在陈述自己的理由时，汉德主张：

> 法院只执行其本国的法律。当原告来到侵权地以外的一个法域时，他只能要求偿还这个国家所承认的一项债务。文明法律下的一个外国强制执行的本国债务与产生于侵权发生地的债务应尽可能接近一致。①

库克以该案为例反对既得权。“如果说纽约州执行一项德国的权利，这意味着最多我们预见到纽约州的官员将恰(斜体为原文

① Guinness v. Miller, 291 Fed. 770(1923).

所加——笔者注)如德国官员那样作为。"但从汉德法官的判决来看,"这不是纽约州法院在这一案件中的做法"。①

库克认为自己的理论既能描述涉外审判的真相,又能帮助律师预见未来法官的行为。同时,他清醒地预见到其复杂的理论表述可能带来他人的反感和不适。对此,他不无得意地对坚持传统观点的人讽喻道:

> 地球是平的,太阳围绕地球转;对坚持这种传统观点的人来讲,声称地球是圆的并且地球围绕太阳转似乎毫无必要如此复杂;但是,后一观点赢得了人们认可,因为它更行得通,而且考虑到所有情况,这实际上是一种更简单的见解。②

库克不仅用"本地法说"对抗和瓦解"既得权"理论,而且运用判决事实和逻辑分析反驳比尔规则大厦的另一个基石——斯托雷的法律属地理论。斯托雷三原则强调各地的法律只能约束境内的居民、财产和行为,境外无效。③ 库克考察美国的判例后发现这一原则不仅不符合事实,而且没有牢固的逻辑和法律基础。对于居民和财产处于不同的州的复杂案件,"从逻辑上不可能赋予一个州绝对的对人管辖权,而赋予另一个州绝对的对物管辖权";国际法和美国宪法也没有明确的分配各地"立法管辖

---

① W. Cook, *The Logical and Legal Bases of the Conflict of Laws*, Cambridge: Harvard University Press, 1942, p. 32.

② Ibid., p. 33.

③ 关于斯托雷三原则的具体内容,请参见许庆坤:"论美国传统冲突法的本土化及其对中国的启示",《山东大学学报(哲学社会科学版)》2007 年第 3 期,第 100—101 页。

权”(legislative jurisdiction)的规则。[1] 库克认为比尔的理论荒诞不经，比尔主持制定的《第一次重述》中的规则更是不合事实、自相矛盾、措辞模糊，因而无法实现比尔所希冀的判决一致性的目标。我们可从库克对涉外侵权和合同法律适用的分析中理解其思路和结论。

在涉外侵权领域，比尔推崇霍姆斯法官在“斯莱特案”中的结论，主张侵权适用侵权结果最后发生地法。但库克重新分析了该经典判例后发现，霍姆斯主张的是侵权适用行为实施地法，而不是比尔等人认为的最后结果发生地法。即使认可比尔的结论，这一规则也与《第一次重述》第 7 条关于“法院适用的法律”的规定自相矛盾。[2] 因为既然比尔主张承认和保护外国的既得权，他就应该适用侵权行为地的冲突法，而第 7 条要求适用的是侵权行为地的实体法。面对这一困境，重述的支持者们“或者(1)必须抛弃第 7 条；或者(2)应该对《重述》中侵权部分加以解释，或更好的做法——重写，以便符合第 7 条表述的理论”。如果这样做了，《重述》中有关管辖权的部分也应该被“彻底修改”。如果不修改第 7 条，就应该将侵权部分第 378 条中的模糊措辞“法”(law)改为“国

---

① W. Cook, *The Logical and Legal Bases of the Conflict of Laws*, Cambridge: Harvard University Press, 1942, pp. 60, 71-72, 78.

② 《第一次重述》第 7 条“法院适用的法律”：“除非第 8 条规定的情况，当争议问题涉及的法律所属的两个国家冲突法规定存在不同时，应当适用法院地的冲突法规则：(a)作为决定法律选择的前提，需要决定法律概念的性质和特点，在所有情况下由法院根据自己的法律决定这些问题；(b)在作出支配特定案情的法律选择时，如果适用另一国家的法律，因为判决案件唯一采用的冲突法是法院地的冲突法，所以适用的外国法就是适用于手头案情的法律，而不是外国的冲突法。”American Law Institute, *Restatement of the Law of Conflict of Laws*, § 7(1934).

内规则"(domestic rule)。[①]

在涉外合同领域,比尔主张除了合同履行适用履行地法之外,其余问题适用合同缔结地法。库克指出,这一规则与法院的判决不符,法院并不考虑外国的冲突法,而只适用外国的国内规则。这一规则也不是比尔理论的逻辑推论,因为按照既得权原则合同适用缔结地的冲突法,但《第一次重述》第7条明确排除了反致;按照属地理论,合同事实发生地涉及的各国都应该有立法管辖权,而比尔却将立法管辖权主要赋予了合同缔结地国。这一规则与《第一次重述》第66条的规则相矛盾,对于在一国发出要约,在另一国接受承诺的交易,第66节"评论(c)"给出的答案是两国都有立法管辖权,而不是只承认合同缔结地的立法管辖权。[②] 此外,库克还借机指出了比尔既得权理论的自相矛盾。对合同事实发生在两个国家的交易,比尔之所以主张只有合同缔结地国享有立法管辖权,是因为合同在最后的行为地具有约束力;但是,只有选择了准据法,才能决定合同效力,怎能"在一开始就假定了合同在最

---

① 《第一次重述》第378条"支配原告损害的法律":"侵权地的法律决定一个人是否遭受了法律上的伤害。"按照库克的观点,该条应该改为:"侵权地的国内规则决定一个人是否遭受了法律上的伤害。"American Law Institute, *Restatement of the Law of Conflict of Laws*, §378(1934).本段引用的库克的论述分别见于其著作的第319页、331页、335页和342页。

② 《第一次重述》第66条"从一国发向另一国的通讯":"当通讯从一国发向另一国时,每个国家都对通讯享有管辖权。""评论"(c):"法律选择问题的产生。如果一项交易是以从一国发向另一国的通讯方式达成,一国的法律对这种信息赋予债务效力,但另一国的法律则不然,在这种情况下,法院处在第三国,如果在那里提出这个问题,法院可以挑选一国或另一国的法律支配交易,并相应地赋予或不赋予该信息以债务效力。因此,同样,如果信息发出地或收到地的国家对此赋予了不同的债务,第三国的法院可以选择第一个国或第二个国的法律决定赋予的债务内容。"American Law Institute, *Restatement of the Law of Conflict of Laws*, §66, Comment c(1934).

后行为地具有约束力”，然后再根据行为地的法律判断合同效力呢？这种推理不禁让人想起“凭借靴子带将自己举起的著名壮举”。①

正因为比尔的规则概念模糊、前后矛盾、逻辑混乱，因此依靠这些规则实现判决的一致性目标绝无可能。库克运用手段和目的的关系理论对比尔的理想讽喻道：“当不存在路径时试图实现判决一致性，这种不理智好比娃娃哭着要月亮。”②

库克并不否认判决一致性是值得追求的目标，但他强调的是不能依赖比尔的理论和演绎推理达到这一目的。与之相对照，他寄希望于政策分析：

> ……应该根据期待的社会和经济目标谨慎地进行整理、挑选、采用和适当地改进规则。如果在一些州法院根据这种方法取得了社会期待的目标，那么有充足的理由相信，其他州的法院，如果认为这样的结果值得追求，就会以同样的方式行动。如果如此行事，最后的结果可能就是在我们各州取得一定程度上的判决一致性。③

更理想的方式是美国国会行使美国《宪法》第1条第4款赋予的权力，通过一般法律规定一个州的立法法规、判决、记录和司法

---

① W. Cook, *The Logical and Legal Bases of the Conflict of Laws*, Cambridge: Harvard University Press, 1942, p.366.

② W. Cook, “An Unpublished Chapter of the Logical and Legal Bases of the Conflict of Laws”, *Illinois Law Review*, Vol. 37, 1942－1943, p.420.

③ Ibid., p.422.

诉讼在另一州的法律效果或结果，制定全国统一的冲突法。另一个方案是联邦法院通过判例发展出一套全国的冲突法制度，使各州的冲突法摆脱混乱局面。①

库克还探讨了其他冲突法问题。对于识别，库克认为，识别之所以成为问题是因为关于识别的争论建立在了“没有根据的假定和(或)采用了没有经过充分分析的语言符号”。他主张根据立法目的和社会政策灵活地处理。“程序问题”和“实体问题”的区分同样如此。对于反致，他认为应该将反致问题“分成更小的单元，然后根据涉及的社会和经济情况在每个案件中探讨”。对于缔约能力，比尔主张的适用合同缔结地法的单一规则并不符合美国判决的实况，妨碍了法院考虑相关的政策。对于结婚能力，库克主张适用“预期的家庭住所地法”，而不是比尔主张的婚姻缔结地法。②

(三)小结

库克是规则怀疑者，但他怀疑的是不符合事实与逻辑的传统冲突法规则和原则，这并不表明他否认规则和原则本身的存在及其价值，他只是指明它们的“本质和局限性”。规则和原则的本质只是一种初步假设，是否具有价值必须接受实践检验；任何时候都不存在事先拟定的普遍规则，不经思考即可自动适用于新案情，虽然一般规则可以适用于常规案件。③ 但库克的这一观点常常遭人

---

① W. Cook, *The Logical and Legal Bases of the Conflict of Laws*, Cambridge: Harvard University Press, 1942, pp. 95, 105, 136.

② Ibid., pp. 215, 188, 239, 441, 454.

③ W. Cook, "An Unpublished Chapter of the Logical and Legal Bases of the Conflict of Laws", *Illinois Law Review*, Vol. 37, 1942－1943, pp. 418-419.

误解。一方面庞德误以为他要寻求物理定律式的精确规则，另一方面斯科特(A. Scott)误以为他反对任何归纳。对此库克激愤地反驳道：这两种指责“同样地荒谬和同样地缺乏根据”。还有人认为，既然库克主张收集资料后再合理地研究，那么就不需要任何初步假设。库克认为这种观点纯属“逻辑上和科学上的胡说八道”。问题是如何作出假设，什么假设才会富有成果。应该有初步假设并将其用作尝试性的有效假定。①

库克在冲突法领域的突出贡献是破坏性地清除陈迹。他不遗余力地分析批判比尔的属地理论、既得权说和《第一次重述》中的规则；为了反驳比尔单一的“住所”(domicile)概念，他用了整整一章的篇幅；他甚至反对重述规则这种方法本身。他用“本地法说”瓦解比尔理论和规则的神圣，为未来冲突法革命的发生铺平了道路。库克坦陈其目的就是清除当时冲突法花园里的杂草，但这其中也不乏建设性：“只有清除了智慧花园里存在问题的过分茂盛的杂草，有用的作物才能够生长和繁茂。因此，除去杂草在效果上就像栽种和培育有用作物一样是建设性的。”②

其实，库克不需如此辩解，因为在他的论述中也闪烁着富有建设性的智慧火花，这些建设性的思路和规则预示着后来美国冲突法的发展趋向。他主张利用政策分析发现、提炼和运用规则，并尽可能采用细小分类将规则细化。这两种思路都为后来的冲突法革命者所继承和发扬。他提出的侵权和合同冲突法规则在随后的理论和实践中都得到了响应。

---

① W. Cook, *The Logical and Legal Bases of the Conflict of Laws*, Cambridge: Harvard University Press, 1942, p. 47.

② Ibid., p. ix, “Preface”.

对于涉外侵权，他主张适用“最有利于原告的国内法规则”，因为被告毕竟是为了自己的目的做事，对自己造成损害的行为，如果有关的国家规定了赔偿，有何理由不让原告获得赔偿呢？如果一定要在多个涉外侵权连结点中选择其一，则一些欧洲大陆国家确定的“行为发生地”至少和比尔所选定的“最后行为发生地”一样明智，而且在有些案件中更容易确定。这是一种政策分析的结论，同霍姆斯强调的在工业化和公司化时代偏向对受害人保护的观点不谋而合，并被冲突法革命中的许多判决和学说所采纳。库克还认为应该将“诉讼能力”问题与“侵权”问题相区分，前者适用住所地法，不应与侵权法律适用问题混为一谈。① 这体现了其规则细化思想。

对于涉外合同，库克发现尽管意思自治理论受到主流学者的猛烈批评，但主要的欧洲、拉美国家“惊人一致地”适用当事人想要适用的法律，大多数美国法院对此也通常认可。因此，他主张涉外合同应该适用当事人明示选择的法律，这时外国的规则被视为合同条款并入到协议中；在当事人没有明示选择时，应该由法院决定合同的“适当法”(proper law)，即“与交易整体上存在最重要或实质性联系”国家的法律，而不应推定当事人的意图，因为后者容易导致法院地国内法规则的滥用。在涉外合同领域，库克同样主张规则细化：“企图为决定各种合同的有效性确定一条单一的宽泛规则几乎没有价值。需要的是对问题的归类，以便合同法中涉及的社会、经济和商业情形的每一个类别都能根据社会的需要和利益

① W. Cook, *The Logical and Legal Bases of the Conflict of Laws*, Cambridge: Harvard University Press, 1942, pp. 345-346.

得到充分的考虑。"[①]库克关于合同冲突法的主张与多年后《第二次重述》中的规则基本一致。

但是,库克建设性的内容未免过于单薄和缺乏充分论证。冲突法理论需要解决两个相互关联的基本问题:为何适用外国法和如何适用外国法。库克的"本地法说"只是解决了第一个问题,对第二个问题则没有提出系统的建议。正如他所批判的既得权说存在概念模糊的缺陷,"本地法说"也存在同样的问题:"本地法说"准确地表述其实就是"本地冲突法说"。这种冲突法为国内法的观点比尔就已经提出,只不过他本人没有逻辑一致地贯彻始终。凯弗斯尖锐地指出"本地法说"没有对冲突法的发展作出实质性贡献,并对此作了绝妙的讽喻。他说,如果他忘了下面他儿子解决类似问题的办法,库克的理论或许看起来对他更有用处:

> 在四岁时,他偶然见到了金枪鱼沙拉。"那不是鸡肉吗?"尝了第一口后他问道。我们告诉他不对,那确实是鱼肉。他对自己说了句"鸡肉做的鱼",就这样重回到自己的想象世界并结束了对这件事的思考。[②]

莱弗拉尔也不无遗憾地认为,虽然"本地法说"强调法院地的主权,有力地批判了既得权说,但是它"表明的只是一个新的起点,而不是目的地或者甚至是法律选择中的路标","它没有表明法律选

---

① W. Cook, *The Logical and Legal Bases of the Conflict of Laws*, Cambridge: Harvard University Press, 1942, pp. 389, 398-399, 416-417.

② D. Cavers, "The Two 'Local Law' Theories", *The Choice of Law, Selected Essays, 1933 -1983*, Durham: Duke University Press, 1985, pp. 46-47.

择应当如何”。① 澳大利亚学者也认为，本地法说的主要缺陷在于：它只指明了适用外国法的基础，而没有对“应当适用哪个外国法问题给出任何明确的答案”。②

凭借其深厚的法理根基和过人的智慧，库克或许应该作出更大的贡献。遗憾的是他只是在人生的最后20年左右思考了冲突法问题，并且没有采用比较分析方法，忽视了国外的学术成果，过分依赖了自然科学方法。早在19世纪中叶，德国的萨维尼和维希特就已经批判了既得权说的循环论证。如果吸收这一学术成果，库克或许可以免去投入那么多的时间和精力批判一种早已过时的学说。这也提醒我们，博采百家之长方能真正独树一帜。

二、安特马和劳伦森的批判与反思

安特马和劳伦森与库克的立场有相近之处，他们都反对从先验的原理抽象地演绎规则，对传统理论和规则无情地嘲弄和抨击，赞同政策分析和规则细化。但安特马和劳伦森同为比较法学家，对普通法和大陆法均有精深的研究，因而二者虽然没有提出类似“本地法说”的系统理论，但他们比库克具有更开阔的视野和某些独到的见解，一些批判观点也更为深刻。与安特马相比，劳伦森对冲突法的研究更为全面和具体，但在批判立场上相对保守。下文首先分析安特马和劳伦森的具体思路和结论，然后对二者的观点

---

① R. Leflar, “Choice-Influencing Considerations in Conflicts Law”, *New York University Law Review*, Vol. 41, 1966, p. 268.

② E. Sykes and M. Pryles, *Australian Private International Law*, The Law Book Company Limited, 2nd Edition, 1987, p. 10.

作简要评析。

(一)安特马的批判与反思

安特马早年在牛津大学和哈佛大学接受一流的教育,长期参与有关比较法的活动,曾担任美国外国法协会的副主席、国际比较法学会的副主席、1958年第五届国际比较法大会的主席等职,从1951年起长期担任《美国比较法学刊》的主编,其学术领域涵盖了法理学、比较法、冲突法和国际法等。① 与库克和劳伦森相比,安特马把主要精力放在了法理学和比较法上,对冲突法问题研究成果有限,②但其思想的深刻和广博超过了前两者。

安特马是一个略显偏激的法律现实主义者,他认为司法判决是个情感化的过程,法官的思维习惯决定了判决结果,规则、原则和逻辑只起第二位的作用。因为,"规则只是一个记忆的工具,一个有用但空洞的对现有事物的描绘"。法律规则可以从过去的司法审判中用抽象的术语表述出来,但它不能告诉我们依据该规则未来案件的判决结果。对此他运用精辟的比喻表述道:"对数表和应力张力公式对工程师无比重要,但它们无法告诉他桥梁该不该

---

① 在安特马的纪念文集后面附有其生平和学术成果清单。See K. Nadelmann, A. von Mehren, J. Hazard (eds.), *XXth Century Comparative and Conflicts Law, Legal Essays in Honor of Hessele Yntema*, A. W. Sythoff-Leyden, 1961, pp. 533-544.

② 安特马有较大影响的冲突法论文包括:"The Hornbook Method and the Conflict of Laws", *The Yale Law Journal*, Vol. 37, 1927-1928, p. 468; "The Restatement of the Law of Conflict of Laws", *Columbia Law Review*, Vol. 36, 1936, p. 183; "'Autonomy' in Choice of Law", *The American Journal of Comparative Law*, Vol. 1, 1952, p. 341; "The Historic Bases of Private International Law", *The American Journal of Comparative Law*, Vol. 2, 1953, p. 297; "Contract and Conflict of Laws: 'Autonomy' in Choice of Law in the United States", *New York Law Forum*, Vol. 1, 1955, p. 46(本注释中论文的页码均为起始页码——笔者注)。

建，或者，即使该建，桥建在何处，桥将来多高、多宽和花费多少也无从得知。”“如果法律王国就像数学，由假设或梦幻组成的材料混合而成，没有人会反对用原则、权利或其他法学构造物填满法律世界。”但真实的法律王国并不是数学世界，规则、原则和原理只不过是一些初步假设，这些假设本身并不是终极真理。“只有经常用观察事实和生活经验去检验从逻辑操作中得出的假设，我们才能有望接近法治中的实际真相或正义。”①

从法律现实主义的视角看，安特马认为比尔的研究方法肤浅、落后、不科学，因为他欠缺对司法的社会、经济和实践因素的考虑。比尔的方法显示它几乎和一代人对社会或功能法理学、归纳逻辑和科学方法的研究以及两代人以上对各种政治和社会科学的研究没有任何关系。“换而言之，它只能被描述为迟来的中世纪经院哲学的产物，或者是——如果你喜欢——维多利亚女王时代中期先验论的产物，在面世之前就已过时。”同时，安特马坚决反对比尔企图保持冲突法普通法本色的立场，认为这一立场不仅“没有学者风度，从实践上也是失策的”；作为常识，没有理由事先排除密切相关并且可能得到富有启发性观点的资料。一个商业大国也付不起忽视存在密切往来的外国法律实践的代价。“我们既不是英国的，也不是法国的、德国的，也不是俄国的，而是美国的。既然如此，我们有权享用所有欧洲的精神财富。”从历史角度看，这种立场也“充满了自相矛盾”。因为，18 世纪英国冲突法领域的普通法资料几乎无处可觅，美国冲突法的大部分内容是 19 世纪发展的成果，法

① H. Yntema, “The Hornbook Method and the Conflict of Laws”, *The Yale Law Journal*, Vol. 37, 1927－1928, pp. 477, 480-481.

官主要受到判例和伟大法学家的影响，他们熟知欧洲大陆的理论并从中得出有益的结论。①

相对于库克只是在涉外合同领域指出比尔既得权说循环论证的错误，安特马则直陈既得权说整体上的逻辑错误和严重危害。按照既得权理论，“一个显然的推论是当权利既得时权利既得，因为权利既得所以权利既得；这构成了一种循环论证。”“既得权理论或者是一种省略的同义反复，让我们如坠雾里，或者换种说法这种理论不坦诚。”这种理论没有考虑法院判决时应该涉及的社会和经济因素，因此既不能作为我们描述法律实践的恰当工具，也不能作为指导法院判决的有效手段。这种理论不仅严重脱离现实，而且还会导致误解，相信它的人还误以为通过逻辑运用既得权理论就能得出正确的结论。②

安特马对比尔主持制定的《第一次重述》进行了详尽的剖析和批判。安特马发现比尔按照既得权理论编撰的《第一次重述》并非真正在“重述”客观存在的规则，而实际上是在表述比尔认为“应当如何”的规则。这种做法，借用培根的话说就是：“重述法律不啻于一次将普通法注入抽象命题的新型模具的努力。”换言之，这种重述其实是一种特别的法典编纂。③ 比尔的既得权理论存在严重错误，从错误的理论无法得出理想的规则。安特马详细列出了《第一次重述》出现的七种无益的形式缺陷：

---

① H. Yntema, “The Hornbook Method and the Conflict of Laws”, *The Yale Law Journal*, Vol. 37, 1927 - 1928, pp. 474-475.

② Ibid., p. 477.

③ H. Yntema, “The Restatement of the Law of Conflict of Laws”, *Columbia Law Review*, Vol. 36, 1936, pp. 191-192, 194.

> (1)基本理论表达模糊,根本不值得放入黑体字规则;(2)包含了与重述目的不符的规则;(3)文字表述有抽象表述而不是具体表述的明显倾向,结果有失含义的确定性;(4)常见的含糊表达方式反复出现:没有充分界定的术语、使用不同术语表达同一含义、使用同一术语表达不同含义、使用动词的语气和时态不准确,等等;(5)没有必要地重复,尤其在管辖权的章节;(6)黑体字建议条文在许多情况下不是自给自足的,其含义在大多情况下需要依赖评论和互见条文,互见条文不仅限于冲突法重述,而且涉及其他重述,这种表达显然使用不方便;(7)表述的完整为一些所谓“告诫”的插入所破坏,这些“告诫”将事关特定问题的建议从《第一次重述》中排除。由于现有法律的不确定,而这些问题恰恰是法院最需要指导意见的部分。[①]

《第一次重述》不仅存在形式缺陷,而且还有如下与实际法律不符的情况:

> (1)没有陈述相关的、具体化的法则;(2)没有陈述相关的立法趋势;(3)陈述了没有具体化的法则;(4)作为现行法陈述了已经被美国大多数法域废弃的法则;(5)不准确地陈述了现有的先例;(6)接受不准确和存在问题的英国先例作为权威。[②]

因此,无论从理论上还是从实践上分析,《第一次重述》既没有

---

① H. Yntema, “The Restatement of the Law of Conflict of Laws”, *Columbia Law Review*, Vol. 36, 1936, p. 209.

② Ibid., p. 222.

真实地归纳美国现有司法判例,也无法为法院未来判决提供有益的指导,更无法实现比尔期盼的判决一致性的追求。他赞同劳伦森教授的结论:“现有的《冲突法重述》是个早产儿。”①

在涉外合同领域,安特马的卓越研究展示了他鲜明的批判风格和建构思路。由于比尔错误地坚持属地理论和既得权说,假定所有合同适用符合同样原理的法律,因此他将斯托雷的混合规则分解成了三个相互独立的规则,分别采用合同缔结地法、合同履行地法和当事人想要适用的法律;由于比尔基本上误解了当时的判例法和学者们的观点,因此他得出了当时的判例“混乱不堪”的错误结论。结果,意思自治原则在比尔理论中没有任何地位,《第一次重述》没有提及这一在美国也得到了最广泛接受的合同冲突法原则。② 之所以出现这种错误,除了缺乏依据的法律属地性理论之外,是因为缺乏对合同冲突法“科学和比较的研究”。安特马本人比较分析了主要国家的立法和经典判例,详尽考察了各国杰出学者尤其是美国学者对这一问题的论述,发现尽管在经典的自由主义和权威主义两极之间存在分歧,但二者同时存在着这样的共识:一方面当事人意志是决定合同准据法的重要因素;另一方面意思自治原则受到公认的特定限制。这些限制包括:法院地法适用于程序问题和公共政策;合同形式和当事人能力适用其他原则;特定类型的标准合同通常适用它们据以签订的法律。③ 他高度赞扬

① H. Yntema, “The Restatement of the Law of Conflict of Laws”, *Columbia Law Review*, Vol. 36, 1936, p. 223.

② H. Yntema, “Contract and Conflict of Laws: ‘Autonomy’ in Choice of Law in the United States”, *New York Law Forum*, Vol. 1, 1955, pp. 55-57.

③ Ibid., p. 47.

了库克的贡献，认为库克的批判"为重新考虑这一问题的前提开辟了道路"。对于在这一重要冲突法领域如何重建规则，安特马借助了政策分析和规则细化的指导思想，提出了自己的见解。首先，涉外合同应该适用当事人选择的法律，因为"根据当事人的意图为个人交易提供必要的保护"是合同冲突法领域应当采取的基本政策。其次，适用意思自治原则有两种例外：(1)在所有实质性方面，合同"只与一个单一的法律制度存在联系而且违犯了其强制性的要求"；(2)有充分的理由采用公共政策原则。再次，在缺乏当事人明示或默示选择时，适用与交易有最实质联系的法律制度中的规则。最后，在决定这种联系时，不应对各种情况规定普遍的规则，而是应当根据"特定类型交易的需要"决定适用的规则。①

饶有趣味的是，作为一位彻底的批判主义者，安特马不仅批驳传统的规则和理论，而且将矛头对准了其好友库克的"本地法说"。毋庸置疑，安特马与库克共享法律现实主义的立场和方法，对诸多冲突法问题看法一致，安特马也曾在多处毫不吝啬地赞扬库克的观点和贡献。但是，对于库克学说的不完整性和缺陷，他也毫不留情地给予了批评。安特马理解库克的意图——铲除冲突法智慧花园里的杂草，这使得他要将花园里的一切焚为灰烬，然后如凤凰涅槃般再生。但是，智慧花园中既有斯托雷和比尔所依赖的主权原则，也有他自己的分析；"本地法说"的基础也是主权原则。另一方面，由于库克没有吸收欧洲的冲突法研究成果，所以他没有像萨维尼那样指明为何各国在涉外案件中适用外国法；在审理涉外案件

---

① H. Yntema, "Contract and Conflict of Laws: 'Autonomy' in Choice of Law in the United States", *New York Law Forum*, Vol. 1, 1955, pp. 65-66.

的法官想要适用外国法时，库克告诉他必须执行本地法的规定不仅毫无用处，而且可能使其误入歧途。“其实，在探讨具体案件中应该有何实在的冲突法规则上，他留下的是个空空的皮箱。”因此，从好处讲，库克的“本地法说”可激发学者对这一问题的深入思考；从坏处讲，该学说可能使人忽视对冲突法问题的实践考察和公正因素，而过分扩大对法院地政策的考量，进而使法官和主权者误以为可以为所欲为。①

（二）劳伦森的批判与反思

劳伦森少年时从德国移民美国，在美国大学毕业后又到法国和德国从事研究生的学习并获得法学博士学位。② 因而他拥有一般学者不具备的大陆法知识和比较法方法，见解全面而深刻。整体而言，劳伦森是一位中庸的法律现实主义者，其立场居于传统和现代之间，这一点尤其鲜明体现在他对待合同冲突法和侵权冲突法的态度上。

对于比尔所推崇、斯托雷所提出的法律属地性原则，劳伦森逐项予以批驳，指出无论是斯托雷的第一原则——各国法律只约束境内的居民、财产和行为，还是斯托雷的第二原则——各国法律境外无效，都没有描绘出“占主导的冲突法规则的准确画面”，因为“是否选择一个国家的法律或另一个国家的法律不是由任何超国家的权力机关规定的，也不能从先定的原理推导出来”③。劳伦森

---

① H. Yntema, “The Historic Bases of Private International Law”, *The American Journal of Comparative Law*, Vol. 2, 1953, pp. 315-317.

② A. Corbin, “Ernest Gustav Lorenzen”, *The Yale Law Journal*, Vol. 60, 1951, p. 579.

③ E. Lorenzen, “Territoriality, Public Policy, and the Conflict of Laws”, *The Yale Law Journal*, Vol. 33, 1923－1924, pp. 738-743.

讥讽比尔及其追随者为属地学派，他们的理论只有在“古老的纯理性主义的绝对主义法律概念中找到其根基”①。

比尔的既得权说也经不起推敲。比尔的著述和《第一次重述》中虽然原则上反对反致，但承认和执行在外国创设的既得权本身就是一种反致，因为要判断在外国发生的权利获得与否，必须考虑包括冲突法在内的外国所有法律。摆脱这种解释的唯一方法是承认和执行的不是该国面临同样的涉外案件时认可的权利，而只是面临纯国内案件时认可的权利。② 这正是库克的“本地法说”的观点。

劳伦森与海尔曼(Heilman)合写的一篇论文对《第一次重述》作了全面分析和批判。《第一次重述》所犯的一个原则性错误是“将完全不同的情况归纳成一条抽象的原则”，作为其基石的属地理论和既得权说存在错误，各部分之间不乏矛盾，因而这样的规则既不会被法院作为权威，也“永远不会带来确定性”。他们认为制定《冲突法重述》的时机还不成熟，因为已有的大量研究只具有批判和探索的性质，已经取得的建设性成果还需时间检验；对一些基本问题还需进一步研究；美国联邦最高法院关于冲突法与宪法关系的司法实践也仍在发展之中。③

劳伦森主张，正确的方法是抛弃对于先定原则的幻想，转而采用归纳、分析法律现象的方法。他自己归纳后发现：每个主权国家都有权按照自己的正义观念制定冲突法，美国各州在宪法范围内同样如此。因此，在冲突法领域，“普遍的问题总是同样的：在特定

---

① E. Lorenzen and R. Heilman, “The Restatement of the Conflict of Laws”, *University of Pennsylvania Law Review*, Vol. 83, 1934-1935, p. 556.

② Ibid., p. 560.

③ Ibid., p. 556 et seq.

情况下什么是正义的要求？什么是主导政策？”正义观和社会政策不仅决定是否适用外国法，而且在许多情况下将再次决定具体冲突法规则的选择。以当事人能力问题为例，一国采用保护本国人的政策，则采用属人法；一国采用保护当地交易安全的政策，则采用合同缔结地法。① 这种法律选择的正义观极大地影响到后来的凯弗斯。

在涉外合同领域，劳伦森采用规则细分方法分别对待合同有效性和效果问题。对于合同有效性，他虽然反对比尔的合同缔结地法决定合同实质有效性的观点，但赞同比尔反对意思自治的立场：允许当事人选择决定合同有效性的法律等于“授予私人一种主权权力”。他主张：“如果能满足与合同有实质联系的任何国家之本地法的要求，合同的实质有效性应当被认可。”②这其实是一种结果选择规则。对于合同效果，他采用了意思自治原则，而对当事人没有明确选择法律的情况，他主张采用明确的替代规则，而不是采用最密切联系原则。③ 可见，在涉外合同领域，追求结果的确定

① E. Lorenzen, “Territoriality, Public Policy, and the Conflict of Laws”, *The Yale Law Journal*, Vol. 33, 1923－1924, p. 748.

② E. Lorenzen, “Validity and Effects of Contracts in the Conflict of Laws (II)”, *The Yale Law Journal*, Vol. 30, 1920－1921, pp. 658, 673.

③ 适用于合同效果的规则可以总结如下：(1)合同效果适用当事人选择的任何国家的法律。(2)如果没有当事人明示的意图，则合同效果适用指定的履行地的法律。(3)如果没有显示当事人的意图且没有指定合同履行地，则适用合同签订地的法律。(4)如此适用的法律不仅决定产生于合同的初始权利和义务，而且适用于产生于违约的派生权利；但是，没有付款导致的法定利率适用支付地的法律。(5)履行的模式适用履行地的法律和惯例。(6)如果合同效果依赖于指定价格、重量或方式或履行时间的特定术语的含义时，则指定适用的是履行地的术语，除非情况表明当事人在不同意义上适用这些术语。E. Lorenzen, “Validity and Effects of Contracts in the Conflict of Laws (III)”, *The Yale Law Journal*, Vol. 72, 1921－1922, p. 53.

性和明确性占了上风。

在涉外侵权领域，他反对霍姆斯法官的"债务理论"，支持汉德法官的"本地法说"；因为从现实主义的视角分析法院的行为，后者比前者"看起来更加准确"。法院常常谈到的执行"外国的"权利不过是一种简便的表达方式。"毕竟，最终的权力握在要求执行所称权利的法院所属国。"法院地法既可规定侵权适用侵权行为地法，也可以选择当事人的属人法之类的其他冲突法。在总结英国、美国和德国的判例与规则后，他发现各国法律发展的普遍趋势是：只要侵权行为地法认可求偿权，这项权利就应得到他国的执行，除非执行这项权利违背法院地的正义观念。劳伦森最后的结论是，应当采用"比当前流行的这一制度更加灵活些"的侵权冲突法，因为这样可能会"更好地回应我们现代的正义观念，尤其是当侵权事实发生在一个国家以上时"。[①] 可见，他只是对传统冲突法规则运用正义观作了细微的更正。

(三)小结

安特马和劳伦森彻底批判了传统理论和规则的缺陷，巩固和扩大了库克"本地法说"的地盘。他们一致地驳斥对神秘的"先验原理"的普遍迷信，主张对法律事实客观真实地归纳；他们支持库克的"本地法说"和规则、原则相对性的主张，有力地验证了库克理论正确的一面。在传统理论和规则被奉为神圣的年代，他们和库克相互呼应，从理论上宣告了既得权说和《第一次重述》的彻底破产，削弱了比尔在学术界和司法界的影响力。安特马不仅批判传

① E. Lorenzen, "Tort Liability and the Conflict of Laws", *Selected Articles on the Conflict of Laws*, New Haven: Yale University Press, 1947, pp. 364, 378. This article first appeared in *Law Quarterly Review*, Vol. 47, 1931, p. 483.

统的理论和规则，而且揭示了库克“本地法说”的狭隘和故步自封，避免了“本地法说”成为既得权说之后的又一个被神化的对象和被崇拜的目标。正是在他们深刻全面批判的基础上，凯弗斯和其他学者才能进一步完成美国冲突法理论的转向，开创冲突法革命的新局面。

他们渊博的学识和比较法方法在一定程度上弥补了库克论证的缺陷，引导美国冲突法界关注冲突法发源地——欧洲的理论和制度。库克过分关注了比尔显而易见的缺陷，狭隘地得意于“本地法说”正确的一面，而没有充分吸收欧洲特别是大陆法系国家的丰硕成果。安特马和劳伦森突破了美国社会当时盛行的孤立主义文化和自傲心态，以令人惊奇的比较法学识展示和剖析了属地理论和既得权理论的历史脉络和致命缺陷，介绍了美国以外冲突法制度的进展，为美国冲突法研究打开了一个比较法研究的新视窗。这种比较法方法为后来的艾伦茨威格、冯·迈伦(von Mehren)、荣格(Juenger)等人所继承，形成了冲突法领域的一支比较法学派。

他们不仅在研究方法上比库克技高一筹，而且在规则建构方面提出了更明确的主张并进行了更充分细密的论证。安特马指出冲突法问题的实质是“调整实在的利益”(actual interests)，“基于其法律意义检测每一个案件”；①在决定与合同有最密切联系的法律制度时，应根据“特定类型交易的需要”决定适用的规则。劳伦森提出冲突法的普遍问题是：“在特定情况下什么是正义的要求？什么是主导政策？”他主张区分合同有效性和合同效果并分别拟定

---

① H. Yntema, “The Hornbook Method and the Conflict of Laws”, *The Yale Law Journal*, Vol. 37, 1927-1928, pp. 478, 481.

不同的规则，根据合同有效性的目标选择法律。这种明确的政策、利益分析和规则细化的主张，为后来的冲突法革命学者提供了智慧来源，预示了未来冲突法革命的思维取向。

遗憾的是，虽然他们建构的思路和方法明确，但他们都没有形成建构冲突法的系统理论和完整的具体规则制度。“正义”能否成为法律选择的具体指南？冲突法领域的正义和国内实体法领域的正义有何区别？冲突法具体领域的立法政策应该是什么？法律确定性目标和灵活性目标如何和谐共处？对于诸如此类的问题，他们都没有展开论证和明确地回答。正如安特马批判库克的理论存在的缺陷那样：“在探讨具体案件中应该有何实在的冲突法规则上，他留下的是个空空的皮箱。”他们二人依然没有在这个皮箱里填充进像样的衣物。这些冲突法革命的先行者看似明确其实空洞诱人的主张似乎预示着未来冲突法革命仍要在“阴暗的沼泽地”中徘徊。

三、凯弗斯的“规则和结果选择说”

库克、安特马和劳伦森彻底摧毁了美国传统冲突法大厦的理论基石——属地理论和既得权说，详尽解析和批驳了美国传统冲突法的载体——《第一次重述》，为冲突法的进一步发展铺平了道路。现在到了全面总结和评析批判成果，开辟冲突法发展新天地的时候了。这个历史重任将由凯弗斯出色地完成。

凯弗斯是一位大器早成的法学奇才。他在 31 岁时以一篇题为“法律选择问题批判”的论文奠定了其在冲突法领域中的牢固地位，为冲突法革命贡献了一个重要的发展思路——规则和结果选择方法；他批判传统的法律选择规则其实是“法域选择规则”(jurisdiction-selecting rule)，这一理念成为冲突法革命者的基石和共识。[①] 在冲突法学界沉寂多年以后，他以1964年在密歇根大学法学院的讲座为基础，于1965年出版了《法律选择过程》一书，将早期提出的规则和结果选择方法例示为“优先选择原则”，再次站到了冲突法革命的前沿，引领了“规则导向”的新潮流。[②]

法律现实主义是凯弗斯一生的思想底色。他虽然早年在保守主义的阵营——哈佛大学法学院学习和工作，但很快就冲出法律形式主义的藩篱，义无反顾地站到了他的老师比尔的对立面。在

---

① 目前国内国际私法学界普遍将“jurisdiction-selecting rule”翻译为“管辖权选择规则”。这种翻译虽然并非完全错误，但至少并不能准确表明凯弗斯的思路。分配立法管辖权可以说是比尔既得权说的核心内容，但凯弗斯揭示比尔及其批判者犯了共同的错误，把“法律”选择(choice-of-law)错当成“法域”选择(choose between jurisdictions)。在凯弗斯晚年的论文集中，他非常鲜明地表明了自己1933年论文的主题思想之一：他虽然认同法律现实主义者对《第一次重述》的批判观点，但发现抛弃比尔规则的法院依然欠缺指引规则。反复审视这一困境，凯弗斯找到了问题的症结：“我开始确信问题的根本是这样一个事实，即《第一次重述》及其批判者呼吁法院解决的是一个错误的问题：在法律选择案件中要求法院在法域(jurisdictions)——援用的法律所属的州(states)或国家(nations)——之间作出选择，这种做法并不考虑相冲突的法律的内容。借此，一个法律选择问题就转换成了国家(州)选择(choice-of-state)问题。”D. Cavers, *The Choice of Law, Selected Essays, 1933－1983*, Durham: Duke University Press, 1985, p. xii. 从后文所述凯弗斯1933年论文相关部分，也可以看出这种翻译更为合理。王承志博士注意到了这个问题，认为将“jurisdiction-selection”翻译为“法域选择”“可能更便于理解”。但他没有对此论证，而且在正文中继续使用“管辖权选择”。参见王承志：《美国冲突法重述之晚近发展》，法律出版社2006年版，第27页注①。

② 凯弗斯一生冲突法著述少而精，代表作品有：“A Critique of the Choice-of-Law Problem”, *Harvard Law Review*, Vol. 47, 1933－1934, p. 173; *The Choice-of-Law Process*, Ann Arbor: The University of Michigan Press, 1965。前者提出了“规则和结果选择说”，后者提出“优先选择原则”。在五年后的海牙演讲中，凯弗斯全面阐述了自己的冲突法理念和制度设计。See “Contemporary Conflicts Law in American Perspective”, *Recueil des Cours*, Vol. 131, 1971, pp. 75-308.

罗斯福新政及随后的岁月里，他曾在联邦政府多个部门担任要职，并多年担任《法律和当代问题》的编辑。此外，他积极参与“行为科学高级研究中心”、“法律和社会政策中心”、“沃尔特·梅耶法律研究所”和“与法律相关研究委员会”等多个学术团体的活动，将法律现实主义的理念付诸实践。① 凯弗斯视野开阔，研究领域涵盖了冲突法、经济和社会管制、军备控制和裁军、法律教育和研究以及法律、科学和科技等。本部分将分析凯弗斯具有开创性的1933年论文，首先介绍他对法域选择规则的批判，其次分析他主张的规则和结果选择方法，最后对其思想加以评析。

(一)批判法域选择规则

凯弗斯的独特经历促成了其冲突法思想的转变。在哈佛大学法学院求学时他师从比尔，接受了比尔的既得权说。在比尔有一次出国的四个月期间，他代其登台讲授冲突法。这次经历令凯弗斯陷入苦恼中，因为他发现了比尔的规则无法令人信服。毕业后，凯弗斯在纽约一家律师事务所的短暂工作经历也对他有所触动，比尔的规则并未得到实务界的追捧；相反，律师们尽可能地回避冲突法问题。② “吾爱吾师，吾更爱真理。”对真理的挚爱使他毅然与既得权说分裂，转而接受比尔的批判者——库克和劳伦森的观点。

库克和劳伦森反对传统上的抽象演绎方法而采用实证主义方法，从观察和总结判例中找出真实的规则。凯弗斯承认，这种新思维具有重要意义，它揭示了普通法中并不存在先验的属地理论，美

---

① D. Cavers, "Contemporary Conflicts Law in American Perspective", *Recueil des Cours*, Vol. 131, 1971, p. 80.

② D. Cavers, *The Choice of Law, Selected Essays, 1933 - 1983*, Durham: Duke University Press, 1985, p. 4.

国法院也没有真正在“承认和执行外国的权利”。但是,批判者的观点只是增加了法院达致个案公平的新理由,冲突法领域的混乱没有根本改变。原因在于,批判者并未揭示问题的真正症结,问题的真正症结在于传统方法的本质是“法域选择”,因而无法顾及相冲突的法律内容及其适用结果。

> 外国法作为证据被提出或适用法院地法被否认,在这种情况出现时,忠实于传统方法的法院将转向寻找冲突法规则,以决定支配有待解决问题的法律所属的法域。冲突法规则指示在哪个法域可以找到适当的法律。假定提供的法律来自于那个法域,法院将适用这一法律作为裁决规则继续审案。……只要法院搜寻“外国创设的权利”,它将寻找一个适当的法域,而不是一个适当的实体法规则;因为理论上的连贯一致要求权利创设与否只归因于国家而不是其法律规则。决定适当法域的规则会忽视该法域法律的内容,从逻辑上可能并非必然如此;但其实这一结局似乎一直无法避免。①

“方法论的改变引致对要批判问题的重新审视。”遗憾的是,库克和劳伦森并没有完成这种转变,他们依然没有走出“法域选择”的陈旧模式并找出真正的问题。“就像诉讼格式,借用梅特兰(Maitland)生动的警句,属地和既得权理论从其坟墓中统治着我们。”②如果问题是虚假的,那么批判者自己追求的结果公平和社

---

① D. Cavers, “A Critique of the Choice-of-Law Problem”, *Harvard Law Review*, Vol. 47, 1933 - 1934, p. 178.

② Ibid., pp. 178-179.

会政策的目标就无从实现。

错误的问题无法解除法院面对的困境。即使听从考虑"正义的要求"和"主导政策"这种批判者的呼吁,采用他们的实证主义方法,法官仍然必须忍受服从先例而牺牲个案公平的痛苦。通过考虑"正义的要求"和"主导政策"来裁判案件中的问题,这种做法无法提供判决的可预见性。法院意识到它们的职责就是创立法域选择规则——适用于涉及不同内容法律的冲突法规则。"虚假的问题在第一次被提出时不可能带来令人不满的结果。"不仅如此,之所以提出这种虚假的问题,更可能是源于"它们提供了解决令人困惑问题的轻而易举的答案"。在随后的案件中,他们也会欣喜于冲突法规则与手头案件事实的巧合,带来所希望的公平结果。但是好景不长,这种轻松很快在随后的案件中为遭致的惩罚所取代。在一个新型案件中,法院发现该案与先例的唯一区别在于"本地法的特色",但冲突法规则"如此令人信服",以至于不得不将其适用于手头案件,即便"判决不合乎其正义观念"。这时它们只能悲叹未逢良时,导致该规则在该案中并不奏效。在审理第一个作为先例的案件时,法官在虚假问题允许的范围内可能采用了实证主义方法。但是,要用这种方法查明一种冲突法规则,让它能够适用于涉及可能完全不同的准据法的两种案件并得到"令人满意的结果",这是实证主义方法"不可能完成的任务"(impossible task)。①因此,采用实证主义方法的批判者应该抛弃法域选择规则的旧路,否则将无功而返。

---

① D. Cavers, "A Critique of the Choice-of-Law Problem", *Harvard Law Review*, Vol. 47, 1933 - 1934, pp. 181-182.

> 如果冲突法要与其他法律领域的发展并驾齐驱，法院和评论家们就必须同样地放弃寻找这类规则：能在两种对立的案情中同样送来正义。只要这种规则作为他们追问的目标，在理论方法和实证方法之间选择具有多大的重要性可能值得怀疑。无论可能设计出的是何种规则，它们都应在一些案件中得出看来显然为人们所希望的结果；同样肯定的是，在其他案件中，它们应迫使法院关注国家未挑明的政策或当事人毋庸置疑的意图，以使法院避免必须宣告难以令人忍受的判决。①

在陈旧的思维下，法院左冲右撞寻求出路，传统方法下的例外方案成了救命稻草。第一种方案是在特定案件中，根据案件适当的结果重新表述规则。典型的例证是在高利贷合同争议中，只要任何相关法律支持合同成立，就适用支持高利贷合同成立的法律。这也是劳伦森支持的主张。但遗憾的是，这种方法无法普遍采用。第二种方案采用公共政策，在外国法适用的结果违反正义时，抛弃冲突规则。但学界对这一原则给予了猛烈抨击，“它的过分便利是其最令人遗憾的特征”。第三种方案是采用意思自治原则。凯弗斯对这一原则的价值给予肯定，“如果法院愿意毫不犹豫地接受当事人的意思作为指南，障眼物——如果还有的话——将不起作用。”但如果法院仅仅将当事人的明示选择作为考虑因素之一，或者不存在当事人选择法律的意图时，仍有必要考虑法律适用的结

① D. Cavers, “A Critique of the Choice-of-Law Problem”, *Harvard Law Review*, Vol. 47, 1933–1934, p. 186.

果。最后一种方案是区分实体法的性质，如区分实体法和程序法，只要涉及法院地的程序法，就适用法院地的法律。如果遵循库克的思路，按照规则适用的结果区分实体法和程序法，这是一种“处理这类问题的彻底的现实主义方法”。但以上种种方法，要么适用范围有限，要么更可能维持法域选择思路的地盘，只是偶尔作为例外方法采用，无法根本消除陈旧的思路。①

诊断出了传统方法和规则的根本症结，现在到了“开处方”的时候了。凯弗斯开出的新处方就是“规则和结果选择说”。

（二）规则和结果选择说

凯弗斯的立足点是普通法制度下法院的职责——保证个案的公平。为表明自己的观点，他比较了涉外案件和国内案件审理中法院职责的共性。在纯国内案件的审理中，同样经常出现两个指向相反的先例。这些情况有时依赖法官的直觉了断，但更常见的是这些情况开启了“最为精妙地运用司法智慧”的大门。“它们要求透彻分析争议及导致争议的交易，严格考察和评价相冲突的法律，审慎权衡公平因素。”结果可能支持了一条规则而贬抑了另一条规则，促成了实体法的发展。但无论怎样，“很显然这是法院对当事人职责的一次强化”。与之相比较，审理涉外案件同样“体现着司法活动最精巧的一面”。在涉外案件中，当事人要求适用不同的法律规则，二者选一“将使案件判决有利于提出适用这一规则的一方当事人”。这种法律选择可能不会实质性地推动被选择适用的规则的演进，这是国内案件与涉外案件不同之处。“但是，站在

① D. Cavers, “A Critique of the Choice-of-Law Problem”, *Harvard Law Review*, Vol. 47, 1933 - 1934, pp. 182-187.

当事人角度，法院不是承担相似的责任吗？”①

为保证个案公平，法院必须改变以往法律选择的路径。传统的法律选择方法只关注单一的连结因素，如当事人的住所地、财产所在地或合同缔结地。一旦确定了某个连结因素，法院就自动适用特定的冲突规则，案件的准据法和结果往往随之确定。在这一过程中，连结因素就好比是“硬币”，“一旦将其嵌入理论的自动售货机，就会出现适当的法域”②。替代性的方案不仅要求同样“全面地描述这些事实”，同时还要“判定这些事实对挑选相冲突的法律的效果”，这就要求结合法律选择的目的加以衡量。区分不同的案件事实固然重要，但这只是解决问题需要注意的一个方面；如果不结合相关法律的条文考虑案件事实，就很难适当地衡量这些事实的重要性。“法院不是在懒散地挑选一种法律；它是在裁判一项争议。如果不考虑这种选择将如何影响争议的解决，它怎能明智地作出选择呢？”③冒着歪曲自己思想的危险，凯弗斯尝试将自己的上述思路归纳如下：

> 是否拒绝适用法院地法，而公开承认其他法域的法律规则作为面前案件中问题的决定因素，当一个法院面对这类问题时，它应当：
>
> (1)审查产生眼前问题的事件或交易。
>
> (2)仔细比较当事人提供的法律规则及其适用于在审案

① D. Cavers, “A Critique of the Choice-of-Law Problem”, *Harvard Law Review*, Vol. 47, 1933－1934, pp. 187-188.

② Ibid., p. 191.

③ Ibid., p. 189.

件可能导致的结果与法院地(或其他相竞争的法域)的规则及其适用结果的不同。

(3)站在对诉讼当事人公平或相冲突的法律可能引发的更广泛的社会政策考虑因素的角度,按照与这个或那个法律联系的事件或交易中的事实情况,评价法律适用的结果。同时考虑到:

A. 在利用先例时,先例显示仅仅在内国法的风格上明显不同,由于这一原因,那些案件可能表明了与在审案件实质不同的考虑因素;而且

B. 在权衡连结因素时,连结因素具有的重要性与构成连结因素的行为或事实的重要性成正比,条件是这些行为或事实与争议和竞相适用的法律对此提供的解决方案相关联。[①]

这种规则和结果选择方法必然使涉外案件的审判走向个案分析,但这并不意味着不要规则。这里抛弃的只是传统规则,法学家和实践者会担当起重建新规则的重任。采用新方法的判决可能都是未来新冲突规则萌发的"种子",评论家在充足的判例基础上可以构建一套冲突法制度,而其他评论家可能对此不满,进而提出自己的另一套制度。随着新判例的累积,执业律师和法院会找到新的规则和导向。这对他们并不是难题,因为归纳是他们的日常必备工具,便利性也要求他们尽快在纷繁的判例中找到规律。[②] 这样演化出的新规则与以往旧规则的重要差异在于前者的细化,这

---

① D. Cavers, "A Critique of the Choice-of-Law Problem", *Harvard Law Review*, Vol. 47, 1933-1934, pp. 192-193.

② Ibid., pp. 193-194.

是政策分析的必然结果，也是社会生活复杂化的实际反映，因为"生活中的分类没有法学上的分类那样宽泛"①。

凯弗斯预计到新方法会招致坚持传统思维者的强烈反对。反对者会认为：规则和结果选择无法取得冲突法的确定性或一致性；因为依照这种方法，涉外案件的判决依赖于相冲突的法律的内容及其结合案件事实得出的结论。在跨国和跨州贸易日益重要的今天，追求法律适用的可预见性在许多情况下要比具体法律适用的结果更加重要。规则和结果选择方法破坏了冲突法的一致性，从而鼓励人们挑选法院。但是，通过挑选法院决定诉讼结果是不公平的，因为它赋予一方当事人挑选最有利于他的法院的权利。最后，确定性和可预见性有必要成为偏爱法院地法的约束力量。

凯弗斯指出上述假设并没有成为现实，形式主义的确定性和一致性已经遭到普遍的怀疑；而且新方法并不排斥确定性。新方法只是导致法院在一段时间内从事个案分析和出现意见分歧；随着判例的积累和案情模式的相对稳定，在一些领域冲突法会渐趋确定。牺牲个案公平确保法律适用的确定性不仅确定性本身能否获得值得怀疑，而且这种做法本身在其他法律领域并不多见。阻止当事人挑选法院是坚持传统规则的一个理由，但新方法下的个案分析允许法院考虑正常情况下的判决是否也适用于当事人挑选法院的情况；如果是当事人挑选的法院的情况，法院可以不顾理论

---

① 凯弗斯认为："强调社会和经济因素的重要性不可避免地导致细化问题和限制规则的范围"。如果"演绎方法反对者的观点得到全面发展"，人们或许期待对应保险合同有一条规则，对应可转让票据有另一条规则，而对应雇佣合同是第三种规则，其他交易还有其他的规则。D. Cavers, "A Critique of the Choice-of-Law Problem", *Harvard Law Review*, Vol. 47, 1933 - 1934, p. 189, Note 34.

的困境采用反致取得判决的一致。表面遵守法域选择规则的法院出于地方主义的考虑频繁援用公共政策排斥外国法，而如果采用结果选择方法，可以在充分理解外国法的基础上决定是否选择适用外国法，这样可以减少由于无知而导致的对外国法的偏见，从而消除判决的地方化差异而促进判决的一致性。最后，凯弗斯还追根溯源探讨了判决一致性在欧洲大陆法系国家和美国所具有的不同重要性。在冲突法领域基于对偏爱本地法的担忧而主张冲突法适用的确定性和一致性，有一种通常没人提及的理由。美国的冲突法主要来自欧洲大陆，那里的冲突法问题主要是国际性的而非州际性的。在重要的争议中，当事人的利益可能不易与国家利益相分离。“国际私法”与“国际公法”可能不仅意味着名称上的相似性。在这种情况下适用机械的法律规则可能会被认为是考虑到外国当事人对法院地仇外情绪的担心。在实行联邦制的美国，这种担心是不存在的，因此，法院由于采用新方法运用的自由裁量权只有在美国联邦体制内的法院手中才是“安全的工具”。①

(三)小结

凯弗斯汲取了法律现实主义者和早期冲突法批判者的优秀成果。20 世纪 20 年代开始的法律现实主义运动到 30 年代初已经卓有成效、深入人心，法律现实主义反对抽象的演绎推理，提倡具体分析案情；反对概括地总结先例，提倡细化规则，真正“重回先例”。这些思想火花贯穿于凯弗斯论文的始终。属地理论和既得权说逻辑错误、不切实际，库克和劳伦森的这些批判观点

① D. Cavers, “A Critique of the Choice-of-Law Problem”, *Harvard Law Review*, Vol. 47, 1933 - 1934, pp. 197-203.

为凯弗斯所肯定，认为正是他们的批判使冲突法“从演绎方法中解放出来”[1]。劳伦森的名言——“在特定情况下什么是正义的要求，什么是主导政策”，这种政策分析方法和对个案正义的追求一直主导着凯弗斯的分析思路。30多年后，凯弗斯坦言相陈：“我基本上赞同他们的观点。”[2]凯弗斯长期身处法律形式主义的大本营，并受教于比尔既得权说，因此对他而言，这种转变确实不易，它表明了凯弗斯难能可贵的与旧思想决裂和开创新理论的巨大勇气。

凯弗斯推陈出新，将人们对传统冲突法理论和规则的认识提升到一个新水平。凯弗斯接受但并没有拘泥于库克和劳伦森的批判观点，大胆指出他们犯了和比尔、斯托雷等传统学者同样的错误。在30多年后他将自己的这一思路提炼为：

> 带着年轻人的鲁莽，我指责他们同样误解了在法律选择案件中法院的任务。我指出，他们借助的社会和经济新标准注定要失败，因为他们的基本方法是错误的。虽然我也和他们一起追问——借用劳伦森的话——“在特定情况下什么是正义的要求；什么是主导政策？”但是，我强调，只要质问者继续寻求我所称的“一种法域选择”规则，即那种不考虑法律内容而只表明要适用的法律来源地的规则，就无法回答这些问题。如果不考虑相冲突法律的内容，他又如何知道什么能满

① D. Cavers, “A Critique of the Choice-of-Law Problem”, *Harvard Law Review*, Vol. 47, 1933 - 1934, p. 176.

② D. Cavers, *The Choice-of-Law Process*, Ann Arbor: The University of Michigan Press, 1965, p. 9, Note 22.

足正义的要求或政策的必要条件呢?[①]

如果能把人们的正确认识和杂乱成果凝炼成一个准确的概念,这将表明学术研究达到了一个新水平。在这点上凯弗斯无疑是睿智而成功的,他将传统规则推陈出新地称为"法域选择规则"。在20世纪30年代早期,由于批判者将注意力过分集中在传统理论显而易见的根本缺陷上,冲突法领域中的争论变得日渐乏味。正是凯弗斯为冲突法界"带来新的生机"。自从凯弗斯将传统冲突法深刻地归结为"法域选择规则",冲突法学者的理论视野更加广阔,研究思路为之一新。"带来世界范围内对冲突法方法重估的冲突法思想晚近的'革命'起始于他的见解,45年以后依然验证了其批判的关键作用。"[②]意大利学者德·诺瓦(de Nova)也认为,在美国冲突法理论的发展中,凯弗斯在其1933年论文中迈出了关键性的一步,"标志着与公认的法律选择方法的彻底决裂"[③]。

在开创法律选择新途径上,凯弗斯同样提出了具有丰富内涵的初步见解。他主张全面审查案件事实,不再局限于单一的连结因素;权衡多个相关的法律及其适用的结果,而不再只分析一种法律;最后根据是否对当事人公平和符合社会政策决定适用的法律。这种开放性的个案分析方法将冲突法研究带出了争执连结因素妥当与否的旧领地,引向了追求个案公平的新天地。随后柯里、莱弗

① D. Cavers, *The Choice-of-Law Process*, Ann Arbor: The University of Michigan Press, 1965, pp. 8-9.

② A. von Mehren, K. Nadelmann and D. Trautman, "A Greeting to David F. Cavers", *Law and Contemporary Problems*, Vol. 41, 1977, p. v.

③ R. de Nova, "Historical and Comparative Introduction to Conflict of Laws", *Recueil des Cours*, Vol. 118, 1966, p. 597.

拉尔、冯·迈伦等人在此基础上著书立说，爆发了百家争鸣的冲突法革命。就连一向立场中庸的里斯也毫不掩饰对凯弗斯思想的充分肯定和褒扬：相对于柯里和艾伦茨威格教授，凯弗斯教授在冲突法领域的著述较少；但是，“他已经撰写的内容极具思想性和挑战性，而且从长远来看他可能被充分证明是三人中最有影响力的。”①

尽管具有诸多开创性的思路和见解，凯弗斯理论的缺陷也显而易见。写作这篇论文时，他初出茅庐，刚刚涉足冲突法领域。相对于之前的批判者，无论是学识的渊博还是法理的功底，凯弗斯与他们均有天壤之别。因而其论证的逻辑严密性和结论的可行性均有值得推敲之处。凯弗斯指责传统规则为法域选择规则，但他在分析案情和相关法律及其适用结果后最终仍旧选择某一个法域，只不过他的分析更加全面而已。德·诺瓦妥当地称这种方法为“‘跳前一顾’(look-before-you-leap)理论”，②或者可以说这是一种新属地方法。虽然凯弗斯晚年对此一直颇有微词，但他承认这种观点有正确的成分。③ 更为致命的是，他提出的规则和结果选择方法标准模糊，操作性差。作为不同法律适用结果评价标准的“当事人公平或相冲突的法律可能引发的更广泛的社会政策考虑因素”如何具体界定，凯弗斯在这篇论文中并没有作出详细说明和充分论证。因此，有学者对凯弗斯的规则和结果选择方法提出了严厉批判。如果“这种由衡平概念构成的自由裁量制度取代由规

---

① W. Reese, “Discussion of Major Areas of Choice of Law”, *Recueil des Cours*, Vol. 111, 1964, p. 334.

② Ibid., p. 599.

③ D. Cavers, *The Choice of Law, Selected Essays, 1933 – 1983*, Durham: Duke University Press, 1985, p. 4.

则构成的体系，我们将回到中世纪国际私法的起点”。① 法院遵循这种方法必然自行其是，即使经过凯弗斯所预想的一段时间，这种判例法混乱能否自动消除也不无疑问。这或许就是凯弗斯晚年自认的“年轻人的鲁莽”，但凯弗斯的大器早成及其学术天赋使其有足够的精力和时间去弥补早期思想的不成熟，这促成了他后来进一步提出“优先选择原则说”。

① A. E. Anton, “Private International Law, 1967”, p. 40, cited from E. Scoles and P. Hay, *Conflict of Laws*, 2nd Edition, St. Paul: West Publishing Co., 1992, p. 28.

第四章　规则怀疑主义与特别的政策分析方法

没有法律选择规则我们会更好些。[①]

第二次世界大战以后，伴随国际和州际贸易的繁荣，新型的涉外案件在美国不断涌现。基于法律形式主义的比尔规则日益成为解决新问题的绊脚石。面对规则与现实的巨大差距，法官频繁借助《第一次重述》中的例外条款实现个案公平，传统的冲突法规则开始名存实亡；部分智慧的法官甚至大胆抛弃比尔规则的束缚，直接采用"重力中心"或"法律适用兴趣"之类的新方法。在这些新颖判例的激励下，一批冲突法学者接过早期法律现实主义者的接力棒，提出了各种冲突法新理论，美国的冲突法舞台上进入了革命高潮期。

虽然都秉承了早期冲突法批判者的法律现实主义内核，但占据主流的美国现代冲突法理论批判的视角各异，建构思路各有特色，呈现出百花齐放的新局面。柯里极力推崇法律现实主义的规则怀疑主义和政策分析之维；艾伦茨威格主要继承了法律现实主

---

① B. Currie, "Notes on Methods and Objectives in the Conflict of Laws", *Duke Law Journal*, Vol. 1959, 1959, p. 177; B. Currie, *Selected Essays on the Conflict of Laws*, Durham: Duke University Press, 1963, p. 183.

义领军人物——卢埃林的衣钵，不仅猛烈批判比尔拟定的规则脱离现实，而且立志寻求“真实规则”；凯弗斯则在早年提出的“规则和结果选择说”的基础上，探究规则细化的具体方案——总结“优先选择原则”；莱弗拉尔从法律现实主义区分“书本上的法”与“行为中的法”的视角出发，将涉外判例中的政策分析总结为“五点影响法律选择的考虑因素”；里斯比较完整地实践了法律现实主义的新型规则建构思路，政策分析和规则细化是其核心思想，并在编撰《第二次重述》中创造性地发展了法律现实主义，将原则或方法作为规则细化的过渡方案。

下文按照理论提出的时间顺序探讨五个主要现代冲突法理论的具体内容和法理基础。第一个当属一度成为美国冲突法革命象征的“法律适用兴趣分析说”。

在轰轰烈烈的美国冲突法革命进程中，柯里像一颗耀眼的流星，他主要在其晚年的四年内完成的冲突法论文，观点奇特，大放异彩；[①]他的“法律适用兴趣分析说”(governmental interest analysis

---

① 柯里(1912—1965)的冲突法论文绝大部分编撰在其《冲突法文集》中，该论文集共收录了14篇论文，其中前13篇发表于1958至1961年间，最后一篇发表在1963年。See B. Currie, *Selected Essays on the Conflict of Laws*, Durham: Duke University Press, 1963. 除了这部论文集之外，柯里的其他论文还有“Change of Venue and the Conflict of Laws”, *The University of Chicago Law Review*, Vol. 22, 1955, p. 405。但该论文的观点被他自己1960年发表在同一杂志上的论文彻底推翻，1960年的论文被录入其论文集中。还有两篇论文发表在1963年，分别是“The Disinterested Third State”, *Law and Contemporary Problems*, Vol. 28, 1963, p. 754; “Comments on Babcock v. Jackson, A Recent Development in Conflict of Laws”, *Columbia Law Review*, Vol. 63, 1963, p. 1233。柯里发表的最后一篇冲突法论文是1964年的“Full Faith and Credit, Chiefly to Judgments: A Role for Congress”, *Supreme Court Review*, Vol. 1964, 1964, p. 89(本注释中论文的页码均为起始页码——笔者注)。

theory)① 在欧美学界引起广泛影响，他的名言"没有法律选择规

① 将"governmental interest analysis"翻译成"政府利益分析"是目前国内学界难以准确理解柯里学说的主要原因之一。柯里在其文中对州及其立法机关的描述多处采用了拟人化手法，如"将案件的列表摆在马萨诸塞州立法机关的化身面前……几乎可以肯定会面临不耐烦和回绝"(place this array before our personification of the Massachusetts General Assembly... almost certainly meet with impatience and rebuff)、"只对短期'所获'感兴趣"(interested only in short-run 'gains')、"希望(desire)适用自己的法律"、"无情的"(ruthless)、"理性利他主义"(rational altruism)、"自我中心"(egocentricity)、"短视而自私"(short-sighted, selfish)。上述比喻分别见于 B. Currie, *Selected Essays on the Conflict of Laws*, Durham: Duke University Press, 1963, pp. 83-84, 89, 108, 185, 186, 593, 616。柯里认为，如果审理案件的法官认为一个州与案件存在密切的联系，将该州的法律适用于案件可合理地实现其立法政策，便认定该州具有"法律适用兴趣"。Ibid., p. 228. "government"在英文中不仅具有"政府"的意思，还有"统治、管辖"(the act or action of governing (a state))的含义。在冲突法语境下，应当将其灵活翻译为"法律适用"。"interest"既有"利益"(advantage)的含义，又有"兴趣"(a readiness to give attention)的意思。"法律适用兴趣"这种翻译要比"政府利益"更能体现柯里的本意。美国学者普遍正确把握了柯里的这一意旨，如反对柯里学说的荣格(Junger)教授认为：柯里相信，"通过将法律适用于跨州和纯州内交易中，各州具有实现法律背后目的的兴趣(interest)——类似于人的愿望(desire)。"F. Junger, *Choice of Law and Multistate Justice*, Dordrecht: Martinus Nijhoff Publishers, 1993, p. 98. 另一位批评"法律适用兴趣分析"的布里梅耶教授也在一篇论文中谈道："……因为在理论上辨明'兴趣'(interests)决定了立法者是否希望适用其法律(wish to have its law applied)，'兴趣'是下文批判性探讨中的核心概念。"L. Brilmayer, "Interest Analysis and the Myth of Legislative Intent", *Michigan Law Review*, Vol. 78, 1979 - 1980, p. 394. 支持柯里学说的塞德勒(Sedler)将"法律适用兴趣"理解为："当州法体现了一种强烈的政策和通过把法律适用到特定案件中将推进这种政策时，州法确实'希望适用'(wish to be applied)到私人之间的诉讼中。"R. Sedler, "Professor Juenger's Challenge to the Interest Analysis Approach to Choice-of-Law: An Appreciation and a Response", *University of California, Davis Law Review*, Vol. 23, 1989 - 1990, p. 878. 西蒙尼德斯(Symeonides)在总结柯里的理论时谈道：判断有关州是否存在一种"兴趣"的方法是，"审查相互冲突法律的内容，然后判定其潜在目的或政策能否借该法适用于特定案件来实现；通过这种方式——换言之，通过成文法解释方式——决定相关的州是否表达了一种将其法律适用于特定案件的愿望。"(原文为：The existence of such an interest is determined by examining the content of the conflicting laws and then determing whether their underlying purposes or policies would be effectuated by their application to the particular case — determing , in other words , through the process of statutory

则我们会更好些”一度成为美国冲突法革命的旗号。但自从“法律适用兴趣分析说”面世之日，学界对它的争议始终未断，赞扬者认为它奠定了“现代冲突法的基石”①，其影响力“在过去的半个世纪里可能无人匹敌”②，批判者认为这种方法不过是“几乎在所有情况下都适用法院地法的一种复杂托词”③，甚至指责它同比尔方法一样都是一种“法域选择”方法。④对柯里学说的颂扬和批判之声至今不绝于耳，该学说可以说是美国冲突法革命中最具争议性的学说，它造就了美国冲突法阵营内延至今日的理

---

interpretation, whether the involved states have expressed the wish to apply their law to the particular case.) S. Symeonides, "Private International Law at the End of the 20th Century: Progress or Regress?", S. Symeonides (ed.), *Private International Law at the End of the 20th Century: Progress or Regress*, London: Kluwer Law International, 2000, p. 13. 我国学者李浩培先生对“法律适用兴趣”的理解接近了柯里的原意，他将此表述为：“柯氏认为，任何国家的实体法规则都是根据一定的政策制定的。国家正如个人有其愿望一样，‘关心’于将其实体法规则在适当的情形下适用于涉外案件，以实施其实体法规则所采取的政策。当国家有这样的‘关心’时，它对于其法律规则的适用于本案就具有‘利益’。这种国家的利益，柯氏称为‘政府的利益’。”李浩培：《李浩培文选》，法律出版社2000年版，第402—403页。由于“法律适用兴趣”意味着一个州对和自己利益攸关的案件具有适用自己的法律以实现立法目的的兴趣，因此“兴趣”一词有时可以替换为“利益”。笔者在美国访学期间曾就如何理解“interest”专门请教过美国艾莫雷(Emory)大学法学院的彼得·海教授，他回答得颇为俏皮和灵活：“有兴趣就有利益，有利益就有兴趣。”

① "Editor's Note", *Mercer Law Review*, Vol. 34, 1983, p. 469, cited from F. Juenger, "Conflict of Laws: A Critique of Interest Analysis", *The American Journal of Comparative Law*, Vol. 32, 1984, p. 1.

② D. Cavers, "A Correspondence with Brainerd Currie, 1957 - 1958", *Mercer Law Review*, Vol. 34, 1982 - 1983, p. 471.

③ F. Junger, *Choice of Law and Multistate Justice*, Dordrecht: Martinus Nijhoff Publishers, 1993, p. 103.

④ L. Brilmayer, *Conflict of Laws, Foundations and Future Directions*, Little, Brown and Company, 1991, p. 60.

论对垒。[①] 那么，这一备受争议的学说到底包含了什么内容？柯里为何看似横空出世般地提出这种学说？他如何受到了法律现实主义的影响？怎样看待其理论的价值和各种不同的评价？本部分将对这些国内学界尚未深入研究的问题作一探讨。

粗略了解柯里学习和研究冲突法的经历对于理解其"法律适用兴趣分析说"不无裨益。同库克一样，柯里在法学院学习时没有选修过冲突法课程，但他并不为此感到遗憾，声称"不具有曾在法学院学习过这门课程的可疑优势"。1946 年，他到杜克大学(Duke University)法学院接替凯弗斯讲授"冲突法"，十年的讲课经历让他疑惑重重，发现"冲突法确实是一个诡辩、神秘和失败的领域"[②]。直到 1955 年他才发表了自己的第一篇冲突法论文——"审判地变更和冲突法"[③]，该文主张由联邦法院逐渐发展出一套约束所有州法院的自成体系的冲突法原则。这一论点与美国联邦最高法院早在 1941 年"克莱克森案"中确认的冲突法为州法的原则背道而驰。[④] 后来柯里意识到自己的错误，在 1960 年为此专门写了一篇论文，要求收回这一论点，声称这一论点"错得不可

---

① 反对柯里学说的学者主要有 Hill、Juenger、Twerski、Evrigenis、Kegel、Bodenheimer、Borchers、Brilmayer、Hay、Kozyris、Rosenberg、Singer、Trautman、Tushnet、von Mehren 等，赞同柯里学术的主要有 Kay、Posnak、Sedler、Allo、Baade、Kramer、Weinberg、Weintraub 等。See E. Scoles, P. Hay, P. Borchers and S. Symeonides, *Conflict of Laws*, 4th Edition, St. Paul: Thomson/West, 2004, pp. 34-35, nn. 47-48.

② B. Currie, *Selected Essays on the Conflict of Laws*, Durham: Duke University Press, 1963, p. 585.

③ B. Currie, "Change of Venue and the Conflict of Laws", *The University of Chicago Law Review*, Vol. 22, 1955, p. 405.

④ Klaxon Co. v. Stentor Electric Manufacturing Co., 313 U. S. 487, 61 S. Ct. 1020, 85 L. Ed. 1477 (1941). 该案将"伊利案"(Erie)中的原理引入冲突法，要求联邦法院在涉及多州居民的诉讼中适用所在州的冲突法。

救药"[①]。在1957年到1958年间，柯里在凯弗斯创办的"行为科学高级研究中心"度过了一年理论课堂上的闲暇时光，对冲突法问题作了深入思考。在1958年，他好像茅塞顿开、文思如涌，接连发表了四篇冲突法论文，奠定了"法律适用兴趣分析说"的理论框架。在1959年他接受凯弗斯的建议对"最自私"州的假定加以修正。在随后的论文中，他一直坚持自己的基本思路并作了一些补充和详细阐述。[②] 可见，柯里并没有冲突法学识的深厚根基，理论建构显得仓促，即使其才华横溢，也难免出现逻辑错误和理论空白。下文将首先分析柯里"法律适用兴趣分析说"的建构思路，然后解析其中的法律现实主义内涵，最后对其理论价值和有关争议作简单评析。

一、"法律适用兴趣分析说"的建构思路

每个相对完整的学说都有自己的理论内核，"法律适用兴趣分析说"的理论内核是每个州[③]都像满怀情感的活生生的自然人，它

① B. Currie, *Selected Essays on the Conflict of Laws*, Durham: Duke University Press, 1963, p. 438.

② Ibid., p. 586. H. Kay, "A Defence of Currie's Governmental Interest Analysis", *Recueil des Cours*, Vol. 215, 1989, pp. 19-21.

③ 柯里在文中区分州(state)和国家(country/nation)，绝大部分地方他只是分析涉及州际法律冲突的判例，个别地方分析国际法律冲突的判例时，他使用"国家"一词。如在分析涉及西班牙法律的"罗梅罗案"(Romero)时，他说："当法官知道其本国的法律(政策和兴趣)和另一国的发生冲突时，他的责任看起来十分清楚。"此处使用的即为"国家"(country)。需要指出的是，柯里解决国际法律冲突和州际法律冲突采用同样的分析方法。B. Currie, *Selected Essays on the Conflict of Laws*, Durham: Duke University Press, 1963, p. 371.

们对实现本州的立法目的抱有浓厚兴趣；而立法目的则通过将法律适用于一个个具体案件中来实现。同早期传统冲突法的批判者一样，柯里坚持政策分析的方法，认为"法律是一种社会调控的工具；承认这一事实，并强调法律中表明的经济和社会政策，将通向解决法律冲突问题的一种新鲜且富有建设性的方法"①。但是，柯里没有止步于分析政策，他的高明之处是将笼统的政策分析提炼为具体的"兴趣分析"方法，使其更具有可操作性，进而推演为洋洋大观的一套"法律适用兴趣分析说"。

一州是否具有适用其法律进而实现其政策的兴趣，不是由这个州在自己法律中表达的愿望决定的，而是审理案件的法官权衡判断的结果。面对一桩涉外案件，法官首先查明相关州法中体现的政策，然后由法官决定是否"该州和当事人、交易、争议事项或诉讼的关系如此密切，以致在将其政策适用于这种案情的*兴趣*(interest)(斜体为原文所加——笔者注)方面赋予该州一种合理的基础"。因此，在一个涉外案件中，哪怕外州派出总检察长作为法庭之友②出庭，强烈要求法庭适用自己的法律，这也不过表明"这个州*声明*(斜体为原文所加——笔者注)了将其法律适用于这种情况的一种兴趣"，并不等同于法院必然如此判定；只有庭审法官才有权判定争议问题是否"在该州合理的法律适用兴趣

---

① B. Currie, *Selected Essays on the Conflict of Laws*, Durham: Duke University Press, 1963, p. 64.

② "法庭之友"(amicus curiae)是美国诉讼法中的一种制度。一个组织或个人虽然不是案件当事人，但只要他对案件具有强烈兴趣，他就可以自己要求或应法院要求在法庭上表达意见。See B. Garner (ed.), *Black's Law Dictionary*, 9th Edition, St. Paul: Thomson/West, 2009, p. 98.

范围之内”。[1]

“法律适用兴趣分析”一词令人耳目一新。柯里从这一新颖独特的视角对比尔编撰的《第一次重述》毫不留情地猛烈抨击，试图彻底清除人们对旧制度的最后依恋和幻想。在彻底批判的基础上，柯里尝试创建新的分析方法以取代被推翻的冲突法大厦。

(一)柯里对比尔规则的批判

在柯里眼中，各州既然具有了类似有血有肉的人那种温情脉脉的形象，那么，只顾追求明确、稳定和结果一致性的比尔规则就显得冷酷无情、难以容忍了。

柯里发现比尔规则最大的缺陷在于其忽视了各州本应追求的立法目的，各州在纯州内案件中自然关心实现法律中体现的政策，在涉外案件中各州怎么突然丧失了这种正常的兴趣呢？他痛心地指出：

> 法律选择规则成了空洞、冷酷的东西。事实上，它不去宣告首要的公共政策，而是表明一州对诉讼结果的漠不关心。假设有个侵权或合同的州内案件，该州法律指向的结果自身就能推进法律中包含的社会和经济政策。假如将一种传统上适宜的涉外因素置入其中，这个州立刻就丧失了兴趣(interest)。通常的法律适用政策(governmental policies)被遗忘了。[2]

---

① B. Currie, *Selected Essays on the Conflict of Laws*, Durham: Duke University Press, 1963, pp. 228, 621, 624.

② Ibid., p. 52.

柯里将比尔的冲突法制度讥讽为“愚笨而无情的机器”(mindless and ruthless machine)。规则的无情使得法官也冷漠呆板。盲目地遵照比尔的方法，当法官处理涉外案件时，“他被假定放入资料到机器中，使用特定的标准程序，写下机器吐出的结果当作自己的判决。”①

比尔及其信徒们之所以死守一部毫无感情的“机器”自动裁判涉及活生生的人之间的争议，主要是因为他们把结果一致性看做神圣的既定目标。但柯里指出这种目标虽然崇高，但实现起来困难重重，它需要假定各州采用同样的识别、同样的冲突规则、同样的连结点解释、同样不援引公共秩序保留，等等。总之，这是一个“长长的假定清单”，没有什么清规戒律足以保证各州对所有条件完全遵守。因此，“结果一致性的理想在一定程度上是一种幻觉”②。把结果一致性作为冲突法的目标，柯里对此嘲笑道：“抛硬币几乎会更好些，因为这样产生的结果和传统制度产生的结果一样，而且更经济。”③如果想要更简便，那么也可以按照字母顺序选择法律，因为“字母顺序规则同样拥有这些优点，而且字母顺序规则还具有额外的优势，它没有那种神秘的暗示，去表明指定的国家具有独一无二的‘立法管辖权’”④。总之，比尔规则具有的只是“乏善可陈的优点”(meager virtue)，相对简便、不需费力思考、结果有可预见性不应成为冲突法的价值目标。比尔规则的致命缺陷

① B. Currie, *Selected Essays on the Conflict of Laws*, Durham: Duke University Press, 1963, pp. 138, 161.

② Ibid., p. 101.

③ Ibid., p. 608.

④ Ibid., p. 776.

正是追求了本末倒置的价值目标，导致了一种有悖常理的悖论，即一种虚空的政策“被放到了至高的优先地位，这种政策要求一州特定的、仔细提出的社会和经济政策服从于外州的不同政策”①。依照错误的价值目标创立的规则必然无法顾及案件的结果，柯里对此尖刻地讽喻道：

> 法律选择规则是法律中间的怪物。它从不指出结果是什么，而只是指出到何处去发现结果；规则的制定者也无法预知后果。这种规则由理论家制定，企图为各州施加一种外部秩序；它们不是来自对可预见结果感兴趣的立法机关。②

比尔规则从错误起点出发，带来了难以容忍的荒谬结果；比尔一生致力于的冲突法方案只不过是形而上学原理的推演，这样的规则“远离世俗政策和兴趣冲突的事项”。至此，柯里宣告找到了早期传统冲突法的批判者和自己教授冲突法遭遇麻烦的根源：

> 这样演化出的规则没有奏效，也不能使之奏效。……属地主义者的观念一直是不合理结果的直接根源，或许更糟的是，它因此驱使我们一些最有才华的学者花费精力对它采取纯粹的防守行为。但麻烦的根源埋得更深。在企图使用这些规则时，我们遇到了困难，困难不是源自特定的规则不好这一事实，也不是源自特定的理论解释不可靠这一事实，而是源自

---

① B. Currie, *Selected Essays on the Conflict of Laws*, Durham: Duke University Press, 1963, p. 53.

② Ibid., p. 170.

我们根本上拥有这类规则的事实。①

柯里把由于拥有这些规则造成的麻烦归纳为四种：(1)诱使人们思考根本不存在的问题，即本来不存在"兴趣冲突"却把它当成冲突法问题来解决；(2)导致荒唐的结果，即"通过挫败一州的兴趣而没有促进另一州的兴趣"；(3)法院运用种种伪装掩盖真实的判决目的，这些伪装包括本地公共政策、法律欺诈、识别、操纵连结点和随意互换规则条文等；(4)法院在面对"兴趣冲突"时，不去"'权衡'相冲突的兴趣，或评价他们各自的价值，然后相应地在他们中间作出选择"。对于造成如此麻烦的可恶规则，已经无法通过小修小补解决问题，柯里给出了一个惊世骇俗的抉择，即"如果没有法律选择规则我们的情况会更好些"。②

推翻了比尔的规则及其追求的目标之后，柯里运用其独特的"兴趣分析"开始构建新的理论大厦。

(二)法律适用兴趣分析方法

正确地界定问题才有可能正确地解决问题。③ 比尔从错误的目标开始必然得出错误的结论，正确的方法"应该首先决定州内政策和兴趣问题"。因此，柯里将冲突法的核心问题界定为："在两个或多个州的兴趣冲突时决定适当的裁判规则——换而言之，决定哪方的兴趣让步。"相应地，他将把涉外案件分成两类："(1)为找到

---

① B. Currie, *Selected Essays on the Conflict of Laws*, Durham: Duke University Press, 1963, p. 180.

② Ibid., pp. 180-181, 183.

③ 柯里自己的表述为："当我们学会了问正确的问题，我们才更可能获得正确的答案。"Ibid., p. 617. 这里他借用了弗罗因德的用语。See P. Freund, "Chief Justice Stone and the Conflict of Laws", *Harvard Law Review* Vol. 59, 1945-1946, p. 1225.

裁判规则(rule of decision)而指向外州法的案件;(2)为其他目的指向外州法的案件。"[①]此处的"其他目的"主要指发现与裁决规则相关的一些资料,比如根据外州交通事故法判断交通事故的性质或根据外州"星期天法案"(Sunday laws)判断合同是否有效。[②]柯里的分析只是局限在第一类寻找裁决规则的案件。

"法律适用兴趣分析方法"的难点是如何发现"兴趣"所在及其"适用"的范围。对于第一个问题,柯里认为,分析各州法律背后的政策及其促进政策实现的兴趣,其实就是常见的"诠释和解释内州法"("municipal" laws)过程。[③] 对于第二个问题,即各州愿意将保护性政策及于哪些人,柯里的回答体现了强烈的属人主义倾向——各州首先考虑保护本州居民。[④]

柯里运用试验模型分析了所有可能出现的法律冲突问题。在他撰写的第一篇阐述"法律适用兴趣分析方法"的论文中,他将真实判例"米利肯案"(Milliken)[⑤]作为分析样本,然后把该案中可能

---

① B. Currie, *Selected Essays on the Conflict of Laws*, Durham: Duke University Press, 1963, pp. 178, 617.

② Ibid.,p. 64.

③ Ibid., p. 443.

④ 在回答马萨诸塞州保护妇女的立法及于哪些人时,柯里的回答是:"什么样的已婚妇女?嘿,当然是那些其福利受到马萨诸塞州关注的妇女——也就是马萨诸塞州的已婚妇女。"同样,"纽约州的政策不是为保护所有在纽约买票或登机的人。它是为保护纽约人。"Ibid., pp. 85, 705.

⑤ 该案的案情大致如下:住所在马萨诸塞州(以下简称"马州")的普拉特夫人为促成其丈夫与米利肯的合伙关系,对丈夫的信用出具了一份担保书。她将担保书交给丈夫,她丈夫在缅因州(以下简称"缅州")将担保书交给米利肯。依赖该担保书并应普拉特先生的要求,米利肯向其发送了货物,但普拉特先生最后没有偿还货款。为此,米利肯向马州的法院起诉,要求普拉特夫人承担担保责任。根据缅州法律,已婚妇女有缔约能力,合同有效;而马州法律规定相反,合同无效。但在起诉前不久,马州已废除了已婚妇女无缔约能力的规定。马州最高法院最后依据合同缔结地(缅州)法认定合同有效,推翻原审判决,判决米利肯胜诉。Milliken v. Pratt, 125 Mass. 374 (1878), cited from ibid., p. 78.

涉外的因素简化为四个方面：债权人住所地、已婚妇女的住所地、合同签订地和法院地，并且不考虑马萨诸塞州相关法律已经修改，接着将这些因素重新组合并全面分析所有可能出现的案件及其包含的法律冲突问题。分析结果显示，在所有16个案件中，2个案件中的所有四个因素都在马萨诸塞州或缅因州，为纯粹州内案件。在余下的14个涉外案件中，10个为虚假冲突的案件，即只有一个州具有适用自己法律的兴趣；4个为真实冲突案件。①

在柯里看来，虚假冲突案件根本不是真正的法律冲突案件，自然应当适用对该案结果唯一感兴趣州的法律。柯里非常得意于自己的分析能够消除可能出现的大部分虚假问题并能够取得令人满意的结果，而不会出现牺牲一州的政策却不能推进另一州政策的荒唐结果。②

如何解决真实冲突对柯里来说是个相当棘手的问题。无论是采用立法或司法手段，真实冲突都无法由单独一个州解决。原因在于：

> 为了决定哪个占上风，判定两个主权者相冲突的合理兴趣的各自价值是一项非常高级的政治职能。在一个民主国家里，这是一种不应该交给法院的职能，……这是一项立法委员

---

① 柯里这篇论文题为"Married Women's Contracts: A Study in Conflict-of-laws Method"，最初发表在 *The University of Chicago Law Review*, Vol. 25, 1961。该文被录入柯里的论文集第77—127页。对该案分析后出现的真假冲突的结论见于该书第107页。柯里自己并没有提出"真实冲突"或"虚假冲突"的概念，他分别称为"真正的问题"(real problems)和"没有真实冲突的问题"(no real conflicts problem)。

② Ibid., p. 108; B. Currie, "The Disinterested Third State", *Law and Contemporary Problems*, Vol. 28, 1963, p. 756.

会的工作，在收集信息的基础上决定形成一项政策是适合于称职的立法机构的工作。①

可能的办法是，“通过相关州之间的协议”以及交给“更高级别的管理机关”（higher governmental authority）即国会解决这种冲突。但是，美国各州彼此之间签订条约的权利受到美国宪法第1条第10款第3项“协定条款”的约束。对于第二种方案，库克早在1919年就发现“充分信任与诚信条款”第二句赋予了国会足够的权力解决这类问题，但遗憾的是国会至今未曾使用这一权力，也看不出短期内国会行使这一尘封权力的迹象。同时，由于司法机关“能力的内在局限性”和“三权分立原则”，美国联邦最高法院也不适合衡量相冲突兴趣的大小，更遑论各州的法院。②

法院迫不得已的解决方案只能是适用本州的法律。这样做不仅“至少能有把握它在始终一致地推进其本州的政策”，不至于“以牺牲法院地所在州的兴趣为代价促成外州兴趣”，而且它符合法官和律师的“习惯和爱好”，不会导致“惊讶、困苦和不公”；同时，这种做法还可以去除比尔方法的伪装，如将争议事项识别为程序问题等，让当事人明确法官判决的真实意图。③

这种对法院地法的偏爱是否会导致违宪的严重后果呢？柯里经过仔细分析宪法条款和相关判例，认为只要法院地存在适用自己法律的合理兴趣，法院适用本地法的判决就不会被联邦法院根

① B. Currie, *Selected Essays on the Conflict of Laws*, Durham: Duke University Press, 1963, p. 82.

② Ibid., pp. 117, 123, 125, 278.

③ Ibid., pp. 47, 119.

据"充分信任与诚信条款"或"正当程序条款"推翻。但这种在违宪的高压线下尽可能适用本地法的做法并不存在,因为各州要顾及"长远的文明自利";那种"短视而自私"的州只不过是个"实验模型","至少在美国不存在这种州"。①

为此,柯里后来修正了自己的法律冲突类型,提出了"表面的兴趣冲突"(apparent conflict of interests)概念,即虽然初步分析显示相关州法之间存在兴趣冲突,但经过重新限制性解释,可能发现其中一州不存在法律适用的兴趣,这样"真实冲突"就转化为"虚假冲突"。之所以作这种转化,是因为柯里晚年充分意识到早期论文带来的消极影响以及涉外案件和纯州内案件的根本不同,因此他提出:

> 断言法院地和外州的兴趣之间存在一种冲突是个严肃的问题;主张当地兴趣的一种宽泛概念将导致和外州的兴趣之间的冲突,这一单纯的事实就是为何应当重新审查的一个合理理由,重新审查的视角应当是更适中和克制地解释政策及其必须用于实现法院地合理目的的情景。②

值得注意的是,此处限制的只是对"当地兴趣"的宽泛解释,实质上要求法院考虑州际和国际秩序的维持,或者说是一种对"冲突法正义"的考量。相对于早期过分推崇法院地法的适用,这是柯里后期思想的一大飞跃。

---

① B. Currie, *Selected Essays on the Conflict of Laws*, Durham: Duke University Press, 1963, pp. 271, 616.

② B. Currie, "The Disinterested Third State", *Law and Contemporary Problems*, Vol. 28, 1963, p. 757.

复杂的冲突法案件还不止这些，柯里还发现了一种非常罕见的“无兴趣案件”(unprovided-for case)；在这类涉及法院地州和外州的案件中，“没有一个州关心(care)所发生的事情”，即都不愿提供(provide)本州法律解决纠纷。对此有四种可能的解决途径：一是适用更文明和人性化的法律；二是适用有利于本地居民的法律；三是除非作为原告的外地人所在州的法律对原告有利，法院不适用对原告有利而对被告不利的法院地法；四是直接适用法院地法。柯里赞同第四种方案，理由是“让当事人费钱和让法院麻烦地去查明外州法达不到有益目的时，适用法院地法是裁判诉讼案件的一种理性和便利的方式”[①]。此外，如果法院审理涉及两个外州兴趣的案件，那么法院地就是“无兴趣的第三州”(disinterested third state)。对于这类案件，柯里主张法院首先考虑能否基于“不方便法院原则”拒绝管辖；如果拒绝管辖会导致对当事人不公平时，法院就要解决冲突，分析案件究竟属于虚假冲突案件、表面冲突案件，还是真实冲突案件。如果是虚假冲突和表面冲突，那么就适用唯一感兴趣州的法律。如果是真实冲突，柯里非常不情愿地提出解决方案，“如果我是法官，我想我应当偏爱适用法院地法胜过其他更鲁莽的方法。”其他更鲁莽的方法是指法院代替国会行使权力或站在国会角度解释法律决定哪一州的兴趣作出让步。[②] 尽管解决无兴趣问题困难重重，但柯里发现，由于发生的概率太低，这类问题在实践中的重要性值得怀疑。不仅在美国其他教授的阅历中

---

① B. Currie, *Selected Essays on the Conflict of Laws*, Durham: Duke University Press, 1963, pp. 153-156.

② B. Currie, “The Disinterested Third State”, *Law and Contemporary Problems*, Vol. 28, 1963, pp. 767, 768, 778-780.

“这类问题的发生相当罕见”，而且在柯里本人研究中，他“只遇到过一次无兴趣第三州的真实案件”。①

在柯里去世的前一年，他将自己的方法作了最后一次综述：

(1)当法院被请求适用与法院地法不同的外州法时，它应调查各自法律中所彰显的政策，以及各州可合理主张实现自己政策的兴趣的情况。在作出这些决断时，法院应当采用通常的诠释和解释步骤。

(2)如果法院发现一个州在特定案件情况下具有实现其政策的一种兴趣，而另一州却没有这种兴趣，那么它应当适用唯一感兴趣州的法律。

(3)如果法院发现两个州的兴趣存在表面的冲突，它就应当重新考虑。更加适中或限制性地解释其中一州或另一州政策或兴趣，或许能避免冲突。

(4)如果经过重新考虑，法院发现两州合理兴趣之间的冲突无法避免，那么法院应当适用法院地法。

(5)如果法院地没有兴趣，但其他两州法律之间存在无法避免的冲突，同时法院无法根据公平原则拒绝审判该案，那么它应当适用法院地法，至少如果法院地法与其中一州法律一致时如此。作为替代方案，法院可以通过公正地行使立法机关的自由裁量权裁判案件，即最高立法机关有权决定哪一方兴趣必须作出让步，法院就采用它认为的立法机关解决这类

① B. Currie, “The Disinterested Third State”, *Law and Contemporary Problems*, Vol. 28, 1963, pp. 765, 773.

冲突的同样方式解决冲突。

(6)州际兴趣冲突会导致对同一问题的判决因起诉地点的不同而有差异。如果对特定案件而言,这种局面会严重损害判决一致性的国家重大利益,那么州法院也不应借牺牲本州合理兴趣仓促决断,而应当将此事交由国会,由其根据充分信任与诚信条款行使权力裁断何州的兴趣应该作出让步。[①]

在最后的表述中,柯里似乎接受了他人的建议,[②]放弃了反对

---

① 这是柯里为里斯(W. Reese)和罗森堡(M. Rosenberg)所编判例法教材所作的综述,转引自 H. Kay,"A Defense of Currie's Governmental Interest Analysis", *Recueil des Cours*, Vol. 215, 1989, pp. 76-77。在此之前,柯里还曾三次综述过自己的思想。前两次的综述基本一致,第三次综述出现较大变化,增加了有关"表面冲突"和"无兴趣第三州"的内容,第四次增加了通过比较兴趣大小解决"无兴趣案件"的内容。比较他最早所作的一次综述:"(1)通常,即使在涉外案件中,法院也应该理所当然地将法院地法作为裁决规则的来源。(2)当情况表明,外州的法律而不是法院地的法律应当提供裁决规则,法院应当首先决定法院地法表明的法律适用政策(governmental policy)——表述成社会、经济或行政政策或许有助于人们理解。然后法院应当查明,法院地州和在审案件的关系——即和当事人、交易、争议事项、诉讼的关系——是否如此密切,以致应当将案件置于该州法律适用兴趣的范围,并为声明该州具有一种将其政策适用于这种情况的兴趣提供了合理基础。(3)如果有必要,法院应当同样决定提供的外州法表明的政策,以及外州是否对将其政策适用于在审案件具有一种合理的兴趣。(4)如果法院发现法院地州对适用自己的法律和政策没有兴趣,但外州具有这样一种兴趣,它就应当适用外州法。(5)如果法院发现法院地州在适用自己的法律和政策上具有兴趣,它就应当适用法院地法,即使外州同样具有这种兴趣;而且,如果外州没有这种兴趣,它就更应当适用法院地法。"B. Currie, *Selected Essays on the Conflict of Laws*, Durham: Duke University Press, 1963, pp. 188-189.

② 例如,米切尔·特雷纳(Michael Traynor)赞同柯里"法律适用兴趣分析说"的基本思路,但他不同意柯里反对衡量兴趣大小的立场。他发现,不仅联邦最高法院在许多案件中直接衡量相关州的政策和兴趣的大小,而且"州法院每天在涉及普通法和成文法解释的案件中衡量相冲突的兴趣"。See M. Traynor, "Conflict of Laws: Professor Currie's Restrained and Enlightened Forum", *California Law Review*, Vol. 49, 1961, p. 854.

法院衡量各州兴趣大小这种“鲁莽方法”的立场。当然，这种转变只是局限在他感到十分头痛的法院地作为“无兴趣第三州”的有限情况。

二、“法律适用兴趣分析说”的法律现实主义之维

无论措辞、思路还是结论，柯里的方法都特色鲜明，迥异于既有理论，乍看好似冲突法领域的天外来客。但是，只要了解了法律现实主义和柯里的论证过程，就会发现柯里的方法所显示的同样不过是法律现实主义在冲突法领域的一次演练而已。与其他理论不同的是，柯里将规则怀疑主义和政策分析推到了极端。

或许经历了第二次世界大战的惨祸和对希特勒法西斯专制主义的警醒，虽然许多法律现实主义者在第二次世界大战前后试图力挽颓势，但法律现实主义运动的高潮还是飘然而逝。卢埃林的名言——法律就是“官员处理纠纷的行为”——好像把法律贬低成纯粹的强制力，让人很不舒服地联想起希特勒的“强权即真理”。[①] 同时，经过法律现实主义运动，法律形式主义已经受到致命打击，法律现实主义运动的主要历史使命已经完成。但是，法律现实主义不再成为时髦的标签并不意味着这种思想已经销声匿迹，恰恰相反，法律现实主义的基本观点已经成为人们自觉的思考习惯，深

---

① See G. Aichele, *Legal Realism and Twentieth-Century American Jurisprudence: The Changing Consensus*, New York: Garland Publishing, Inc., 1990, p. 76.

入到法律人思想的骨髓。“现实主义已经死亡；我们现在都成了现实主义者。”①在柯里研究冲突法的时代，法律现实主义正饱受种种指责和误解，以致充分享受法律现实主义成果并始终如一地采用现实主义方法的柯里都没有使用“法律现实主义”一词，他只是声称：“如果我们将社会法理学的教导引入冲突法的概念主义领地，我们的情况就会更好些。”②这或者出于自我保护，也或许由于对法律现实主义知之甚少。

柯里从比尔制度的早期批判者那里接受法律现实主义思想的轨迹非常清晰。在1958年和凯弗斯的通信中，柯里怀着感激的心情写道：

> 自从我第一次听说冲突法，“法律选择问题批判”一文一直是我灵感的主要源泉，我希望我对这篇论文真挚的感激是显而易见的。今年我将我的工作视为沿着库克、劳伦森和凯弗斯既定方法的一种发展，除此之外我不可能有更大的雄心了。③

这并不是柯里在私人通信中表示的客套和谦辞，他在著述中始终如一地同样真诚坦陈自己的思想渊源，毫不吝啬对冲突法革

① W. Twining, *Karl Llewellyn and the Realist Movement*, Weidenfeld and Nicolson, 1973, p. 382.

② B. Currie, *Selected Essays on the Conflict of Laws*, Durham: Duke University Press, 1963, p. 183.

③ D. Cavers, “A Correspondence with Brainerd Currie, 1957 - 1958”, *Mercer Law Review*, Vol. 34, 1982 - 1983, p. 489.

命先行者的赞誉。[①] 但是，柯里虽然接受他们的分析思路和立场，但并不满意于他们过分简略的解决方案，因为他发现恰如凯弗斯自己承认的那样，[②]他们的方法过于主观和难以把握，学生们也对凯弗斯提出的方案非常抵触；更不可取的是，直接采用正义标准和社会政策随心所欲地选择法律，会导致法官在涉外案件中享有在州内案件中不可能存在的过度自由裁量权；正因为缺乏客观的判断标准，遵循这类方法的法官"无疑将带来更大的不确定性和引起更多的批评"。[③] 柯里要做的就是在早期批判者的"既定方法"指导下进一步探寻可行的操作方案。

柯里著述中随处可见他对法律现实主义思想的继受。同劳伦森和凯弗斯一样，柯里认为"法院的职责是司法，为眼前的案件找到一个理性而公正的结果，而不是促进某种超凡目标的政治责任"，冲突法的价值也只能"根据它帮助特定州法院在受理的案件中实现理性而公正结果的程度来衡量"。同库克一样，柯里主张观察法官的行为，找到行为中包含的真正法律。他发现法院判决中

---

① 比如，在1958年发表的第一篇运用"法律适用兴趣分析说"的论文中，柯里指出库克和凯弗斯已经在当代两部"最具煽动性的作品"中对"米利肯案"作了充分探讨；库克、凯弗斯和劳伦森等人提出的解决方案代表了解决法律冲突的"最佳批判性尝试的成果"。他在1961年的论文中表示："就像其他人那样，我在库克、凯弗斯以及先前获得普遍承认的那些人的著述中找到了灵感。"See B. Currie, *Selected Essays on the Conflict of Laws*, Durham: Duke University Press, 1963, pp. 77, 104, 585-586.

② 凯弗斯承认实践证明他的1933年论文在思想表述上"非常不成功"(singularly unsuccessful)，因为它造成的广泛印象是，它所关心的个案正义要求"法律选择过程是直觉判断和个案分析"(intuitive and atomized)。D. Cavers, "The Conditional Seller's Remedies and the Choice-of-Law Process—Some Notes on Shanahan", *New York University Law Review*, Vol. 35, 1960, p. 1139, Note 34.

③ See B. Currie, *Selected Essays on the Conflict of Laws*, Durham: Duke University Press, 1963, pp. 105, 586, 133.

表面上的理由难以令人信服,法官反复刚愎自用地玩弄“书本上的规则”,令人难以捉摸“促使他们这样做的动机”,难以预测他们的行为。要睿智地理解法官判决的真正原因并能够预测法院将来如何判决,必须观察法院判决书“表述背后的内涵”。柯里还采用了库克的规则相对论,指出“关于这些事项的所有结论都是试探性的,要根据更精通的那些人的建议加以修正”。同早期的法律现实主义者一样,柯里对比尔规则进行猛烈的批判。当然这不表示他反对新型规则,而是主张规则细化,“这类规则应当尽可能简单明确,而且应当严格受到限制,以便它们不会适用到更一般的情况”;否则,笼统的表述将“使得规则超越了为它们预设的界限,而且吞没了兴趣相冲突的整个领域”。①

通过研读判例法,柯里终于发现了法官判决的真正动因和达致理性而公正判决的“金钥匙”,这就是“法律适用兴趣分析方法”。根据柯里的观察,法院晚近的判决越来越频繁地用“州的兴趣”分析方法解决涉外问题。当然,法院一般会隐去促使作出法律选择的真正因素,而是首先基于政策和兴趣分析作出判断,然后用传统法律概念将结果合理化。② 但是,法官之中有勇敢的智者,他们不仅根据兴趣分析裁判,而且将这种真实裁判的理由明确化。柯里认定,在现代社会最早重新明确“法律适用兴趣”重要意义的是法官斯通(Stone),而在学术界认可这一发现重要性的是弗鲁恩德(Freund)。③ 从这类判例和初步学术探讨中,柯

① See B. Currie, *Selected Essays on the Conflict of Laws*, Durham: Duke University Press, 1963, pp. 596-597, 585, 601, 592, 608.

② Ibid., pp. 271, 600.

③ Ibid., pp. 613-614.

里找到了将政策分析具体化的灵感和思路，他对比尔规则的厌恶、对判例法混乱的困惑以及对早期批判者方法的遗憾终于有了展示的舞台。随后，柯里有关冲突法的写作激情喷涌而出，一发而不可收，成就了美国冲突法革命中独树一帜的理论派别。那么，引发柯里写作激情和弗鲁恩德评论的是斯通法官审理的什么案件呢？

激发柯里灵感的主要是指斯通法官于1935年审理的“阿拉斯加包装工人联合会诉加利福尼亚工业事故委员会案”。① 在该案中，联邦最高法院的法官斯通大胆抛弃了《第一次重述》规定的侵权适用侵权行为地法的规则，采用了比较法律适用兴趣大小的新鲜做法。他认为，如果受害人在加利福尼亚州得不到赔偿，就存在他可能成为“公共负担”的危险，这种后果会引起加州的严重“关切”(concern)；在两个州都主张适用自己的法律以实现各自立法目的的情况下，“应当通过评估每个法域的法律适用兴趣，并根据兴趣的大小决定裁判结果。”由于在该案中，受害人既不是阿拉斯加州的居民，将来也可能再也不会回到该州，因为加州对受害人的

---

① Alaska Packers Ass'n v. Industrial Accident Commission of California, 294 U. S. 537 (1935). 该案的主要案情如下：1932年年初，墨西哥人帕尔玛(Palma)和在加利福尼亚州(以下简称“加州”)营业的上诉人阿拉斯加包装工人委员会在加利福尼亚州签订了一份书面雇佣合同。帕尔玛同意在大马哈鱼罐头生产季节到阿拉斯加州(以下简称“阿州”)为上诉人工作，上诉人将他送到阿州，工作完成后再将他送回加州，并在加州支付约定工资。合同约定双方选择适用《阿州工人赔偿法》。但《加州工人赔偿法》强制性规定加州赔偿委员会对所有受害人为加州居民并且签订于加州的合同享有管辖权。后来，加州最高法院在判例法中将这一法律扩展适用于非加州居民。同年8月，帕尔玛在工作中受伤，在返回加州后向加州赔偿委员会提出赔偿请求，并在后来获得了赔偿。上诉人提请美国最高法院审查加州赔偿法，主张该法违背了宪法中的“正当程序”条款，加州最高法院的判决违背了宪法中的“充分信任与诚信”条款。

关切和法律适用的兴趣超过了阿州，所以加州最高法院适用本州的法律并没有违背"充分信任与诚信条款"，最后判决维持加州最高法院驳回阿拉斯加包装工人联合会请求的裁判。在1939年"太平洋雇主保险公司案"中，斯通法官再次运用了前述案例中的兴趣分析方法，反对盲目照搬"充分信任与诚信条款"，而不顾及法院地成文法的要求，因为这会导致一种荒唐的后果——"每个州的成文法必须在他州法院获得执行，但却不能执行其自己的成文法。"①弗鲁恩德对斯通法官的判决给予了高度评价，认为他正确地发现了真正的冲突法问题：

> 按照要促进的政策努力协调和衡量州的各自兴趣，通过这种方式解决问题的方法至少具有这样的价值：关于冲突法的目标提出了有意义的问题。而且无论在此处或他处，当我们已经学会了提出正确的问题时将更可能得到正确的答案。②

正是受到了斯通法官的判决和弗鲁恩德教授观点的鼓舞，结合以前对早期法律现实主义者思想的继受，柯里勇敢地"将公共政策从预备役中召唤出来放到它所属的前线"③，并将各州通过适用法律实现立法政策提炼为"兴趣"一词，创建了引发冲突法领域激

① Pacific Employers Ins. Co. v. Industrial Accident Commission of California, 306 U.S. 493, 59 S. Ct. 629 (1939).

② P. Freund, "Chief Justice Stone and the Conflict of Laws", *Harvard Law Review*, Vol. 59, 1945-1946, p. 1225.

③ B. Currie, *Selected Essays on the Conflict of Laws*, Durham: Duke University Press, 1963, p. 88.

烈争论的"法律适用兴趣分析方法"。

三、小结

柯里学说中包含着相互关联的三个方面:基于政策分析的单边方法、保护本地居民的属人法倾向和法院地法优先主义。① 法律分析是政策分析的前提,柯里传承的虽然是早期比尔制度批判者的薪火,但由于他固守政策分析的一端,全面排斥建立在双边方法之上的冲突规则,使得他"无意之中"复兴了中世纪开始的单边方法。② 单边方法直接分析法律以决定其适用范围,必然依赖一种判定法律适用范围的标准。柯里认为,虽然上有联邦宪法,但各州保护性法律不是惠及所有人的,而主要给予当地居民。③ 如果相关的州之间存在兴趣冲突,其中一方是法院地,在美国国会采取立法措施之前,法院适用当地法保护本州政策和兴趣的实现不失为一种稳妥之策。

---

① 比较荣格总结的柯里理论的三个特征:采用分割方法、属人关系比属地关系更重要和存有疑问时优先考虑法院地法。See F. Junger, *Choice of Law and Multistate Justice*, Dordrecht: Martinus Nijhoff Publishers, 1993, p. 102.

② 西蒙尼德斯对单边方法总结如下:"这种方法直接关注潜在冲突的国家法的内容,并试图根据他们隐含的法律目的(实际上的或推导出的)推测其意欲的范围来确定适用何地法律。"S. Symeionides (ed.), *Private International Law at the End of the 20th Century: Progress or Regress?*, London: Kluwer Law International, 1999, pp. 11, 13. 与中世纪的"法则区别说"不同的是,柯里没有采用法律分类的方法,而是采用了具有鲜明普通法特色的个案分析方法。

③ 为了避免违反美国宪法中的"平等保护条款",柯里主张各州可将特权与豁免权给予其他采取同样保护措施州的居民,但可拒绝保护未采取这类保护措施州的居民。See B. Currie, *Selected Essays on the Conflict of Laws*, Durham: Duke University Press, 1963, p. 113.

柯里的方法使美国冲突法重新回到普通法传统之中，是美国冲突法本土化的再次尝试。虽然比尔刻意区分大陆法系和普通法系的差异，选择了牛津大学教授戴西的既得权说，但是他从抽象的既得权原则推导冲突法规则的做法完全是具有大陆法系特征的演绎方法，而且既得权理论也并非英国本土的产物，而是荷兰学者胡伯的“国际礼让说”的理论一脉。[①] 与比尔既得权说形成鲜明对比的是，柯里反对抽象地演绎推理，而主张个案分析；他的“法律适用兴趣分析说”直接分析法律背后的政策，必然采用普通法制度中常见的在个案中解释法律的方法。对此，柯里本人曾得意地明确表示：

> 我提倡的是这样一种方法，用法律解释和普通法规则解释决定法律是否适用于涉外案件。尽管存在一些引导我们的一般原则，但法律解释肯定始终是一种个案分析过程。普通法制度的独特价值是它同样在个案分析基础上运作。我自豪于将我自己和普通法传统联系起来。我们已经过分长久地假定，冲突法问题能够依照从欧洲大陆移植过来的法典解决，不考虑法规和规则中的相关政策，甚至不考虑竞相适用法律的内容。到了重回这些方法的时候了，这是一些我们法律制度的本土方法，我们法官和律师因为其训练和阅历充分胜任这种方法。[②]

---

① F. Junger, *Choice of Law and Multistate Justice*, Dordrecht: Martinus Nijhoff Publishers, 1993, p. 27.

② B. Currie, *Selected Essays on the Conflict of Laws*, Durham: Duke University Press, 1963, p. 627.

柯里立足于美国的本土法律资源，对美国冲突法的发展作出了卓越的独特贡献。柯里的独特贡献在于他将政策分析上升为兴趣分析，进而将政策分析的批判性角色转化为构建者角色，回击了比尔方法痴守者类似这样的诘难——政策分析不具有可操作性。① 在20世纪20年代到40年代，早期批判者对比尔规则猛烈抨击之后，人们虽然了解了比尔方法的弊端，但苦于没有更好的替代品，依然对比尔规则抱有幻想。早期批判者提出的政策分析方法只是一个大致的构建方向，不具有可操作性。就连提出"规则和结果选择说"的凯弗斯也有些心灰意冷，感到了"栽培作物"远比"清除杂草"艰难，在很长一段时间里不再染指法律选择问题。② 柯里也深知创立新方法要比破坏旧制度更加艰难，③但他还是凭着难得的理论勇气作了初步尝试，并取得了广泛反响和实践回应，使政策分析站到了冲突法舞台的中央，从而揭开了美国冲突法革命的理论大幕。

受到自身学识和时间仓促的双重限制，柯里方法存在缺陷在所难免。柯里在法学院求学期间没有学习过冲突法，甚至在不惑之年以前也没有着力于冲突法研究。他在短短四年时间完成了大部分冲突法论文，建构了"法律适用兴趣分析说"；在接受他人批评

---

① 凯弗斯充分理解了柯里的努力方向，他在冲突法革命后期回顾与柯里之间的通信时说："柯里努力将理性的精确与对现实的关切相结合，并阻止司法擅断作为废弃规则的替代品，这种努力从这些信件中鲜明地浮现出来。"D. Cavers, "A Correspondence with Brainerd Currie, 1957－1958", *Mercer Law Review*, Vol. 34, 1982－1983, p. 499.

② D. Cavers, *The Choice of Law, Selected Essays, 1933 － 1983*, Durham: Duke University Press, 1985, pp. 39-41, 43.

③ See B. Currie, "The Disinterested Third State", *Law and Contemporary Problems*, Vol. 28, 1963, p. 754.

后，他试图弥补自己理论的缺陷，但天不假以时年，在本应成果高峰期他就与世长辞。因此，柯里的学说只是一种初步的尝试，其中的缺陷显而易见。兴趣分析的关键是如何界定立法政策和兴趣所在，柯里也很早意识到法律背后政策的多面性，[①]但他只是轻描淡写地称界定政策和兴趣"实质上就是常见的诠释或解释过程"。柯里最初的分析是基于"最自私的州"试验模型，后来他提出各州出于"文明的自利"会"适中或限制性"地解释本地法律，但对于如何"适中或限制性"地解释，他也没有给出答案。柯里起初反对比较兴趣大小，后来发现这与实践不符，又改称可以比较兴趣大小作为适用法院地法的替代方案，但他没有来得及回答如何比较兴趣的大小。对于法院地法优先导致的择地诉讼难题他也苦无良策。柯里在多处提出国会是解决真实冲突的最佳权力机关，但他没有思考国会具体的解决之道。此外，或许由于时间原因，柯里在总结判例方面也同比尔一样存在欠妥之处，他忽视了斯通法官对"法律适用兴趣"的比较，也没有注意到给他灵感的判例其实过分独特。在工人赔偿案中，根据工人赔偿法，工业委员会被认为无权适用外国法。法院也认为这种救济属于行政救济，而不是司法救济，因而也不愿适用姊妹州的赔偿法提供救济。[②] 尤其值得一提的是，美国联邦最高法院通过比较兴趣大小决定某个涉外案件中的法律适用是否违背"充分信任与诚信条款"，这种做法只是过去的个案，并未

---

① 比如柯里认为有关人身伤害赔偿的法律可能表达了多方面的政策："对受害人或其扶养人赔偿、保护当地债权人、阻止不法行为，等等。"B. Currie, *Selected Essays on the Conflict of Laws*, Durham: Duke University Press, 1963, p. 371.

② F. Juenger, "Conflict of Laws: A Critique of Interest Analysis", *The American Journal of Comparative Law*, Vol. 32, 1984, p. 5.

成为如今通行的惯例。①

柯里的学说在美国冲突法学界引起轩然大波，也遭致种种指责和诘难，这更进一步验证了这一学说的缺陷。荣格指出柯里方法面临的难题包括徒然地查明政策和兴趣、“法律沙文主义”(legal jingoism)、“棘手的属人法原则”、“分割法难题”和法律虚无主义。② 布里梅耶认为柯里的方法其实也是选择法域，连结点或者是当事人的共同住所，或者是法院地；由于住所是唯一的连结因素，拥有共同住所的当事人争议跟纯国内争议一样解决，其余所有涉外争议适用法院地法，甚至可以说不存在法律适用问题；实体法有自己的政策，但冲突法也有冲突法政策，柯里的方法忽视了冲突法的独特性；“兴趣”和“既得权”一样都是一种法律虚构，等等。③

尽管遭受种种责难，柯里的学说仍产生了巨大的影响。这一学说顽强地支配了美国冲突法思想几乎达30年的时间，“其诱人的写作风格让整整一代的美国法律人为之着迷”。虽然运用柯里方法的法院近年来急剧下降，但是这一方法“依然支配着学院的冲

---

① 在1935年“阿拉斯加包装工人联合会诉加利福尼亚工业事故委员会案”中，法官比较了两州兴趣大小，但同时采用了“克拉珀案”(Clapper)中提出的“公共政策损害”标准。在1939年“太平洋雇主保险公司案”中，法官虽然审查了两州的兴趣，但只是主张“充分信任与诚信条款”并未要求一个州为了执行它州的法律而忽略其自己的政策。在1947年“卡帝乐案”(Cardillo)中，法官看似已经放弃了衡量兴趣大小的做法，认为只要雇佣合同和一个州存在“某种实质性联系”，适用这个州的法律就符合宪法要求。See E. Scoles, P. Hay, P. Borchers and S. Symeonides, *Conflict of Laws*, 4th Edition, St. Paul: Thomson/West, 2004, pp. 150, 162.

② F. Juenger, “Conflict of Laws: A Critique of Interest Analysis”, *The American Journal of Comparative Law*, Vol. 32, 1984, pp. 33-42.

③ L. Brilmayer, *Conflict of Laws: Foundations and Future Directions*, Little, Brown and Company, 1991, pp. 60, 74-75, 89.

突法课程"①。个中缘由或许是，在比尔的制度大厦倒塌后，学者们需要一种方法减轻"对空白的恐惧"。② 柯里学说中的"虚假冲突"(false conflict)理念是"美国法律选择思想的重大突破，已经成为所有现代政策分析方法不可或缺的部分"③。不可否认的事实是，从柯里学说提出至今，美国冲突法新理论一直层出不穷。对此，西蒙尼德斯中肯地指出，即使"虚假冲突"理念的提出是柯里作出的唯一贡献，也足以使其在"冲突法的名人堂中获得一个永久席位"；即使仅仅因为"他搅动了'阴暗的沼泽地'的平静水面"这一点，柯里对推动美国冲突法的发展也是作出了"确定无疑的积极"贡献。④

在1961年，柯里回应"法律适用兴趣分析说"的批评者希尔(Hill)教授时谈到自己的写作立场，重温这段话可能有助于我们深入理解柯里无心插柳的成功及其学说的优缺点。

> 人们无疑由于各种原因撰写法律评论文章。我这样做主要是当成一种解决讲授法学院课程中所遇问题的途径。我并不认为我是一个宣传册子的写作者、十字军战士、改革者。我

---

① E. Scoles, P. Hay, P. Borchers and S. Symeonides, *Conflict of Laws*, 4th Edition, St. Paul: Thomson/West, 2004, p. 34.

② F. Juenger, "Conflict of Laws: A Critique of Interest Analysis", *The American Journal of Comparative Law*, Vol. 32, 1984, p. 45.

③ E. Scoles, P. Hay, P. Borchers and S. Symeonides, *Conflict of Laws*, 4th Edition, St. Paul: Thomson/West, 2004, p. 29. "虚假冲突"(false conflict of laws or false conflict)已经成为《布莱克法律词典》的词条。See B. Garner (ed.), *Black's Law Dictionary*, 9th Edition, St. Paul: Thomson/West, 2009, pp. 341, 677.

④ E. Scoles, P. Hay, P. Borchers and S. Symeonides, *Conflict of Laws*, 4th Edition, St. Paul: Thomson/West, 2004, pp. 29, 38.

寻求理解，……我不是一个行动者，我是一位待在教室里的人。公布我的信念以便像希尔先生这样的人将它们切成碎片。如果仍留些东西影响法律的发展，那也就令人心满意足了。同时，我的主要目的已经达到：在我所关心的范围内，带着更多的学识和更大程度上的完整性，我能够更有效地讲授冲突法。①

① B. Currie, *Selected Essays on the Conflict of Laws*, Durham: Duke University Press, 1963, p. 585.

第五章　寻找真实的规则

法官应当仅仅从施行于其本国的法律之中寻求解决之道。①

同样关注法律现实，柯里发现的是实体法背后的政策因素，展示了法律现实主义的规则怀疑主义和政策分析在冲突法领域的魅力；艾伦茨威格（Albert A. Ehrenzweig）则发现了法院地法在涉外裁判中的基础地位，并据此批判比尔规则的普遍主义缺陷，寻找卢埃林所指的“真实规则”。

同其他冲突法革命者相比，艾伦茨威格具有广博的比较法学识。他一生勤学不辍，先后在维也纳大学、巴黎大学、海德尔堡大学、布里斯托尔大学、芝加哥大学、哥伦比亚大学研习法律，并具有担任法官、律师的实践经验。② 因此，他在美国冲突法学界卓尔不群，见解深邃，在开阔的比较法视野下论证的“法院地法说”思路缜密、不同凡响。

或许由于在法律现实主义者的大本营之一——哥伦比亚大学

---

① C. Wächter, “On the Collision of Private Laws of Different States”, Translated by K. Nadelmann, *The American Journal of Comparative Law*, Vol. 13, 1964, p. 423.

② 艾伦茨威格在哥伦比亚大学获得法学博士（S. J. D.）学位时已经 46 岁。See A. Ehrenzweig, “Specific Principles of Private Transnational Law”, *Recueil des Cours*, Vol. 124, 1969, p. 169, “Biographical Note”.

法学院求学多年的经历，①艾伦茨威格成为了一位坚定的法律现实主义者，虽然他本人并不以此自诩。从其著述分析，艾伦茨威格的"法院地法说"在一定程度上不过是卢埃林、弗兰克等人的法律现实主义思想在冲突法领域的一次演练。他区分"书本上的法"和"行为中的法"，力求发现卢埃林所言的"真实规则"(true rules)；他将心理分析引入冲突法领域，同弗兰克一样试图从心理学角度揭示人们依赖虚幻理论的根源；他继承了早期比尔规则批判者的思想精髓，孜孜不倦地运用政策分析和规则细化重建冲突法大厦。可以说，不理解艾伦茨威格思想的法律现实主义品格，将无从把握其分析思路和结论。

作为一位学贯欧美法学的学者，艾伦茨威格在许多方面突破了美国冲突法学界的狭隘视野，将欧洲冲突法研究成果引入美国学者的思维。他的冲突法思想同德国学者维希特的"法院地法说"存在惊人的相似之处，甚至可以说就是维希特学说的美国版本。②不过，尽管在其思想内核中复活了维希特的理论，但艾伦茨威格作

---

① 艾伦茨威格在哥伦比亚大学获得法学硕士和博士学位。在法律现实主义运动中，哥伦比亚大学法学院始终是法律现实主义者的乐土。卢埃林从 1924 年起就在哥伦比亚大学法学院任教，直到 1951 年才辞职去芝加哥大学法学院。See W. Twining, *Karl Llewellyn and the Realist Movement*, London: Willmer Brothers Ltd., 1973, pp. 41-56, 104-112.

② 艾伦茨威格毫不掩饰自己对维希特的推崇及其思想同维希特理论的类似性。他称维希特为"一位杰出的法院地法的倡导者"，断定"维希特会同意本书中的理论"。A. Ehrenzweig, "The Lex Fori—Basic Rule in the Conflict of Laws", *Michigan Law Review*, Vol. 58, 1959-1960, p. 659; A. Ehrenzweig, *Private International Law: A Comparative Treatise on American International Conflicts Law, Including the Law of Admiralty, General Part*, Leyden: Sijthoff, 1967, p. 104. 马卡罗夫(Makarov)甚至称艾伦茨威格为维希特的复活。See F. Juenger, *Choice of Law and Multistate Justice*, Dordrecht: Martinus Nijhoff Publishers, 1992, p. 34, Note 223.

为一个美国冲突法学者所具有的渊博学识，使得他主要基于美国判例法建构自己的理论，他一生笔耕不辍地著述也使其理论更加丰满和深刻。① 下文将首先分析他如何运用法律现实主义解构以往的理论和制度，并借以寻找“真实规则”，然后分析法院地法在其学说中的核心地位和他关于适当法院的见解，最后对其学说的价值和缺陷作简要评析。

一、批驳普遍主义法学派与寻找“真实规则”

艾伦茨威格秉承了法律现实主义的批判风格，从宏大的历史视野批判包括比尔的既得权说在内的普遍主义法学派。他尖锐地

① 艾伦茨威格一生的主要研究领域为冲突法，但他同时在侵权和保险等实体法领域以及法理学和比较法领域也颇有成就。他在冲突法领域的代表性著述有：A. Ehrenzweig, “The Lex Fori—Basic Rule in the Conflict of Laws”, *Michigan Law Review*, Vol. 58, 1959 - 1960, p. 637; A. Ehrenzweig, “Lex Fori in the Conflict of Laws”, *Rocky Mountain Law Review*, Vol. 32, 1959 - 1960, p. 13; A. Ehrenzweig, “Choice of Law: Current Doctrine and ‘True Rules’”, *California Law Review*, Vol. 49, 1961, p. 240; A. Ehrenzweig, *A Treatise on the Conflict of Laws*, St. Paul: West Publishing Co., 1962; A. Ehrenzweig, “A Proper Law in a Proper Forum: A ‘Restatement’ of the ‘Lex Fori Approach’”, *Oklahoma Law Review*, Vol. 18, 1965, p. 340; A. Ehrenzweig, “A Counter-Revolution in Conflicts Law? From Beale to Cavers”, *Harvard Law Review*, Vol. 80, 1966 - 1967, p. 377; A. Ehrenzweig, *Private International Law: A Comparative Treatise on American International Conflicts Law, Including the Law of Admiralty, General Part*, Leyden: Sijthoff, 1967; A. Ehrenzweig, “Specific Principles of Private Transnational Law”, *Recueil des Cours*, Vol. 124, 1969, p. 167; A. Ehrenzweig and E. Jayme, *Private International Law: A Comparative Treatise on American International Conflicts Law, Including the Law of Admiralty, Special Part*, Leyden: Sijthoff, 1973; A. Ehrenzweig, *Conflicts in a Nutshell*, 3rd Edition, St. Paul: West Pub. Co., 1974（本注释中论文的页码均为起始页码——笔者注）。

指出，冲突法领域之所以一直争议不断，是因为不少学者信奉法律冲突的普遍主义解决方案和“形而上学的法律选择规则”，这导致了冲突法的神秘莫测和种种幻想甚至“噩梦”：

> 法律选择的神秘，对于我们或任何人的法律并非必要，它是两大幻想的副产品：19 世纪国际主义者的梦想——它曾一度设想通过在新世界共同体中分配政治、司法和立法“管辖权”来拯救这个世界；重述者 20 世纪的噩梦——它曾一度通过所称的虚假概念的“福音书”，伴以附带的包含问题和答案的问答集，自称要解决现行法面临的问题。①

这种普遍主义的观念由来已久。从达让特莱几乎无所不包的“物法”，经过斯托雷的“国际”私法、萨维尼的法律关系的“本座”和英国的外国法创设的“义务”之类的原理，到霍姆斯法律思维的“第一原则”、比尔的“既得权”和《第一次重述》的“立法管辖权”，冲突法的普遍主义观念一直绵绵不绝。但这种思想依据的前提错误，使它只有在一种超国家的秩序中才具有存在的根基和效力；而在现代社会，这种根基和效力已经荡然无存。②

虽然在现代社会早已不存在这种超验的法律冲突解决方案的社会基础，但它一直不乏支持者的根源是人们对虚假理想的“情感

---

① A. Ehrenzweig, “Choice of Law: Current Doctrine and ‘True Rules’”, *California Law Review*, Vol. 49, 1961, p. 240.

② A. Ehrenzweig, “The Lex Fori—Basic Rule in the Conflict of Laws”, *Michigan Law Review*, Vol. 58, 1959 - 1960, p. 639.

需求”。就像在法理学界人们对法律形式主义的追捧一样，在冲突法领域，人们也一直“保留心目中对国际社会永久友好和谐的想象”，完全不顾及现实世界中各国分疆而治的客观现实和各国冲突法的实际使命。学者们建构的冲突法普遍主义理论正是回应了人们这一虚幻的需求。具体而言，法则区别学家相信一种超国家的秩序，这种秩序事先决定了什么法则为物法，什么法则为人法；胡伯遵循一种超国家的要求，每个国家应该对他国友好；萨维尼假定了一种超国家的原则，这个原则为每一个法律关系确立了本座；比尔、戴西和皮耶(Pillet)事先假定了一种超国家的标准，这个标准选定了一个权利被赋予的国家。甚至美国当代学者柯里、冯·迈伦、特劳特曼(Trautman)和里斯依然没有摆脱幻想，仍旧设想了一种超国家的方案，根据这类方案，特定国家对某类案件具有“兴趣”、表示“关心”或具有“关联”。①

这种反常的冲突法思想引导人们混淆“书本上的法”和“行为中的法”。学生们在课堂上学到的是学者们用拉丁语表示的准据法公式，如合同订立地法(lex contractus)、合同履行地法(lex solutionis)、婚礼举行地法(lex celebrationis)、侵权行为地法(lex loci delicti)、立遗嘱地法(lex loci testamenti)。在美国《第一次重述》中，也存在这类用英语表示的对应公式。但等到学生成为律师执业之后，如果审视法学教授的教导，他会吃惊地看到实际生活并非如此。

---

① A. Ehrenzweig, “Specific Principles of Private Transnational Law”, *Recueil des Cours*, Vol. 124, 1969, pp. 269-270.

> 他会发现法官经常开始礼貌地倾听博学的争辩，最终同样礼貌地适用他本地的法律。法官可以无需解释直接这样处理，或使用其他的拉丁词组比如法院地法(lex fori)，寻求或不寻求借助于法院提炼出的一种或多种方法，来规避违背常识和难以忍受的教条的重担。①

按照比尔的错误理论制定出的《第一次重述》也必然漏洞百出，无法反映真实的涉外审判实践和"行为中的法"。他甚至称《第一次重述》为"法律误述"(misstatement of the law)，并认为"《第一次重述》在带领我们通过一片未知的海洋时，几乎将我们带到灾难的边缘……"。②

正确地界定问题是解决问题的前提，艾伦茨威格强调尝试要研究的并不是"法院应当做什么；而是他们一直做了什么"③，即摆脱普遍主义法学的幻想，按照卢埃林的指引努力寻求美国冲突法领域的"真实规则"。他带着抒情的笔调得意地宣布他所发现的冲突法学者的真正使命：

> 一次崭新开始的时机已经成熟，带着老船员的信心、领航员的经验和探索者的勇气，探索包含在法院实际判例中的鲜

---

① A. Ehrenzweig, "Lex Fori in the Conflict of Laws", *Rocky Mountain Law Review*, Vol. 32, 1959－1960, p. 13.

② A. Ehrenzweig, "Choice of Law: Current Doctrine and 'True Rules'", *California Law Review*, Vol. 40, 1961, p. 249.

③ A. Ehrenzweig, "Specific Principles of Private Transnational Law", *Recueil des Cours*, Vol. 124, 1969, p. 216.

活法律，探索冲突法的真实规则。①

探寻“真实规则”的努力体现了艾伦茨威格研究的本土化特色。这不仅表现在他运用了美国本土的法理思想——法律现实主义的理念和思路，而且表现在他对美国法院创立规则的信心。尽管美国学者时常为“糟糕的理论和用语所困扰”，但美国“训练有素和缺乏训练的法院已经在他们独特的实验室里提出了许多法律选择‘真实规则’”，这些“真实规则”将使美国学者从搜寻超验规则的错误思维中解脱出来。②

“真实规则”存在于何处？作为一位法律实证主义者，艾伦茨威格全面考察了各种冲突法的法律渊源。但他失望地发现，在美国签订的条约和联邦宪法中很少有关于冲突法的规定；自从美国联邦最高法院判决“克莱克森案”之后，联邦法院在联邦层面上创建冲突法“通则”(general law)的目标也宣告破产。③ 美国冲突法最主要的来源是各州法院的判例。但是，先例中的规则能以明确

---

① “真实规则”(true rule)一词并非艾伦茨威格独创，而是他对卢埃林“关于阅读和运用更新颖的法理学”一文用语的直接引用。艾伦茨威格大段引用了卢埃林的原话来显示对卢埃林精彩论述的推崇，并借以揭示“真实规则”的含义：“它关注真正的问题；它列明事实；用这种方式表述它有助于你更准确地预见什么将要发生；它帮助法官更清楚该做什么以及为什么。它就是这种情况中的‘真实规则’。”A. Ehrenzweig, “Choice of Law: Current Doctrine and ‘True Rules’”, *California Law Review*, Vol. 49, 1961, p. 250. 卢埃林这段原话出自 K. Llewellyn, “On Reading and Using the Newer Jurisprudence”, *Columbia Law Review*, Vol. 40, 1940, p. 608。

② A. Ehrenzweig, “Choice of Law: Current Doctrine and ‘True Rules’”, *California Law Review*, Vol. 49, 1961, p. 241.

③ Klaxon Co. v. Stentor Electric Manufacturing Co., 313 U. S. 487, 61 S. Ct. 1020, 85 L. Ed. 1477 (1941). 该案将“伊利案”(Erie)中的原理引入冲突法，要求联邦法院在涉及多州居民的诉讼中适用所在州的冲突法。

和写实的方式表达出来的也非常罕见。如何从复杂的先例中发现规则呢？这时，艾伦茨威格的法律现实主义立场发挥了作用。他认为，有许多问题能够而且必须采用将重要判例公式化的方式解决。不需要借助于先前的冲突法理论，通过现实主义方式分析事实、政策和法院裁判之间的关系，就能够而且必须寻求和找到这种解决方案。在美国，这种方法已经普遍地成为应用司法判例的实质。①

通过梳理美国法院的判例，艾伦茨威格找到了一些"真实规则"。尽管存在例外，但下列冲突法规范可以从先例和原理中归纳出来：土地纠纷适用物之所在地法，婚姻有效性适用婚姻缔结地法或属人法，动产继承适用属人法，一般性地肯定当事人法律选择的效力等。② 除了这些定型(formulated)的"真实规则"外，还有一些尚在雏形(non-formulated or inchoate)中的"真实规则"。对于儿童监护，尽管美国的法院在名义上依然根据管辖权判决是否承认外国的监护权决定，但其实法院通常支持父母获得监护权。对于合同，尽管美国法院以各种理论的名义适用合同缔结地法、合同履行地法或最重要关系地的"适当法"，但其实美国法院通常支持根据存在任何合理联系的法律有效的合同。对于侵权，法院在实践中将侵权区分为惩戒性侵权案件和赔偿性侵权案件。③ 在总结法院判例时，艾伦茨威格还特别强调排除"无冲突"(non-conflicts)的

① A. Ehrenzweig, *Private International Law: A Comparative Treatise on American International Conflicts Law, Including the Law of Admiralty, General Part*, Leyden: Sijthoff, 1967, p. 89.

② A. Ehrenzweig, "Specific Principles of Private Transnational Law", *Recueil des Cours*, Vol. 124, 1969, p. 204.

③ Ibid., pp. 208-209.

情况,这既包括法院地的实体法明确界定了本地法必须适用的情形,也包括有关法域的法律适用结果相同的情况。在《冲突法专论》一书中,他通过研究接近一万个所谓的"冲突法"判例,发现至少9/10宣称依赖权威作出的判决涉及的只是这类虚假冲突(false conflict)。在这类案件中,许多司法界确立的规则应当被忽略掉,因为这类规则没有效力,因此也并不"真实",原因是宣告这些规则的判例并未提出真正的法律冲突问题。①

在总结"真实规则"时,艾伦茨威格指出要格外关注冲突法的一个特殊功能,这就是对"较好法"的促进。尽管法院对法律的解释经常模糊不清,甚至相互矛盾,但其往往选择所偏爱的较好规则,以推动对陈旧过时法律的变革。这种现象与普通法的传统相吻合,因为"普通法的真正成长建立在对竞相适用的原则之间的选择上"。采用"较好法"通常借助细微区分先例和手头案件差别的办法,这种应用法律的技巧在涉外案件中更容易被采用,因为涉外案件比国内案件采用的规则更加灵活。艾伦茨威格发现,为了避免适用过时的规则,"通过创立法律选择的细则,冲突法成为了一种对现有规则表达司法界不满的独特工具。"②

为了正确理解"真实规则",艾伦茨威格主张应该严格划分"实然法"与"应然法"之间的界限,厘清理论和法律之间的关系,避免学者们常犯的将理论与法律相混淆的错误。在身份和所有权方面,已经存在许多法律选择的定型规则(formulated rules)。对于这些规则,学术探讨局限于应然法层面。在其他领域,尤其是合同

① A. Ehrenzweig, "Specific Principles of Private Transnational Law", *Recueil des Cours*, Vol. 124, 1969, pp. 205-206.

② Ibid., pp. 210-213.

与侵权领域，定型规则还非常罕见。对于这些人们期望的以及现有的冲突法，人们最好从一般趋势去理解，如支持合同、遗嘱、信托的有效性，或对于企业侵权责任考虑损失的"可否预见以及可否保险"(calculability and insurability)。只有在这些领域，才有必要和余地去用新的眼光和经验重新审视理论的价值，不仅用它理解现行法，而且借助它探求应然法。无论对于定型的或非定型的"真实规则"，先验的冲突法理论都无需置喙其实然性；无论这些理论承认与否，都不会影响这些规则在实践中的效力。只有在寻找两种"真实规则"的努力都宣告失败时，学者们的理论——包括艾伦茨威格自己的主张才会大有用武之地，学者们可以探讨各种可行方案以便供法院在解决具体案件时作有益参考。[①]

在创建引导"真实规则"形成的冲突法理论中，规则细化和政策分析是必不可少的工具。把各种情况区分开来并清醒地意识到决定成长中法律的政策，这是冲突法研究者们的"令人着迷的任务"。比如侵权实体法还在强调对侵权人的惩戒，好像责任险没有将侵权人解脱出来，好似保险没有将传统的侵权法分为两部分：一种适用惩戒性的政策，另一种采用赔偿性政策。但冲突法学者们应该看到即将到来的新法律，对侵权适用两种不同的冲突规则。再比如对于合同，实体法依然强调当事人通过要约和承诺达成的合意，好似这类合同——租约、保险单、运单——的绝大部分不是有一方在空白的地方直接签字。事实上有两类不同的合同：一类是传统上的平等主体之间的合同；另一类是格式合同。但是冲突

① A. Ehrenzweig, *Private International Law: A Comparative Treatise on American International Conflicts Law, Including the Law of Admiralty, General Part*, Leyden: Sijthoff, 1967, pp. 25, 90.

法学者们要预见到法律的发展趋势，并对两种不同的合同适用不同的冲突规则。[1] 只有细化的规则才能更准确地体现出相关实体法领域的政策取向，因此，传统的宽泛冲突规则不在“真实规则”之列。比如，有关合同全部过程和类型的合同缔结地法，有关侵权全部过程和类型的侵权行为地法，有关动产继承全部过程和类型的住所地法。[2] 由于规则细化需要准确掌握每个具体实体法领域的政策取向，这是冲突法学者难以承受的艰难任务。艾伦茨威格因此极端地主张，冲突法无法作为一个独立的学科存在，“它其实只是国内法每一个分支的特别部分”[3]。

艾伦茨威格发现，“真实规则”指引适用外地法的情形毕竟是少数，最突出和重要的现实是法院经常将适用本地法作为“基本规则”(basic rule)而采用：

> 在日常的法律生活中，法院和律师即使在包含所谓涉外因素的案件中一直并将始终适用他们自己的法律——除非在特定的非常罕见而且容易确定的场合才会被迫反其道而行之。[4]

正是基于这一观察结论，艾伦茨威格将法院地法置于其理论

---

① A. Ehrenzweig, “Lex Fori in the Conflict of Laws”, *Rocky Mountain Law Review*, Vol. 32, 1959 - 1960, p. 18.

② A. Ehrenzweig, “A Proper Law in a Proper Forum: A ‘Restatement’ of the ‘Lex Fori Approach’”, *Oklahoma Law Review*, Vol. 18, 1965, pp. 341-342.

③ A. Ehrenzweig, “Lex Fori in the Conflict of Laws”, *Rocky Mountain Law Review*, Vol. 32, 1959 - 1960, p. 14.

④ Ibid.

的核心地位，并以“适当法院”弥补这一主张的缺陷。

二、法院地法与适当法院

法院地法在艾伦茨威格的理论中居于核心地位，他的学说也因此被称为“法院地法说”。他认为，毋庸置疑，在大多数或许所有的国内法中存在少量的“真实规则”，但这类规则少得可怜，即使在成文法国家也是如此。至于那种条约或国际习惯中或宪法中超国界的规则或超级法(superlaw)就更少了。在缺乏国内规则和超级法的情况下，对法院地法和外国法的选择只能基于对法院地实体法的解释。只有在法院地法中发现一个涉外事实的相关性，才存在“国际”问题，才存在要求和允许通过法律选择解决的“抵触”或“冲突”。如果对法院地实体法的解释并不能发现涉外事实的相关性，法院地实体法作为“非选择的情况”予以适用，这时并不存在国际私法或冲突法问题。这种情况包括法院地的政策、国际公共政策、问题的“重新定性”、法院地的正义标准或当事人的自治排除考虑外国法。① 这意味着将适用法院地法作为基本规则考虑，不仅可以大大降低法律冲突的数量，而且还可以改变人们对法律冲突性质的认识。过去人们认为，只要是涉外案件就存在法律冲突；而根据艾伦茨威格的观点，只有对法院地的实体法解释指向外国法时，才会出现真正的法律冲突。

适用法院地法作为基本规则不仅是艾伦茨威格观察法院审判

① A. Ehrenzweig, “Specific Principles of Private Transnational Law”, *Recueil des Cours*, Vol. 124, 1969, p. 182.

实践的结果,也是他总结冲突法学说史得出的结论。在冲突法最早诞生的意大利,中世纪的宗教法学家和由巴尔顿尼(Jacobus Balduini)、德·鲍比欧(Ubertus de Bobio)为首的世俗法学者提出在法院地签订的合同适用法院地法;反之,在外国签订的合同适用外国法。同样,对于本地人在国外订立的遗嘱,如果符合法院地法或外国法,法院即认为有效。这些冲突规则,并没有替代法院地法,只是补救其不足。早期的意大利注释家们一般认可法院地法的优先效力,围绕法院地法的效力分析来到法院的外国人或在外国的法院地人的法律适用问题。巴尔顿尼曾仅仅要求法院"审视"(inspect)合同订立地法的习惯规则。巴托鲁斯(Bartolus)和巴尔杜斯(Baldus)使用了同样的用语。① 美国不少学者对外国法作用的错误认识同比尔的翻译错误有关。比尔在翻译巴托鲁斯的著作时犯了不少错误,其中最严重的是把巴托鲁斯的全部构想看成建立有关外国"支配性"法律("governing"laws)的理论。其实,巴托鲁斯只是提醒读者在某些情况下"留意"(look to)外国的法律,如合同签订地或履行地的法律。② 杜摩兰(Dumoulin)或许可被视为意大利学派最后一位拥护者。相对于同时代的人,他看似是一位把适用法院地法作为基本原则的赞同者。不仅早期的冲突法学者主张法院地法的基础地位,甚至到了冲突法普遍主义甚嚣尘上的19世纪,依然有不少学者坚持这一正确主张,其中的杰出代表是维希特。他或许是13世纪以来第一次有意和明确地将法院地法

---

① A. Ehrenzweig, "The Lex Fori—Basic Rule in the Conflict of Laws", *Michigan Law Review*, Vol. 58, 1959-1960, pp. 648-649.

② A. Ehrenzweig, "Beale's Translation of Bartolus", *The American Journal of Comparative Law*, Vol. 12, 1963, p. 384.

置于理论中心的人。为了避免实践中的难题，他也归纳了一些适用外国法的情形。但是，所有适用外国法的情况总是要受制于适当考虑优先适用法院地的强制性规则。同维希特一样，萨维尼明确而肯定地反对“既得权”的逻辑循环，并因此赞同法院地法作为冲突法的根源。[①] 在冲突法学说发展史上，将法院地法作为法律适用的例外这种做法是反常现象。在世界范围内，这种学术反常的最新形式是国际法学派或普遍主义的思想。但是，当前已经出现排斥这种错误思想的潮流，这将有助于抛弃这些学术思想和重新将适用法院地法定为基本规则。[②]

将适用法院地法作为基本规则可以让律师更准确地预测法院的判决，使冲突法具有真正的确定性。虽然比尔将法律适用的确定性作为《第一次重述》的首要目标，但是艾伦茨威格的仔细研究表明，经常引用《第一次重述》的法院其实并没有接受多少其中的建议。[③] 法官经常性地运用识别、公共秩序等例外手段达到合理结果，最终使冲突法的确定性和判决一致性的实现变得遥遥无期。但是，适用法院地法能更好地实现法律确定性。原因在于，一方面它能将法院从运用富有争议且不确定的方法以达到符合当地法正义的困境中解脱出来；另一方面从法院地法这个基本规则下推导出的例外原则能做到符合法院地的政策，如适用使合同有效的规则，对关于赔偿的侵权案件适用合理投保的法律，对关于惩戒性的

---

① A. Ehrenzweig, “The Lex Fori—Basic Rule in the Conflict of Laws”, *Michigan Law Review*, Vol. 58, 1959 - 1960, pp. 650-660.

② Ibid., p. 644.

③ A. Ehrenzweig, “A Counter-Revolution in Conflicts Law? From Beale to Cavers”, *Harvard Law Review*, Vol. 80, 1966 - 1967, p. 379.

侵权适用行为地法，以及对来自同一州的居民之间的争议适用其住所地的法律。①

将适用法院地法作为基本规则不仅可以带来法律适用的确定性，而且可以减少甚至消除冲突法独特制度发挥作用的空间。正是由于接受了比尔的既得权说这类超级法思想以及据此推导出的规则，适用这些规则难以取得个案公平的结果，法官才不得不求助于法律选择的独特制度——反致、公共秩序、法律规避等。艾伦茨威格并不完全排斥反致制度，但反对基于并不存在的超级法将其作为冲突法的一般原则。虽然取得判决一致作为反致制度存在的理由在美国已经获得准官方的认可，但这种目标作为一种理想从未在现实中实现过。接受反致制度，将其作为冲突法基本原则之一不是基于取得判决一致性的愿望或避免曲解外国法；偶尔要求适用反致制度这种做法背后的政策是服从于外国的主权权威。反致是由于温格勒(Wengler)所说的将法律关系"附条件分配"到外国法的失败。如果这个条件是某外国具有适用自己法律的意愿，但是在某个具体案件中恰好该国不想适用本国法，那么法院就无须服从外国法，而只需适用自己的法律。对于先决问题，他认为没有"一般原理"能够帮助作出决定，只有对法院地法个别地解释才能解决问题。只有在一种情况下，所谓的先决问题才自然适用外国法，这就是当法院地或外国的裁判规则要求把它作为事实材料时。公共秩序不应被视为冲突法的一般原则，它只不过承担了消除传统冲突规则缺陷的消

---

① A. Ehrenzweig, "Lex Fori in the Conflict of Laws", *Rocky Mountain Law Review*, Vol. 32, 1959-1960, p. 15.

极功能。随着侵权行为地法逐渐被废弃，公共秩序在侵权冲突法中也正变得没有必要。法院不需借助公共政策，而只需依靠案件与法院的连结点就可适用自己的法律。随着在合同领域采用非常灵活的“适当法”方法，法院可以不需要借助公共政策这个“拐杖”就可实现适用自己法律的目的。一旦法院意识到适用外国法不是超级法的要求，法律欺诈这一理论就变得可有可无。法院需要做的只是重新解释遭到滥用的冲突法，排除通过欺诈方式获得的连结点。[①]

艾伦茨威格特别指出，将适用法院地法作为基本规则，只不过在于恢复法院地法的本来地位，并不是完全排斥外国法和冲突法正义；相反，外国法还可以光明正大地得到更多的适用机会。

他在撰文中多次提出[②]，并在海牙演讲中再次声明，对法院地法的强调“应该是加强而不是减少人们所希望的实际适用外国规则的频率”[③]。过去看似目标远大的普遍主义规则，其实并没有减少法官适用本地法的机会。“法院地法说”所做的不过是让“法院将它们在过去几百年间其实一直偷偷地和下意识地采用的做法公

① A. Ehrenzweig, “Specific Principles of Private Transnational Law”, *Recueil des Cours*, Vol. 124, 1969, pp. 239-249.

② 比如艾伦茨威格在1960年的一篇论文中指出：“将法院地法作为基本原则，同时将传统的冲突规则降到适合于特定案情的例外位置，这种安排不会实质性地改变它们的范围和内容。物之所在地法、行为地法和属人法，而不是法院地法，将被用以更好地实现冲突法正义。但是，法官不必再依赖定性、反致或公共政策来论证其对当地或外地适当法的偏爱，在每一种新案情下适用外国法必须按照其认为合适的标准加以确定。”A. Ehrenzweig, “The Lex Fori—Basic Rule in the Conflict of Laws”, *Michigan Law Review*, Vol. 58, 1959-1960, p. 643.

③ A. Ehrenzweig, “Specific Principles of Private Transnational Law”, *Recueil des Cours*, Vol. 124, 1969, pp. 258-259.

开化和自觉化”①。对于“法院地法说”未免过分狭隘的指责，他特意在海牙演讲时为自己辩解道：

> 我建议过，在没有超级法或确定的法律选择规则时，适用外国规则的起点不能看一般的原则，而应看对法院地具体实体规则的解释。当采用这种方法时，法院能够而且必须清楚地表明法院地的那些政策，那些政策促使他们适用特定的外国规则而不是法院自己当地的法律。这种“跨国”(transnational)方法因此避免了“一般原则”的过分概括，这种过分概括迫使人们造出同样过分概括的例外。因此，这种方法会比虚伪的国际主义带来更频繁和更理性地适用外国的规则。国际主义纯粹是乌托邦，它在实际效果上要比完全现实主义的、冷静的跨国主义更经常地表现出“狭隘性”。②

虽然与柯里的“法律适用兴趣分析说”同样将法院地法作为出发点和落脚点，但艾伦茨威格强调自己的理论与柯里的学说有本质的不同。艾伦茨威格根据对法院地法实体政策的分析决定外国法适用与否，而柯里却主张分析外国的法律适用兴趣。柯里反对比较“法律适用兴趣”的大小，但艾伦茨威格认为这与实际不符，美国联邦最高法院经常比较“法律适用兴趣”的大小。柯里宣称只要法院地州对法律适用存在“兴趣”，就应适用法院地法。艾伦茨威

① A. Ehrenzweig, “Choice of Law: Current Doctrine and ‘True Rules’”, *California Law Review*, Vol. 49, 1961, p. 241.

② A. Ehrenzweig, “Specific Principles of Private Transnational Law”, *Recueil des Cours*, Vol. 124, 1969, p. 259.

格认为这与他追求的目标——"最终促进而不是减少外国法的实际适用"——大相径庭。① 总之，柯里的理论同柯里本人所反对的比尔既得权说一样假定了一种并不存在的超级法，这种超级法决定特定法域的兴趣是否相关。②

针对"法院地法说"将导致"挑选法院"的批评，艾伦茨威格提出了将"不方便法院原则"(doctrine of forum non conveniens)改革成"方便法院原则"(doctrine of forum conveniens)，即为了让法院更适当地适用本地法，法院的管辖权应当是适当的。他发现，美国宽泛的管辖权制度和宪法的宽松限制容易导致"挑选法院"现象。美国关于属人管辖的法律允许法院对临时过境的被告也可行使管辖权，这使得原告挑选法院的问题尤其显得尖锐。即使在联邦法院层面，将案件移交到更适当的法院通常也无法保证不适用不适当的初次受理案件法院当地的法律。但他首先指出，这一问题并非像看上去那样严重。对于企业作为被告人的案件，尽管宽泛的管辖权法律使得它们面临全国或国际范围内的法院挑选，但它们一般不应抱怨。原因在于，作为原告的顾客或第三者通常选择在他们本国起诉，而这些国家正是企业从事经营或获得利润的地方；原告在本国获得有利的法律适用，不会给企业带来伤害。企业毕竟"能够合理预见到它可能受制于这类地方法律的约束，并能够从财政上应对这种可能性。不存在令人惊讶的因素"。比较复杂的问题是对个人被告临时过境的管辖。即使运用不方便法院原

① A. Ehrenzweig, "Choice of Law: Current Doctrine and 'True Rules'", *California Law Review*, Vol. 49, 1961, pp. 245-247.

② A. Ehrenzweig, "Specific Principles of Private Transnational Law", *Recueil des Cours*, Vol. 124, 1969, p. 252.

则，仍有部分案件不能移转到适当的法院，在这些案件中适用法院地法将导致不公平。但是，从判例集中很少看到滥用管辖权的情况。而且，挑选法院只是存在于少数领域。即使当事人在没有预料到的法院诉讼，美国冲突法也已经在这些领域大部分情况中发展出“真实的法律选择规则”。物之所在地法以及在合同、财产转让、婚姻、婚生、信托和遗嘱领域的支持行为有效性制度都是典型的例证。侵权领域的共同本国法制度也正在形成之中。除了单方出庭要求离婚的案件，剩下的只是惩戒性侵权法或恢复原状（restitution）法中无法预料的责任问题。只有在这些领域，建立防止挑选法院的制度才确实必要，以便法院能恰当地适用当地的法律。对于因为“挑选法院”导致不公平的个别案件，通过“明智地运用不方便法院原则”可以避免困境的发生，这种原则将来有可能进一步发展成“方便法院管辖”的新法律，这种新法律将部分基于对挑选法律适当性的考虑。这种解决措施“看似唯一的补救方法，尽管不可否认它并不完美”①。

三、小结

在普遍主义或国际主义盛行多年的冲突法领地，艾伦茨威格的“法院地法说”容易引发误解和争议。为了避免和消除误解，在其晚年的海牙演讲中，他将最初的“法院地法为基本规则”（basic lex fori）修改为“法院地法为剩余规则”（residuary rule of the fo-

---

① A. Ehrenzweig, *Private International Law: A Comparative Treatise on American International Conflicts Law, Including the Law of Admiralty, General Part*, Leyden: Sijthoff, 1967, pp. 107-109.

rum)，并对自己的观点作了系统的归纳：

(1)法院地的实体法常常从属地角度被解释，作为一种无需选择的情况，适用于涉外案件。在没有要求法律选择的超级法时，这一表述不证自明。

(2)作为无需选择的情况，法院地法也适用于程序问题和对事实的解释，适用于道德价值，以及根据国际公共秩序或当事人同意适用法院地法。

(3)在缺乏超级法，比如条约或宪法要求时，法律选择是法院地法的一种功能。自从抛弃了国际主义者的概念主义，这一结论已经成了共同的根基。

(4)选择适用一条外国规则应当同将使用这一规则作为法院地判决规则的资料相区别。这种主张尽管还没有被普遍接受，但正在美国和其他地区得到认可。

(5)法律选择常常取决于定型的或非定型的立法或司法冲突规范，它们独立于任何理想化的冲突法理论，因此与当代的这类判断标准——如兴趣、关切(concerns)或关系(relationships)——无关。这一显而易见的观察结论好像被许多美国理论所忽略了，原因在于这样的事实：当代的理论探索几乎只与侵权冲突法有关系，这一领域由于企业责任面临的危机，现在缺乏确定的规则。

(6)在缺乏定型的或雏形的法律选择规则时，适用外国规则能够而且应当来自根据法院地法的政策对法院地实体规则的解释。这一论题只在以下方面背离了主流理论：它否认(法律选择)与外国的政策、兴趣和规则的相关性，除非对法院地规则的解释建立起那种相关性。

(7)如果这种解释不能导致适用外国规则,法院地的实体规则补充适用。①

可见,艾伦茨威格的"法院地法说"并非绝对地适用法院地的实体法而排除外国法的适用。他承认只要存在"定型的或非定型的立法或司法冲突规范"指向外国法的适用,就不得适用法院地法;在缺乏"真实规则"时,如果"根据法院地法的政策对法院地实体规则的解释"排除法院地法的适用,法院也应适用外国规则。但是,无论是"真实规则"还是"对法院地实体规则的解释"指向外国

① A. Ehrenzweig, "Specific Principles of Private Transnational Law", *Recueil des Cours*, Vol. 124, 1969, pp. 214-215 (Footnote and Cross-References Omitted). 艾伦茨威格在1960年的"法院地法——冲突法中的基本规则"论文和《国际私法(概论)》(第93页)中也曾对自己的观点作过系统归纳,基本观点大同小异。但他在1960年的归纳中包含了"适当法院"的思想:"(1)美国法院事实上在冲突法案件判决中几乎总是优先适用自己的法律,只有这种优先适用违背当事人意志或因为其他原因带来麻烦时才会适用外国法。由于当事人意思自治的例外已经被如此牢固地确立下来,以至于可以将其作为第二个基本原则。(2)将法院地法作为先定命题的例外这种相反做法,是冲突法历史上学术反常的遗产。在世界范围内,这种学术反常的最新形式是国际法学派或普遍主义的思想。当前对这种思想的排斥有助于抛弃这些学术做法和重新将法院地法定为基本原则。(3)有意识地承认这个基本原则将使我们努力集中在寻求国际和州际管辖权设计上,这种设计会根据法院与当事人或事实的实质性联系确保法院地法得到适用。(4)一旦查明适当的法院成为冲突法的主要目的,在宪法限制或国际公约没有规定的情况下,冲突规范会在以下两方面发挥主要作用:决定被告是否在法院地法下受到了公正待遇和法律适用兴趣要求替换法院地法。"A. Ehrenzweig, "The Lex Fori—Basic Rule in the Conflict of Laws", *Michigan Law Review*, Vol. 58, 1959-1960, pp. 643-645. 此外,为H. Kay教授讲课所需而撰写的对自己学说的综述,是他对自己学说的最后一次总结。这次总结加上了大量对批评者的反驳,篇幅较长。Scc R. Cramton, D. Currie, H. Kay, *Conflict of Laws: Cases-Comments-Questions*, St. Paul: West Publishing Co., 1975, pp. 303-305.

法的适用，都是“法院地法”的要求。这就回到了库克的“本地法说”的思路。对此，艾伦茨威格毫不掩饰对库克思想的继承，他认为他所做的一切是在沿着库克和劳伦森开辟的道路，增添了法院地法在法律适用中的“历史寓意”①。

他所增添的“历史寓意”并非自己的独创。艾伦茨威格“法院地法说”的核心思想几乎是德国学者维希特理论的翻版。② 或许由于自己在欧洲成长并受教育多年，也或者由于维希特生活的德国同艾伦茨威格时代的美国冲突法的状况不无类似之处，艾伦茨威格在多处一直不吝惜对维希特的赞誉。但他比维希特高明之处是将来自大陆法系的理论成功移植到美国，用于揭示比尔等人错误的超级法思想，并主要从美国判例法中发展出一套带有典型美国特色的冲突法理论。

---

① “确实，在库克和劳伦森的带领下，包括柯里、保尔森(Paulsen)、雷恩斯坦(Rheinstein)和安特马这些人，或许我该加上有些不同的奇塔姆(Cheatham)和斯道克(Storke)，他们可能不愿意被置于偶像破坏者之中被提及——至少不是我的标签——我们当代的冲突法教师们同意，将我们从近来的教条主义影响下充分解放出来的时机已经来到。我乐意添加的所有内容是这种解放将恢复历史的寓意。”A. Ehrenzweig, “Lex Fori in the Conflict of Laws”, *Rocky Mountain Law Review*, Vol. 32, 1959-1960, p. 16.

② 比较维希特晚年对自己理论的完整总结：“(1)毫无疑问(而且萨维尼也承认这一点)，对于在各国适用哪种法律的问题，各国自己的法律具有绝对的决定性；换言之，如果且只要我国法律规定了一个法律关系适用何种法律的问题——比如规定了在特定案件中法官应根据外国法裁判，或在特定涉外案件中根据我们的法律裁判，法官就必须因此照章处理。(2)如果我们的法律没有作出这样的决断，那么必须尝试从我们法律的精神以及法律的基本原则和法律关系的本质发现和确立这种决断，原因是这些因素是法官在其本国法出现空缺时一般情况下要据以考虑的。(3)但是，当法官从这些考虑因素中无法作出关于这个问题的决定时，那么一般原则开始发挥作用，即在存在疑问时，法官必须对涉外关系也适用其本国法。”C. Wächter, “Pandekten”, § 31, Translated by Nadelmann, *The American Journal of Comparative Law*, Vol. 13, 1964, pp. 427-428.

艾伦茨威格鲜明的法律现实主义立场使他的理论带有鲜明的批判风格。他观察法律现实的敏锐目光几乎批判性地去除了所有美国冲突法革命理论的光环。他指出柯里的“兴趣”和凯弗斯的“优先原则”以及莱弗拉尔的“影响法律选择的考虑因素”主要是谋求表述理想的规则，而不是阐释已有的规则；而里斯的“最重要关系”公式留下了至关重要的两个问题：哪个法律的联系是更重要的？肯定就没有优先选择一种法而不是另一种法的基础吗？① 甚至早期比尔规则的批判者提出的方案，即按照对当事人公平的原则进行个案分析，也不具有可行性，“是一种绝望的建议”②。虽然他对开创美国冲突法司法领域革命的纽约州上诉法院不乏赞扬，但同时对其立场的不坚定予以冷嘲热讽。他认为该法院的判决几乎体现了所有冲突法理论的内容，“狂热地从一个理论跳到另一个理论，就像一个变得过热的蹦豆。”如果该法院能坚定不移地采用“法院地法说”，那么它将“从耶林所谈的概念天国重新回到地面”。③

艾伦茨威格在20世纪60年代名噪一时。在纽约大学主办的上诉法院法官研讨会上，艾伦茨威格的著作“当然总是在小组讨论中被提及”，法官们不厌其烦地追问他到底采用了什么方法。④ 1964年冲突法学者们专门为探讨艾伦茨威格“适当的法和适当的

---

① A. Ehrenzweig, “A Counter-Revolution in Conflicts Law? From Beale to Cavers”, *Harvard Law Review*, Vol. 80, 1966－1967, pp. 381, 388.

② A. Ehrenzweig, “Choice of Law: Current Doctrine and ‘True Rules’”, *California Law Review*, Vol. 49, 1961, p. 242.

③ A. Ehrenzweig, “Specific Principles of Private Transnational Law”, *Recueil des Cours*, Vol. 124, 1969, pp. 227, 286.

④ R. Leflar, “Ehrenzweig and the Courts”, *Oklahoma Law Review*, Vol. 18, 1965, p. 367.

法院”思想举办了冲突法圆桌会议，《俄克拉何马法律评论》在1965年为此发行专刊。① 在这次圆桌会议上，雷恩斯坦称赞艾伦茨威格的《冲突法专论》是第一部运用“新法学方法”的全面冲突法专著。② 凯教授则称艾伦茨威格“作为律师、法官和教授的多种经历使得他的眼光具有不同寻常的深度”③。艾伦茨威格旺盛的创作热情和能力也使得其论述频频见诸多种国际学术期刊，并有多部著作出版，使其受到世界冲突法学界的广泛关注，并于1968年应邀到海牙国际法学院演讲，介绍自己的“法院地法说”。④

艾伦茨威格的睿智和锋芒在其著述中随处可见，但其理论的缺陷也昭然若揭。正如卢埃林坦陈的法律现实主义是不完整和存在缺陷的法理学一样，⑤主要运用法律现实主义创立的“法院地法

① 美国冲突法学界的知名学者柯里、凯弗斯、莱弗拉尔、雷恩斯坦、凯参加了这次圆桌会议，并发表了相关评论文章。B. Currie, “Ehrenzweig and The Statute of Fraud: An Inquiry into the ‘Rule of Validation’”, *Oklahoma Law Review*, Vol. 18, 1965, p. 243; D. Cavers, “Some of Ehrenzweig's Choice-of-Law Generalizations”, *Oklahoma Law Review*, Vol. 18, 1965, p. 357; R. Leflar, “Ehrenzweig and the Courts”, *Oklahoma Law Review*, Vol. 18, 1965, p. 366; M. Rheinstein, “Ehrenzweig on the Law of Conflict of Laws”, *Oklahoma Law Review*, Vol. 18, 1965, p. 238; H. Kay, “Ehrenzweig's Proper Law and Proper Forum”, *Oklahoma Law Review*, Vol. 18, 1965, p. 233(本注释中论文的页码均为起始页码——笔者注).

② M. Rheinstein, “Ehrenzweig on the Law of Conflict of Laws”, *Oklahoma Law Review*, Vol. 18, 1965, p. 242.

③ H. Kay, “Ehrenzweig's Proper Law and Proper Forum”, *Oklahoma Law Review*, Vol. 18, 1965, p. 236.

④ 这次的演讲内容于1969年出版。A. Ehrenzweig, “Specific Principles of Private Transnational Law”, *Recueil des Cours*, Vol. 124, 1969, pp. 167-370.

⑤ 卢埃林在晚年承认法律现实主义的主要立场——预测法官行为，并不适用于法官或普通公民，而只是针对律师或案件当事人；虽然不能说这是看待法律的“有害或错误的方式”，但它“是一种不完整的看待法律的方式”。K. Llewellyn, “On Reading and Using the Newer Jurisprudence”, *Columbia Law Review*, Vol. 40, 1940, p. 593.

说”同样是不完整和存在缺陷的冲突法理论。通过观察法律现实总结出“真实规则”无疑有利于指导法院涉外审判。但毕竟“真实规则”的数量有限，这时艾伦茨威格给出的处方是分析法院地实体法政策。但是主要着眼于国内争议创制的国内法是否存在解决涉外争议的灵丹妙药呢？艾伦茨威格的答案值得怀疑。既然国内实体法存在相应的实体法政策，为何冲突法领域不能有自己独特的冲突法政策呢？艾伦茨威格反对学者们对定型的“真实规则”品头论足，但是从理论上分析现行法的不足，进而提出改进措施未尝不可。同时，“在缺少诉讼时，定位于法院的方法不能提供有关法律选择的裁决”①。这意味着，只要没有充分的判例资料，冲突法的完整体系就永远是空中楼阁。此外，“法院地法说”存在内部矛盾。艾伦茨威格一方面主张分析判例法总结出“真实规则”，另一方面他又没有提出任何创建“真实规则”的方案，而其分析法院地实体法的方法几乎无从产生“任何法律选择规则”。② 那么，“真实规则”难道是天外来物吗？可见，艾伦茨威格的“法院地法说”同库克的“本地法说”具有类似之处，一方面轻松地焚毁了“智慧花园”里的杂草，另一方面人们急需的新作物却依然遥不可及。

总体而言，艾伦茨威格在司法界和学术界的影响有限。莱弗拉尔仔细阅读了八个最重要的判例，检视法院在何种程度上采用他的理论。结果有些令人失望。法官很少遵循单一的理论，他们在判决中会从各种渊源中寻求表面上的证据。法官很随便地引用

---

① M. Davies, S. Richetson and G. Lindell, *Conflict of Laws: Commentary and Materials*, Sydney: Butterworths, 1997, p. 34.

② E. Scoles, P. Hay, P. Borchers and S. Symeionides, *Conflict of Laws*, 4th Edition, St. Paul: Thomson/West, 2004, pp. 41-42.

艾伦茨威格的著述，正如艾伦茨威格有时同样随便地引用法官们的判例。律师们采用同样的方式引用艾伦茨威格的著述，目的是为了影响法官。[①] 在学术界，今天的学术著作中已经很少见对"法院地法说"的介绍，开始详细介绍其学说的著述后来也改变了做法。[②] 这或许由于艾伦茨威格著述中时常可见的拉丁语、法语、德语词汇令不少美国学者望而生畏，也可能由于其学说显而易见的缺陷和欧式风格让美国学者避而远之，以致艾伦茨威格在欧洲的声望超过了他在美国的影响。[③]

尽管毁誉参半，艾伦茨威格仍不啻为美国冲突法革命中的领军人物之一。他的渊博学识和深刻见解有助于我们加深对欧美冲突法理论和实践的认识，他基于法律现实主义主张的政策分析和规则细化也可以成为我们创建新规则的有益参考。因此，莱弗拉尔对艾伦茨威格的评价值得肯定，他认为，在比尔理论和规则大厦倒塌后的一片混乱之际，艾伦茨威格并没有尝试刻画出"乐土的清晰图景"，而只是努力朝着他认为正确的方向摸索而已。[④]

---

① R. Leflar, "Ehrenzweig and the Courts", *Oklahoma Law Review*, Vol. 18, 1965, pp. 369-372.

② 最典型的是凯和他人合写的判例法教材，在 1975 年的版本中对艾伦茨威格的学说详细介绍，但笔者在美国找到的晚近两版教材中，发现已经不见了该学说的踪影。See R. Cramton, D. Currie, H. Kay, *Conflict of Laws: Cases-Comments-Questions*, St. Paul: West Publishing Co., 1975, pp. 303-305.

③ 这一论断得到了笔者在美国访学时的指导教授彼得·海的赞同。他认为，其实艾伦茨威格和柯里的结论非常类似，但是美国学者不习惯艾伦茨威格大陆法系风格的论证方式。

④ R. Leflar, "Ehrenzweig and the Courts", *Oklahoma Law Review*, Vol. 18, 1965, p. 374.

第六章　从规则到原则

> 根据内容(即*实体法上*)判断是最好的法律,可能远不是*空间上*(即把法律放在发生于国外的情况中)最好的法律……因此,你必须乐于接受一种特别的*冲突法正义*,以有别于实体法正义。①

如果说凯弗斯在1933年的论文中主要运用了美国法律现实主义的已有成果,那么他在30多年后则从自己的实践经验和理论反思出发,在冲突法领域开始发展法律现实主义中的规则建构思路,探索规则细化的可行方案,总结法律选择的"优先选择原则"。

凯弗斯是美国冲突法革命中罕见的睿智先行者,他一生的冲突法著述虽然不多,但都入木三分且富有远见。他在1933年的经典之作——"法律选择问题批判"一文中系统梳理了先前的批判观点,提炼出了"法域选择规则"(jurisdiction-selecting rules)的经典概念,②成为美国冲突法革命的基石。在冲突法学界销声匿迹多

---

① G. Kegel, "The Crisis of Conflict of Laws", *Recueil des Cours*, Vol. 112, 1964, pp. 184-185(斜体为原文所加。——笔者注).

② See D. Cavers, "A Critique of the Choice-of-Law Problem", *Harvard Law Review*, Vol. 47, 1933-1934, p. 178.

年以后，[①]他以在密歇根大学法学院的库利(Cooley)讲座内容为基础于1965年推出了《法律选择过程》一书，将早期提出的规则和结果选择方法例示为"优先选择原则"，[②]力挽当时流行的个案分析和"较好法"思想的潮流，强调"冲突法正义"(conflicts justice)和"规则导向"，再次站到了冲突法革命的前沿，引领了冲突法发展的正确方向。

"优先选择原则说"是凯弗斯在观察和吸收了美国冲突法革命的理论成果后，对自己1933年所创"规则和结果选择说"的进一步发展。第二次世界大战后，各种冲突法新理论层出不穷。凯弗斯在深入分析了柯里的"法律适用兴趣分析说"、艾伦茨威格的"法院地法说"(lex fori theory)和莱弗拉尔的"较好法说"(better law theo-

① 凯弗斯长期担任罗斯福政府中的要职占用了他宝贵的冲突法研究时间。罗斯福新政吸收了许多法学教授参与政府管理工作，凯弗斯也位列其中。他每周两天在华盛顿从事行政工作，同时还担负教学工作，这使得他在1933年后的10年中几乎没有再研究法律选择问题。等到他1943年撰写对库克《冲突法的逻辑与法律基础》一书的评论时，他已经丧失了对批判比尔冲突法的兴趣。一直到了20世纪50年代后期，凯弗斯才从全力关注公法问题转到重新研究法律选择问题。柯里的"法律适用兴趣分析说"和《第二次重述》的起草激发了他重新审视自己在1933年论文中的立场和观点。See D. Cavers, *The Choice of Law*, *Selected Essays*, *1933 –1983*, Durham: Duke University Press, 1985, pp. xii-xiii, "Introduction". 凯弗斯身体力行法律现实主义方法，大力倡导从各种社会科学视角研究社会热点问题，这也在一定程度上分散了他对冲突法研究的热情和精力。在20世纪30年代初主编《法律和当代问题》期刊时，凯弗斯积极主持了由法学者、执业律师、官员和社会科学家参加的研讨会。当时新的社会问题层出不穷，他沉醉其中，对法律选择问题慢慢冷淡下来，开始怀疑冲突法理论是否那么重要。尽管学者们对《第一次重述》的批判取得重要进展，凯弗斯的论文被广泛引用，但这一切已经引不起他的兴趣。特别是第二次世界大战之后，凯弗斯自称成为了一个"疲倦的法律现实主义者"(tired realist)。See D. Cavers, *The Choice-of-Law Process*, Ann Arbor: The University of Michigan Press, 1965, p. 10.

② See D. Cavers, *The Choice-of-Law Process*, Ann Arbor: The University of Michigan Press, 1965, pp. xii-xiii, "Preface".

ry)等理论之后，肯定了这些理论中的合理成分。但他同时发现，自己在1933年论文中对法律内容的强调简直成了误解频生的根源，许多人因此将纯州内案件与涉外案件混为一谈，主张当法官面对相冲突的不同法律时，只需像对待州内案件那样，从中选择一个他认为在内州法意义上更好的法律即可；这样做他忘记了这不是一个州内案件，而是涉及两个州的案件。① 这种将"实体法正义"(substantive justice)和"冲突法正义"(conflicts justice)②混为一谈以及伴随的个案分析的做法引起了凯弗斯的深深忧虑，他唯恐不愿踏入"个案分析荒野"的法官会重回比尔规则的老路。因此，他示范性地提出了基于"冲突法正义"的"优先选择原则"。"优先选择原则说"并没有推翻凯弗斯早年提出的"规则和结果选择说"的立场和观点，而是对早期学说中模糊之处加以澄清，并对其具体运用方法加以演示论证，当然其中不乏超越和修正之处。

同早期的"规则和结果选择说"一脉相承，法律现实主义依然是凯弗斯建立"优先选择原则说"的法理根基。他对比尔规则的批判观点没有动摇，③因此，他坚决反对重回比尔规则的沉渣泛起；他

---

① See D. Cavers, *The Choice-of-Law Process*, Ann Arbor: The University of Michigan Press, 1965, p. 9.

② "冲突法正义"是凯弗斯从德国冲突法学者凯格尔演讲中借用的术语。D. Cavers, "Cipolla and Conflicts Justice", *Duquesne Law Review*, Vol. 9, 1970－1971, p. 360. 凯格尔在1964年的海牙演讲中率先明确提出区分"冲突法正义"与"实体法正义"。

③ 凯弗斯在1965年再次指出比尔规则无法保证公平的结果："毫无疑问，我的观点是，《第一次重述》主张考虑的法律选择规则并没有打算实现个案中的公平。不能被指望用来实现个案公平的规则在我看来，无论过去还是现在，都不是公平的规则。" See D. Cavers, *The Choice-of-Law Process*, Ann Arbor: The University of Michigan Press, 1965, p. 79.

继续主张从法院判例中观察和总结“行为中的法”，并作为此后法院判决的指南；[①]政策分析和规则细化依然是其新学说的底色。[②]

不过，经过多年对冲突法理论界和实务界乱象的观察和总结，凯弗斯修正了早期论文中规则细化的实现方案，并明确了早年提出的个案公平是要求判决符合“冲突法正义”而非“实体法正义”。在1933年的论文中，凯弗斯猛烈抨击了法域选择规则不顾及法律内容，无法保证个案公平。作为一种矫正方法，凯弗斯呼吁更细微地鉴别先例并从中提炼出一种新的法律选择规则。但20年之后，凯弗斯对自己的乐观主义表示了怀疑。的确，法官和学者逐渐与法域选择规则决裂，学界冒出了各种以个案分析为特色的法律选择方法。但它们并没有为法官的法律选择提供具有可操作性的原则。指导法官选择一种法律而不是另一种法律的准则少之又少。固然，在普通法国家，鉴别并采用这些准则是法官的职责，但是“优先选择原则”的理念是个新事物，法官对此知之甚少，于是凯弗斯亲自创制了一些“优先选择原则”作为示范。[③]这些“优先选择原则”只是阶段性和过渡性的，不排除将来演变为细化规则的可能。

① 凯弗斯在1965年的著作中埋怨其批评者没有注意其1933年论文中主张的根据法院判例逐渐总结出新的符合公平要求的规则、原则和标准。See D. Cavers, *The Choice-of-Law Process*, Ann Arbor: The University of Michigan Press, 1965, p. 78.

② 为了与柯里的“法律适用兴趣分析说”相区分，避免引起他人误解，凯弗斯在1965年其著作中将政策分析改成了“立法目的”分析，并主张属于虚假冲突或可避免冲突的先例最终可演化为适用范围狭窄的法律细则；对于主要用于解决“真实冲突”的“优先选择原则”，他也不排除将来随着人们认识的深化，将这些宽泛的原则进一步细化的可能。See D. Cavers, *The Choice-of-Law Process*, Ann Arbor: The University of Michigan Press, 1965, pp. 89-90, 137.

③ See D. Cavers, “Contemporary Conflicts Law in American Perspective”, *Recueil des Cours*, Vol. 131, 1971, pp. 151-152.

判断“优先选择原则”妥当与否的标准依然是“正义”，但此处的“正义”不是说纯粹国内法意义上的正义，而是“冲突法正义”。[1] 那么凯弗斯是如何完成从规则向原则转变的？他为何反对个案分析和“较好法说”而特别强调“冲突法正义”的价值取向？新学说的哲理基础何在？示范性的“优先选择原则”有哪些？应如何正确认识这些原则的价值？下文将对此作具体分析。

一、“优先选择原则说”的价值取向与哲理基础

“优先选择原则说”具有丰富的哲理内涵。不理解其价值取向和哲理基础，将难以理解凯弗斯的良苦用心和具体原则的内容，而理解这一学说的所有内容都离不开美国冲突法革命的宏观历史背景。简而言之，“优先选择原则说”的价值取向是建立在法律内容和目的分析基础上的冲突法正义，其哲理基础为罗尔斯(J. Rawls)的正义观。

(一)“优先选择原则说”的价值取向

在对法律内容和目的分析基础上的冲突法正义是“优先选择原则说”的价值取向，而这一价值取向是凯弗斯对几个相关方法和概念进行甄别和选择之后作出的明智选择。

1. 法域选择对(vs.)内容和目的分析

在发表了 1933 年的成名作之后，凯弗斯由于忙于罗斯福政府的事务性工作和法学研究新方法的倡导，对冲突法问题的探讨暂

---

① See D. Cavers, “A Critique of the Choice-of-Law Process: Addendum 1972”, *Harvard International Law Journal*, Vol. 17, 1976, p. 653.

时偃旗息鼓，在十年之后他评价库克的冲突法文集时甚至表现出了对冲突法既有理论的失望。凯弗斯的这种失望态度让饱受攻击的比尔规则的支持者如获至宝，他们误以为凯弗斯迷途知返，重新回到了比尔的法域选择阵营之中。① 凯弗斯对此予以澄清，表明自己一贯反对比尔规则的立场。他指出，《第一次重述》中比尔的法域选择规则因为过分概括，所以无法顾及相冲突法律的内容以及相应的法律目的。由于忽略了特定案件的案情和相关法律的内容及目的，比尔规则的运行效果并不理想。即使比尔所追求的判决一致性和确定性能够实现，这种忽视规则内容和适用结果的代价也未免过于高昂；更何况实际情况表明这种理想化的目标常常只是镜中花、水中月。凯弗斯早期主张个案公平就是为了反对比尔的规则，因为比尔规则使得个案公平全靠运气。② 凯弗斯欣喜地看到，不仅理论界普遍反对法域选择规则，而且在实务界背离比尔规则也已成为潮流。③

在坚持早期的“规则和结果选择说”的基础上，凯弗斯在具体分析相冲突法律的内容和目的方面吸收了柯里“法律适用兴趣分析说”的虚假冲突和真实冲突的分类，并将柯里所言的“表面冲突”(apparent conflict)称为“可以避免的冲突”(avoidable conflict)。他认为，如果通过解释相关法律的目的，发现只有一种法律通过适用于手头案件可以实现其立法目的，这种冲突就是虚假冲突。如

① See D. Cavers, *The Choice-of-Law Process*, Ann Arbor: The University of Michigan Press, 1965, p. 11.

② Ibid., pp. 65-66, 77.

③ 凯弗斯观察到，尽管纽约和加利福尼亚州是领头者，但背离《第一次重述》的判决也正在全国其他地方涌现。联邦最高法院在诠释《联邦侵权请求法》中鼓励各州挑战传统冲突法的新潮流。Ibid., p. 62.

果两种法律是相同的，或能带来同样的结果，这种冲突也是虚假的。有的案件中，法律冲突初看是真实的，但经过仔细分析，只有一种法律的目的与案情存在重要关联，而另一个法律的目的与之没有重要关系，这样法律冲突也可得以避免。在这类可以避免的冲突中，要求保护当事人正当期望的公平因素可能至关重要。同时存在这种情况，法院地法的术语和目的要求该法得到适用，或者外国法具有这种要求。① 但是对于真实冲突的解决，凯弗斯和柯里的观点出现了分歧，柯里主张适用法院地法，而凯弗斯主张依据“优先选择原则”选择法律。

2. 实体法正义对(vs.)冲突法正义

根据实体法正义选择法律主要体现在莱弗拉尔的“较好法说”。由于莱弗拉尔教授的倡导和新罕布什尔州首席法官凯尼森(Kenison)的实践回应，“较好法说”在司法界日渐流行。这种方法需要法官表明对法律内容的偏好，但凯弗斯指出，这种对法律好恶的表白并不是解决法律选择问题的“有原则的优先选择”(principled preference)，而是对法律选择问题的逃避，因为它将“较好法律规则”(better rule of law)混同于“较好的法律选择”(better choice of law)。凯弗斯承认在一些例外情况下，接受“较好法”是“难以避免的心理反应”，但不应鼓励这种趋势，更不应将“较好法”作为法官选择法律的正式考虑因素，其主要原因是国内案件同涉外案件存在本质不同。在国内案件中，法官选择较好的规则可以推动本国法的发展，而在涉外案件中，法官选择适用外国法并不是

① See D. Cavers, *The Choice-of-Law Process*, Ann Arbor: The University of Michigan Press, 1965, pp. 89-90.

因为要推动外国法的进步，而是因为案件与该外国存在更密切的联系。[①] 凯弗斯严厉指出"较好法说"带来的严重后果：仅仅依赖法官对某一法律规则的偏爱进行法律选择，等于废除了存在了几个世纪的冲突法学科。其实，凯弗斯早在1933年的论文中就不赞同法官依赖狭隘的地方观念判断相冲突法律的好坏，希望有更合适的法律选择方法减少法律好坏的观念在法律选择中的重要性。[②] 在1965年的著作中，他将这种更合适的法律选择方法明确定性为采用基于冲突法正义的"优先选择原则"。[③] 这种"优先选择原则"是规则导向的，但其实现方案却是原则而非规则。

3. 个案分析对（vs.）规则导向

在法院开始与《第一次重述》决裂，从故步自封的法律形式主义中突出重围后，它们需要新方法的指引，但冲突法学界的各种理论中缺乏具有操作性的可行方案。奇塔姆（Cheatham）和里斯教授考察了一系列的法律选择考虑因素，如适用的简便、协调州际和国际关系等，温格勒（Wengler）教授致力于论证"平等原则"（principle of equality），但这些原则只是抽象的目标，"所有这些目标都不错，但没有一个能为法官提供明确的指引，法官们必须在棘手案

---

① D. Cavers, "The Value of Principled Preference", *The Choice of Law, Selected Essays, 1933－1983*, Durham: Duke University Press, 1985, pp. 206-208.

② See D. Cavers, *The Choice-of-Law Process*, Ann Arbor: The University of Michigan Press, 1965, pp. 85-86.

③ 凯弗斯在晚年明确指出了"优先选择原则"的价值取向及其特征："在《法律选择过程》中，我提出了一系列的我所称的'优先选择原则'来例证一种方法，这种方法基于'冲突法正义'，能够为法院和评论家们所接纳，而不管在特定案件中一个原则是选择了法院地的实体法还是评论家们喜爱的一种法律。"D. Cavers, "The Proper Law of Producer's Liability", *The Choice of Law, Selected Essays, 1933－1983*, Durham: Duke University Press, 1985, p. 305.

件中遇到的相冲突法律之间作出选择。”不可否认,“保护当事人合理期望原则”能够提供这种指引,但条件是当事人的这种期望必须“能够查明、实际存在”,以及“合理”(legitimate)一词不会引发争议。艾伦茨威格教授主张适用于合同领域的“有效性基本规则”,但该规则只是反映了一系列的例外判例并仅仅适用于防止欺诈法这样的一个法律领域。《第二次重述》采用的“最重要关系”原则容易引发争议。“最重要关系”原则为法官提供了太大的自由裁量权,从而法官和律师都无从获得确定的指引。这种宽泛性和模糊性引发了许多学者的批评。① 缺乏可行的操作方案指引的法官,可能会忽视推理和确定性,不切实际地追求虚无缥缈的个案公平,过分强调判决的本地化基础,拒绝推动判决的州际或者国际的一致性,最终将冲突法带入“个案分析的荒野”,使冲突法具有的规则确定性和指引功能荡然无存。② 因此,凯弗斯提醒美国冲突法学者和法官“要避免滑入实质上毫无意义的个案分析的混乱之中”;美国面临的问题不是像柯里主张的那样去除一切法律选择规则,而是如何发展法律选择的规则和原则,使美国的法院不至于借助“卡迪正义”(cadi justice)解决争议。③

同其他法律领域一样,冲突法领域必须坚持规则导向,不然无

---

① See D. Cavers, *The Choice-of-Law Process*, Ann Arbor: The University of Michigan Press, 1965, pp. 206-208.

② Ibid., p. 14. 在1969年美国法学院联合会(AALS)冲突法圆桌会议上,凯弗斯再次表明对个案分析的反对态度。See D. Cavers, “The Value of Principled Preference”, *The Choice of Law, Selected Essays, 1933 -1983*, Durham: Duke University Press, 1985, p. 206.

③ D. Cavers, *The Choice-of-Law Process*, Ann Arbor: The University of Michigan Press, 1965, pp. 113, 121.

以实现冲突法正义。在彻底清算了比尔错误理论的遗产之后，美国冲突法学界的主流已经普遍接受了内容和政策分析。[①] 主流学者对于虚假冲突的简易案件大都观点一致，但对于疑难案件的解决，他们出现了分歧。凯弗斯主张，对于这类案件，“有必要发展出具有适当涵盖性的规则和原则”，“它们将决定服务于一种目的的这个州法何时应当优于服务于另一种目的的那个州法”，而“充分阐述的个案裁判是一种临时替代品”。[②]

出于对比尔规则的厌恶，人们一度将规则和个案公平相对立。凯弗斯认为，公平的规则和个案的公平之间其实并不矛盾，这种对立情绪只是人们一时的过激反应。人们一直想当然地认为法律规则能实现公平，以致很少提及公平的实现。但是，当一条法律规则在非正常状态下经常导致不公平的结果时，人们就变得异常警觉。这时，人们呼吁公平，公平成了一种紧急补救手段，一种在规则外追求的而不是在规则内实现的目标。因此，如果有人建议人们始终要追问“什么是特定情形下公平的要求”，这种人就都被怀疑成主张推翻所有规则的人。[③] 凯弗斯把这种对规则的怀疑和恐惧讽喻为一种“后视镜”(rearview mirror)心态，“看着它，我们能说出遇到过和躲避过的坑洼，因此警告法院小心，但就是不提供给它们

---

① 除了直接继承凯弗斯学说衣钵的柯里之外，凯弗斯罗列的采用内容和政策分析的学者还有：哈佛大学的弗罗因德，他或许是第一位主张从相关州的兴趣和政策视角解决法律选择问题的学者；此外还有莫里斯(Morris)、艾伦茨威格、汉考克(Moffat Hancock)、温特劳布、巴克斯特(William F. Baxter)、冯·迈伦、特劳特曼和布里格斯(Edwin W. Briggs)。See D. Cavers, *The Choice-of-Law Process*, Ann Arbor: The University of Michigan Press, 1965, pp. 91-92.

② Ibid., p. 122.

③ Ibid., p. 79.

前面路上的景象。”①

4. 规则对(vs.)原则

虽然详备的规则体系是冲突法发展的最终目标，但建立这套体系需要假以时日，绝非一蹴而就，原因在于凯弗斯所深刻意识到的法律冲突产生根源。冲突法发展史揭示了每个历史阶段的冲突法都是用于应对这一时期的特殊问题，因而打上深刻的历史烙印和文化特征。在美国，法律冲突主要起因于两大趋势：一是日益增加的管制法网络，它们在术语和适用范围上多种多样，尽管它们主要关于政府许可的要求，但对私人权利义务也有影响；二是各州的法律对现代科技带来的人身和财产损害风险反映不一，不同的安全措施、风险分配制度和执行这些措施的程序制度，伴随着人和科技产品的流动性增加，都是产生法律冲突问题的渊薮。② 只要这些实体法处于变易不定之中，相应的实体法政策短期内也难以统一，建立在内容和政策分析之上的可行冲突法规则同样无从一锤定音。

在实体法制度演变的历史洪流中，对于缺乏成文冲突法规定、同时无法认定为虚假冲突和可避免的冲突的问题，冲突法理论界尚缺乏统一的声音。在此背景下，提炼出为数不多的“优先选择原则”，这种方案比细化的冲突规则可能更容易推行。原因在于，由于“优先选择原则”的宽泛性，其适用概率会大大提高，而采用针对细微问题的冲突法规则的两个判例之间可能要经历漫长的间隔期；相应地，规则的完善机会将不如“优先选择原则”。这种暂时放弃规则的妥协方案体现了凯弗斯解决问题的现实主义态度，在实

① See D. Cavers, *The Choice-of-Law Process*, Ann Arbor: The University of Michigan Press, 1965, p. 215.

② Ibid., pp. 114-115.

现路径上修正了凯弗斯早年急于建立冲突法规则体系的莽撞做法。他坦陈，如果让他穿越历史隧道，回到 1933 年看待这些宽泛的优先原则，他无疑也会无法理解与赞同。但是，“优先选择原则”的方案并没有从根本上背叛凯弗斯 1933 年论文中的规则和结果选择理论，而是结合现实对其进一步地发展和完善。①

(二)“优先选择原则说”的哲理基础

凯弗斯对冲突法价值取向的认识经历了一个逐步深化和明确的过程。在 1933 年，他只是指出法律选择妥当与否的判断标准是“对诉讼当事人公平或相冲突的法律可能引发的更广泛的社会政策考虑因素”②。此处的“社会政策考虑因素”具体内容是什么，他当时并没有明示。在 1964 年为密歇根大学法学院所作的库利讲座中，他开始明确意识到设计“优先选择原则”必须考虑到涉外案件与州(国)内案件的本质区别，这种原则不仅能“包容相关各州相冲突的法律”，而且能“公平对待法律选择影响到的当事人”。③ 这种价值取向与凯格尔在 1964 年海牙演讲中提到的“冲突法正义”不谋而合，④但是凯弗斯的思想形成过程受到了

---

① See D. Cavers, *The Choice-of-Law Process*, Ann Arbor: The University of Michigan Press, 1965, pp. 113, 132-133.

② 凯弗斯在 1933 年谈到如何评判法律选择的结果时主张：“站在对诉讼当事人公平或相冲突的法律可能引发的更广泛的社会政策考虑因素的角度，按照与这个或那个法律联系的事件或交易中的事实情况，评价法律适用的结果……”D. Cavers, “A Critique of the Choice-of-Law Problem”, *Harvard Law Review*, Vol. 47, 1933－1934, pp. 192-193.

③ D. Cavers, *The Choice-of-Law Process*, Ann Arbor: The University of Michigan Press, 1965, p. 122.

④ 凯弗斯于 1971 年在一篇关于“西博拉案”(Cipolla)的评论中借用了凯格尔的“冲突法正义”一词。See D. Cavers, *The Choice of Law*, *Selected Essays*, *1933－1983*, Durham: Duke University Press, 1985, p. xiii, “Introduction”.

哈佛大学哲学教授罗尔斯正义观的影响。同时,法律的属地性和法律现实主义的动态法律观也是"优先选择原则"的重要哲理根基。

1. 无知之幕下的正义

罗尔斯教授基于一种纯粹假设的"平等的原初状态"提出了"作为公平的正义"观念。在"原初状态"下,没有人知道他的社会地位和实际优势,甚至不知道自己的价值观或"心理倾向"。在这种"无知之幕"(veil of ignorance)背后,各方约定的正义原则就不会偏袒一方,因为"无人能够设计有利于他的特殊情况的原则"。[①] 按照罗尔斯的正义观,优先选择的原则同样要摆脱狭隘的地方观念,应该有利于州际或国际秩序的维持,促进共同福祉;不仅考虑法院地州的法律和政策,而且包容其他州的法律和政策。

> ……联邦中的州或国际社会中的国家通过承认它们与其它州或国家共享的利益而追求共同福祉;在这一过程中,它们不仅要克制地主张自我的政策和法律,而且还要宽宏大量地接受其它法域不同的政策和法律。此外,这样做的法院可以

---

① 〔美〕约翰·罗尔斯:《正义论》,何怀宏、何包钢、廖申白译,中国社会科学出版社1988年版,第12页。凯弗斯在1965年的著作中引用了两句罗尔斯关于正义的论述。一是关于无知之幕下的正义观:"一项惯例如果符合下列原则就是公正的,所有参与者都可以被合理假定,当他们在同样处境下会相互提议或承认这种规则,而且在事先不知道他们自己特定境况的条件下就要求作出确定的承诺。"二是符合正义标准的自由观:"参与一项制度或受它影响的每个人都有同样的权利享受最大限度的自由,这种自由要与所有人的同样自由并行不悖。"See D. Cavers, *The Choice-of-Law Process*, Ann Arbor: The University of Michigan Press, 1965, pp. 130-131.

声称，它们的做法体现了哈佛哲学家约翰·罗尔斯在最近一系列文章中提出的公平正义观念。①

但是，罗尔斯的公平正义原则是由人们在“无知之幕”下共同作出并承诺遵守的，这只不过是一种理论假设，而“优先选择原则”是司法实践中运用的规则，在现实生活中不可能由各地的法院在无视当地利益的情形下协商达成协议。为此，凯弗斯对这种正义检测标准适当加以变通。他指出，虽然“优先选择原则”无法为各地法院事先共同接受，但它们应该具有易于为相关国家接受的特性。在具体做法上，寻求优先原则的法院应当在判决中清楚地表明自己的立场。这种表白“既能够证实它愿意在优先原则有利于其他国家时甘愿承认其他国家的法律要求，也能够在优先原则作为一种公正而明智的方案对其它法院具有吸引力时帮助这些法院的法官采用这种原则”②。

这就意味着，“优先选择原则”公平与否取决于原创法院的判断，难免打上地域特色的烙印。凯弗斯对此并不讳言，他认为各州法院在实现本州立法目的方面具有自主权，尽管这样做有时有损于联邦制度。③

在1970年的海牙演讲中，凯弗斯直言不讳地表明，“优先选择原则”采用的罗尔斯的正义标准其实与萨维尼所主张和德·诺瓦所表述的冲突法特性并无不同：“一条冲突法规则适当性的检测标

---

① D. Cavers, *The Choice-of-Law Process*, Ann Arbor: The University of Michigan Press, 1965, p. 130.

② Ibid., p. 132.

③ Ibid., p. 120.

准是'所建议的规则是否真正值得放进对所有国家通用的法律之中'。"①

2. 法律的属地性

强调法律的属地性或属人性构成冲突法理论发展的不同两翼，凯弗斯的"优先选择原则"侧重于前者。在美国冲突法革命中，有一种强调属人法发展的趋势。但凯弗斯警告不要过分夸大这种"法随人行"的趋势，因为现代各州或各国毕竟是划疆而治，过分强调法律的属人性会造成对受害人的歧视。这种危害由于两种原因变得更加严重：一是认为各州只想通过适用自己的法律保护本地人仅仅是一种假定，而这种假定并没有切实的依据；二是美国各州的关系不同于 14 世纪意大利的城邦、17 世纪荷兰各省，甚至今天欧洲各国的关系，随着美国境内人口流动性的增强以及现实操作的困难，都使得各州法律的属人性在降低。凯弗斯承认，在其"优先选择原则"中体现了"一种对属地的偏爱"(a territorialist bias)。②

3. 动态的法律

强调法律的动态性，主张法律随着实践发展而演变，这是法律现实主义的重要观点。由于社会处于生生不息的变化之中，法律往往追不上社会变化的步伐，因此有必要经常审视法律和社会之间的距离。③ 作为一个坚定的法律现实主义者，凯弗斯一直以动

---

① D. Cavers, "Contemporary Conflicts Law in American Perspective", *Recueil des Cours*, Vol. 131, 1971, p. 153.

② Ibid., pp. 134-136.

③ 这是卢埃林在同庞德论战中总结的法律现实主义者的共同出发点之一。See K. Llewellyn, "Some Realism about Realism—Responding to Dean Pound", *Harvard Law Review*, Vol. 44, 1930-1931, pp. 1236, 1238.

态的观念看待"优先选择原则"。

"优先选择原则"并不是先验的准则,它产生于司法实践并随之相应变化。在优先原则产生之前,法官可以将个案分析作为权宜之计,等到判例法趋势明了后再决定采用某条优先原则。随着人们认识的深化,也不排除将这些宽泛的优先原则进一步细化的可能性。① 在运用"优先选择原则"的过程中,如果有的案件处在优先原则的调整范围之内,但它们如此独特,以致适用优先原则将导致个案不公平,那么"或许它们包含着一条新原则的萌芽;或许它们必须经历个案基础上的更长一段时间的司法验证"。但是,任何对某条优先原则的偏离也应当"被原则化"(principled),提出这种主张的法院不应当片面追求唯独对本地有利的好处或偏向本地当事人一方;在以后的同样案件里,即使案件结果偏向了其他法域或当事人,法院也应遵循同样的原则。②

二、"优先选择原则"的主要内容

"优先选择原则"在形式上类似于比尔的规则。凯弗斯承认:"在术语和风格上,这些优先原则都令人痛苦地回想起《第一次重述》的黑体字规则。"但这只是形式上的类似,凯弗斯的原则与比尔的规则存在本质的区别。前者基于规则和结果选择,而后者是一种法域选择规则;前者具体灵活,而后者概括僵硬。此外,凯弗斯

① See D. Cavers, *The Choice-of-Law Process*, Ann Arbor: The University of Michigan Press, 1965, pp. 136-137.

② D. Cavers, "Contemporary Conflicts Law in American Perspective", *Recueil des Cours*, Vol. 131, 1971, pp. 152-153.

采用这种表述方式是"为了阐释的目的",他并不希望他人也采用同样的方式。①

凯弗斯一生共提出过八条具体的"优先选择原则",涵盖了涉外侵权、涉外合同和涉外财产转让三种领域。其中的七条出现在他于1965年出版的《法律选择过程》一书中,有关侵权中的具体问题——产品责任的"优先选择原则"出现在他于1977年发表的论文中。在1965年的著作中,凯弗斯强调,"优先选择原则"适用的前提是,法院地成文法未作出相反规定,法律冲突不是虚假冲突或容易避免的情况。② 下文将具体分析这些"优先选择原则"是如何包容不同法域的法律政策以及实现对当事人公平的。

(1)"如果侵权结果发生地的责任法较之侵权人侵权行为地或其家庭所在地(home)③法规定了更高的行为标准或金钱赔偿标准,则应该由侵权结果发生地法决定案件中适用的行为标准和赔偿标准,至少在受害人和加害人之间并无如此密切的关系以至于使侵权问题应受支配该关系的法律调整时应该照此处理。"

这条优先原则符合各个法域法律的要求和立法政策。按照地域划分的州或国家通过实施调整人们行为的法律规则提供庞德(Pound)所说的"普遍安全","保护其境内居民和财产的健康和安

① See D. Cavers, *The Choice-of-Law Process*, Ann Arbor: The University of Michigan Press, 1965, p. 136.

② Ibid., p. 137.

③ 为了避免更精确的术语导致的复杂,凯弗斯有意采用"家庭所在地"一词来取代"住所"(domicile)或其他术语,其含义等同于"固定住所"(settled residence)。Ibid., pp. 154-155.

全”。这种保护措施包括允许索要赔偿金的诉讼、建立强制保险制度，甚至是政府补偿。对当地人保护的需要不是哪一个或几个州的特别关切，也不是哪一个或几个法律的需要，所有的州及其法律都有这种要求。因此，如果所有的州都认可这个优先原则，它们都将从中受益。

这条旨在保护受害人的“优先选择原则”对侵权人也不失公平。原因是：侵权人不能一方面享有行为地法赋予的好处，另一方面又想免除当地法施加的负担。即使他在结果发生地之外实施侵权行为，如果能预见到行为后果，他同样应当遵循结果发生地法的要求。①

(2)“如果被告行为地和损害发生地责任法较之受害人家庭所在地州的法律规定了较低的行为标准或金钱赔偿标准，则应该由被告行为地和损害发生地的法律决定案件中适用的行为或保护标准，至少在受害人和加害人之间并无如此密切的关系以至于使侵权问题应受支配该关系的法律调整时应该照此处理。”

第二个“优先选择原则”也与一个州对其境内行为人的行为标准和金钱赔偿标准的规定有关系，但这里涉及的是该州对其境内侵权人合法权益的保护。一个州要避免适用外地法中在当地立法者看来过分严厉的行为标准或不合理的赔偿标准，通过限制这类外地法的适用来保护在其境内开展活动的自然人和公司。如果采用相反的原则，这就意味着让本地人服从外来人熟

---

① See D. Cavers, *The Choice-of-Law Process*, Ann Arbor: The University of Michigan Press, 1965, pp. 139-141.

悉的更高的行为标准或赔偿标准，这种主张显然有违公平。对外来的游客而言，一旦进入他州或他国，他就将自己暴露在该地的各种风险之中，他不应期待让当地人承受当地法没有规定的经济负担。①

针对侵权人和受害人都来自侵权结果发生地之外的情形，凯弗斯设计了一条例外条款：

> 如果原告和被告在侵权结果发生地之外的一个或两个州有家，而且侵权结果发生地的州法相对于当事人家所在州的法律规定了更低的金钱赔偿数额，那么在当事人一方家所在州的法律规定了更低金钱赔偿数额时，该法确定的赔偿标准应该得到适用。

这是法院地作为"无兴趣第三州"应该适用的规则，条件是当事人的家所在地规定了更高的金钱赔偿数额。在这里，法律的属地性让步于属人性。其正当性在于在促进当事人所属法域立法目的的同时并不会损害侵权结果发生地的政策实现。在当事人来自不同法域时，适用规定更低金钱赔偿数额的当事人一方所在地的法律，对受害人来讲也不会引起惊讶和不公平。②

(3)"当被告从事的行为对在另一州的原告造成可以预见到的损害时，如果被告行为地州对这种行为已规定了特别控制措施，包括民事责任的制裁，则原告，尽管和被告没有关系，应能享有被告

---

① See D. Cavers, *The Choice-of-Law Process*, Ann Arbor: The University of Michigan Press, 1965, pp. 146-147.

② Ibid., pp. 150-158.

行为地州特别行为标准和金钱赔偿的好处，即使侵权结果发生地州没有施加这种控制或制裁。”

凯弗斯特别指出，这不是一个具有普遍适用性的原则，它只是针对在涉外案件中，行为地州规定了更严格的责任或要求的情况。当一个州特别管制一种行为时，它是为了使从事这类行为的人做事更加谨慎、熟练或负责任。至少在可以预见到损害后果时，这个原则应该最可能获得一致接受。如果拒绝将这种制度的好处扩展到外地人，法律的警戒和阻止价值将受到损害。对于侵权责任人来说，对外地人负责并不会大幅度增加其风险。如果拒绝将这种好处给予外地人，不仅对外地人不公平，而且在美国联邦体制下非常可能涉嫌违宪。①

(4)“如果当事人关系本座(seat)②所在地州的法律为了另一方当事人利益对这种关系的一方当事人规定的行为标准或金钱赔偿标准高于损害发生地州的法律规定的标准，那么，对于本座所在地州保护的当事人利益，应该由本座所在地州的法律决定适用于案件中的行为标准或金钱赔偿标准。”

这条原则是第二“优先选择原则”的例外规则，体现的是法律的属人性，同样符合罗尔斯的正义标准。因为如果各地都接受这一原则，那么它们将共同从中受益，每个法域都可以对本座在当地的法律关系施加更严格的限制，即便当事人去了管制宽松的另一地，结果同样如此。但是，凯弗斯并不主张为了适用合同法律关系本座所在地法，通过识别将侵权请求转化为合同请求来处理。此

---

① See D. Cavers, *The Choice-of-Law Process*, Ann Arbor: The University of Michigan Press, 1965, pp. 159-160.

② 凯弗斯从萨维尼那里临时借用了“本座”一词。See ibid., p. 166.

外，侵权适用当事人的属人法主要局限于法律关系开始于当事人家所在的州或具有同样法律的州的情况。[①]

(5)“如果当事人关系本座所在地州的法律为了另一方当事人利益对这种关系的一方当事人规定的行为标准或金钱赔偿标准低于损害发生地州的法律规定的标准，那么，对于本座所在地州拒绝或限制责任的当事人利益，应该由本座所在地州的法律决定适用于案件中的行为标准或金钱赔偿标准。”

这是第一“优先选择原则”的例外规则，同样强调的是法律的属地性让步于法律的属人性。但这条原则不利于受害人，同其他“优先选择原则”追求的价值目标背道而驰。因此，凯弗斯虽然将第五原则列为了原则，但他并不将这一归纳作为原则来看待。之所以作为原则放到这里，是因为他写作的目的就是为了例证“优先选择原则”的可行性；这些原则既有正面的，也有反面的。[②]

(6)“为防止因无行为能力、疏忽、不知或不对等谈判能力产生的消极后果，一州法律已对当事人缔约能力或转让、抵押财产的能力施加限制，则该州保护性条款应用以禁止当事人从事受限制的交易，只要：(1)受保护者的家在该州(如果法律的目的是保护这类人)，和(2)受影响的交易或被保护的财产利益重心在该州，或(3)如果交易或财产利益重心不在该州是由于操纵或偶然地规避保护性法律所致。”

---

① See D. Cavers, *The Choice-of-Law Process*, Ann Arbor: The University of Michigan Press, 1965, pp. 166-176.

② Ibid., p. 177.

在合同法和财产法领域,法律冲突的根源之一是各州为了避免不良社会效果,对强势一方自由行使其支配力量施加障碍,以保护经济上处于弱势的一方。如果克制地解读这类保护性法律在涉外案件中的适用范围,法律冲突就能够避免,比如在涉及防止欺诈法的案件中出现的这种做法。如果法律冲突无法避免,就要考虑这条优先原则。

为了协调相关法域的政策,这条原则的适用只限于这种情况,即它的适用基本上不干扰不采用保护性政策的州境内的交易。对于"重心"(center)一词,凯弗斯指出,虽然其含义并不明确,但要求交易和采用保护政策的州之间的关系要非常密切,仅有某种联系甚至一种实质性联系是不够的,其用意在于严格限制保护性法律的适用范围。该条原则中的第三个条件考虑到了如何阻止规避保护性法律的行为。①

(7)"如果涉及两州或多州交易的当事人明示(或可合理推论出的默示)的意愿是,交易适用与其有合理联系州的法律,那么尽管双方当事人在该州均无家,交易重心不在该地,但是只要该州允许开展这类交易,该州的法律就应适用。不过,如果交易违反了前一原则要求适用的任何保护性法律,或者如果交易包括土地转让,而且转让的方式或产生的利益与应予适用的土地所在地的强行法相抵触,则这一原则不予适用。该原则不调整交易对具有独立利益的第三人的法律影响。"

这是凯弗斯总结的意思自治原则。它不仅承认当事人选择

---

① See D. Cavers, *The Choice-of-Law Process*, Ann Arbor: The University of Michigan Press, 1965, pp. 181-183.

法律的自由，而且力图协调当事人选择适用的法律所属的法域和采取保护性政策的法域之间的政策冲突。该原则可以适用于交易的一部分或相关法域法律的一部分，当然，当事人也可以选择有关法域的全部法律。对于格式合同的法律选择条款，凯弗斯认为通常只要格式合同的接受方默认就可以构成有效的法律选择。但是，如果法院认为格式合同交易中存在欺诈或滥用优势地位的情况，它就应当"毫不犹豫地当即否定这类条款"，以避免接受方受到"压迫或其他不公平的条件或要求"。这一原则假定，除了前一原则要求适用的保护性法律以及土地所在地的强行法，即使国内法意义上的强行法也应让步于当事人选择的法律。①

(8)适用于产品责任的优先原则。

①对于产品给请求人或其财产造成的损害，在向缺陷产品的生产者要求赔偿时，请求人应当享有缺陷产品生产地国(或批准缺陷产品的设计地国)的产品责任法提供的保护。

②然而，如果出现下列情况，那么请求人应当有权根据可适用于该案的下述两国产品责任法中的任何一个主张请求：请求人考虑到前款所指国家的产品责任法(a)保护程度低于请求人惯常居所地法，同时该地是其取得产品地或者是产品导致损害地；或者(b)保护程度低于请求人获得产品和产品导致损害地国家的法律。

③但是，如果生产者证实他无法合理预见对请求人或其财产

---

① See D. Cavers, *The Choice-of-Law Process*, Ann Arbor: The University of Michigan Press, 1965, pp. 194-196.

造成损害的产品出现在前款所指国家，那么请求人不应有权根据该国法提出请求。

这条“优先选择原则”不仅意在协调缺陷产品生产国（或批准缺陷产品的设计地国）与受害人惯常居所地国或受害人获得产品和产品导致损害地国之间的法律和政策，而且力图平衡产品生产者和受害人之间的利害关系。这是凯弗斯通过反思和比较产品责任法律适用的几种方案，提炼出的一条他自信会胜过《产品责任法律适用公约》规定的“优先选择原则”方案。①

在1970年的海牙演讲中，凯弗斯再次表明自己对“优先选择原则”方法的信心，并重述了1965年著作中涉外侵权部分“优先选择原则”的具体内容，除了在适用范围上稍微修正之外，其实没有作任何实质性的修改。不过，这次他明确了侵权领域“优先选择原则”之间的关系，特别指出第三原则、第四原则与第二原则中的例外条款一道构成第二原则的三种例外情形。②

三、小结

“优先选择原则说”是凯弗斯对自己早年法律现实主义观念的一次发展与超越。在1933年，他敏锐地发现，无论是比尔的法律选择方法还是比尔规则批判者的替代方法都不过是一种法

① D. Cavers, “The Proper Law of Producer's Liability”, *The Choice of Law, Selected Essays, 1933－1983*, Durham: Duke University Press, 1985, p. 315.

② D. Cavers, “Contemporary Conflicts Law in American Perspective”, *Recueil des Cours*, Vol. 131, 1971, pp. 153-158.

域选择的方案，他不遗余力地揭示这种方案的缺陷并提出了一种“规则和结果选择”方法。刚刚接受了法律现实主义并对此深信不疑的青年凯弗斯满怀激情地憧憬：只要始终不渝地坚持这种方法，足够多的个案分析必定能催生出一套崭新的冲突法规则体系。但经过多年的观察，凯弗斯发现这只不过是一相情愿，实际情况显示的恰恰是另一番景象：冲突法革命将法律选择推向了个案分析的汪洋大海，导航的规则却难觅踪迹。痛定思痛，凯弗斯毅然修正了自己早期的规则细化的法律现实主义方案，而主张采取迂回路线，首先发展出一套“优先选择原则”，然后再根据实践发展和认识深化逐步将其细则化。从规则到原则再到规则，凯弗斯的法律选择思路构成了一个完整的否定之否定过程。

“优先选择原则说”是对柯里“法律适用兴趣分析说”的进一步发展和超越。柯里的学说建立在凯弗斯的规则分析方法之上，并将规则分析提升到“法律适用兴趣”分析的新层次。同样，凯弗斯的“优先选择原则说”建立在柯里的学说之上，并提出了解决“真实冲突”的新方案。凯弗斯在1965年的著作中声明，他的方法是用来解决出现“真实冲突”的疑难案件的，在出现“虚假冲突”或“可以避免的冲突”时，他也主张适用唯一对法律适用结果感兴趣的法域的法律。① 针对当时冲突法学界对柯里学说的误解，凯弗斯为柯里使用“法律适用兴趣”一词的妥当性积极辩解，尽管他出于避免误解的目的，采用了“目的”(purpose)而不是柯里使用的“兴趣”

① See D. Cavers, *The Choice-of-Law Process*, Ann Arbor: The University of Michigan Press, 1965, pp. 88-89, 137.

(interest)一词；[①]对柯里的“没有法律选择规则我们会更好些”的极端论断，凯弗斯也给予了充分的理解。[②] 但是，二者在其他方面的观点存在本质的区别。凯弗斯和柯里方法的主要区别在于“通常的诠释和解释过程”能够解决法律选择问题的程度。凯弗斯认为，“通常的诠释和解释过程”在处理跨州案件时会遇到麻烦，因为法官在作出涉外案件的判决时，考虑因素来自跨州的情况，与法官面前的法规并无特别的关联。法官不是依据国内实体法，而是根

---

① 柯里使用的“法律适用兴趣”(governmental interest)一词引起了许多学者的强烈反对。这种兴趣的存在与否令人生疑。有学者认为私法规则中不存在这种兴趣，而只有公法中存有这种国家的兴趣。莱恩斯坦(Rheinstein)、凯格尔(Kegel)和艾伦茨威格教授基本上都属于这类反对者。凯弗斯并不赞同这种批评。在凯弗斯看来，柯里教授在分析中只是感到需要找到一个词，用以描述成文法或普通法通过适用于特定事实促成其立法目的，他使用了“兴趣”(interest)来表示这种需要。规则出自国家，凯弗斯相信“规则的目的可以合理地归于国家，尽管规则只是立法或司法机关的决定，表明在诉讼私方当事人之间达致公平的最佳方式”。但凯弗斯同时又指出，即使在私法领域，私法通常不仅用来解决纠纷，而且用以规范人们的日常行为。值得注意的是，在现代社会中公法的目的正日益通过注入私法中得以实现。即使对于带有最有限的公共目标的法律，当法律适用可以促成这种目标的实现时，将国家在这种情况下使立法目的实现“归于国家的一种愿望(desire)”，这样做并非不合理。“在这种情形下用‘法律适用’(governmental)或‘国家’(state)修饰‘兴趣’(interest)来辨别这种愿望在我看来并无不妥，尽管最后生成的术语不无害处。”这一用语的主要害处来自“兴趣”一词导致的实质性的误解。它表明了国家的关心(concern)可以类比于“国家政府实现公共目标中的兴趣”。同样重要的是特定国内法规则的目的并不是国家解决涉外问题的恰当目标。另一种麻烦来自于对“国家兴趣”和“个人兴趣”的比较。冯·迈伦和特劳特曼(Trautman)教授试图比较国家作为国际社会成员对保护个人的关切和个人对交易另一方承诺的关切。其实，这两种关切都在柯里所言的“法律适用兴趣”之下。See D. Cavers, *The Choice-of-Law Process*, Ann Arbor: The University of Michigan Press, 1965, pp. 99-101.

② 凯弗斯认为，柯里反对的是所有非成文法形式的冲突规范。柯里希望去除所有的判例法形式的冲突规范可能更多地反映了他的一种避免适用所有现有冲突法的策略，而不是永远反对冲突规范。See D. Cavers, *The Choice-of-Law Process*, Ann Arbor: The University of Michigan Press, 1965, p. 74.

据“可以适用的冲突法原则”决定是否适用外国法。① 对于“真实冲突”案件，凯弗斯认为柯里的方案过于简单化；②对于柯里的各州片面保护本地人利益的属人法原则，凯弗斯更是给予了辛辣讽刺，认为这种主张“更适合于部落的(tribal)法律制度，而不适合于美国联邦的主流制度”③。因此，凯弗斯的“优先选择原则说”既有继承柯里学说的合理成分，又有对它的批判和发展。美国学者巴阿德(Baade)充分理解了凯弗斯和柯里理论的相互关系，认为两者的方法可以相互补充，共同结成“进步同盟”(Alliance for Progress)推动美国冲突法的进步。④

“优先选择原则说”的主要价值在于其方法而非具体的原则。凯弗斯提出这一学说的历史背景是，在第二次世界大战后，美国冲突法学界刚刚走出比尔方法的阵营，但又面临个案分析和将冲突法正义与实体法正义混为一谈的危险。为了克服这一不良倾向，他提出应该基于涉外案件的特殊性，寻找符合冲突法正义的规则和原则。凯弗斯明确表示，他提出的“优先选择原则”只是“例证性的”(illustrative)，意在为法院提供判决的指南，其灵活性为法院留下了充分的“独立裁判的空间”，而无意创建一套涵盖侵权、合同和财产转让领域的完整规则体系，不排除其中的任何一个原则可

① See D. Cavers, *The Choice-of-Law Process*, Ann Arbor: The University of Michigan Press, 1965, pp. 73-74, 97, 109.

② 凯弗斯指出，从相冲突的法律目的出发寻求法律选择的答案，其难度要比柯里认为的大得多。See D. Cavers, *The Choice-of-Law Process*, Ann Arbor: The University of Michigan Press, 1965, p. 108.

③ Ibid., 1965, p. 161, Note 29.

④ H. Baade, "Counter-Revolution or Alliance for Progress? Reflections on Reading Cavers, The Choice-of-Law Process", *Taxas Law Review*, Vol. 46, 1967, pp. 151-156.

能都存在重大缺陷。[①] 这些原则也是随着司法实践不断完善和变化的。在1970年的海牙演讲中，他指出：

> 如果一个特定的案件并不恰好处在我所主张的某条原则适用范围之内，这并没有要求作出与该原则含义相反的选择；它只是意味着该案提出了与这条原则针对的有所不同的问题，因此需要进一步考虑。[②]

"优先选择原则说"是一种深具美国特色的普通法法律选择方法，适用范围有限。作为一位法律现实主义者，凯弗斯持之以恒地将美国本土的法律现实主义用之于法律冲突领域，批判形式主义的规则、强调冲突法政策和法律适用的灵活性是"优先选择原则说"的主要特色。在美国，成文法和判例法是两种不同的制度，凯弗斯无意推翻成文法规则，其理论只是适用于指导判例法的发展。根据凯弗斯的观点，法院首先要遵从立法机关的规定并利用《第二次重述》提供的一些考虑因素，同时考虑相冲突法律的立法目的及其适用结果。只有在上述努力宣告失败后，法院才应考虑适用优先原则选择法律。在《法律选择过程》一书中，凯弗斯曾明确指出优先原则的适用范围是：立法机关没有规定，而且法律冲突既不是虚假冲突也不是能轻易避免的领域。在海牙演讲中，凯弗斯决定将这一范围修正为："这些原则可以偶尔在下述领域派上用场：确

---

① See D. Cavers, *The Choice-of-Law Process*, Ann Arbor: The University of Michigan Press, 1965, pp. 136, 202.

② D. Cavers, "Contemporary Conflicts Law in American Perspective", *Recueil des Cours*, Vol. 131, 1971, p. 152.

定立法机关是否对法律选择问题作了规定以及冲突是虚假的还是可以快速解决的。”这种修正也是局限在法官对成文法的解释层面。① 因此，凯弗斯的这一学说可以说是美国冲突法理论本土化的产物和代表。

“优先选择原则说”在美国法学界产生了一定反响并得到了司法界的回应。艾伦茨威格对《法律选择过程》一书给予了极高的评价，他大胆预言：“这本书在未来的日子里将被视为我们这个时代在冲突法领域作出的最重大的贡献，因为这部著作将使我们获得洞察力。”②在 1969 年美国法学院联合会(AALS)冲突法圆桌会议上，凯弗斯的“优先选择原则”成为年会的主题，由塞德勒(R. Sedler)、罗森堡(M. Rosenberg)、艾伦茨威格以及加州最高法院的首席法官特雷纳(R. Traynor)组成的专家小组对凯弗斯方法的具体运用进行了研讨。③ 1970 年的“西波拉诉沙波斯卡”案明确采纳了凯弗斯的“优先选择原则”。④ 据凯弗斯自己在 80 年代的观察，“优先选择原则”一词已经成为冲突法学者广泛运用的概念，示范性的原则出现在判例法教科书中，在司法实践中采用这些原则的判例既算不上频繁，也算不上罕见。⑤

不可否认，凯弗斯提出的示范性“优先选择原则”存在明显的

---

① D. Cavers, “Contemporary Conflicts Law in American Perspective”, *Recueil des Cours*, Vol. 131, 1971, p. 153.

② A. Ehrenzweig, “A Counter-Revolution in Conflicts Law? From Beale to Cavers”, *Harvard Law Review*, Vol. 80, 1966 - 1967, p. 378.

③ D. Cavers, *The Choice of Law*, *Selected Essays*, *1933 - 1983*, Durham: Duke University Press, 1985, p. 204, “Author's Note”.

④ Cipolla v. Shaposka, 439 Pa. 563, 267 A. 2d 854 (1970).

⑤ D. Cavers, *The Choice of Law*, *Selected Essays*, *1933 - 1983*, Durham: Duke University Press, 1985, p. 150, “Author's Note”.

缺陷。比如,他的第一原则在损害地一方面规定了较高的行为标准,另一方面规定了较低的赔偿标准时将难以适用,侵权人和受害人存在的关系具体内容也非常不明确。① 同时,法院总结"优先选择原则"的能力也值得怀疑。② 但瑕不掩瑜,这些具体规则的缺陷和实施中的困难并不能遮掩"优先选择原则"思路的巨大理论价值和包含的理论智慧,这些缺陷和困难也显示了冲突法制度的复杂性和理论建构的艰辛。

① 李浩培:《李浩培文选》,法律出版社 2000 年版,第 402 页。不过,如果考虑到"优先选择原则"的示范性和凯弗斯有意使其具有足够的灵活性,"优先选择原则"存在模糊之处在所难免。

② 里斯认为凯弗斯优先选择原则方法面临的主要困难在于难于提炼原则。See W. Reese, "American Trends in Private International Law: Academic and Judicial Manipulation of Choice of Law Rules in Tort Cases", *Vanderbilt Law Review*, Vol. 33, 1980, p. 732.

第七章　揭示“行为中的法”

在考察法律运作时，主要专注于法官*所作所为*而非其自我辩解，我们将发现非如此则无以见真相。①

同柯里类似，莱弗拉尔展示的是美国法律现实主义的政策分析之维。但是，与柯里强调实体法政策以及“法律适用兴趣”不同，莱弗拉尔从司法实践中提炼出了“易于掌控的”五项法律选择政策，它们是法官在涉外审判中真正遵循的“行为中的法”。

在美国冲突法学界，莱弗拉尔是一位少见的理论兼实务均擅长的权威学者。他一生阅历丰富，兼职众多，是法律舞台上的一位多面手。他曾担任阿肯色大学法学院的院长、阿肯色州最高法院的法官、统一州法全国委员会的终身成员、美国法年度调查的撰稿人、阿肯色法学院和纽约大学法学院的教授和从1956年开始的上诉法官研讨会的主持人等职。② 在诸多杰出贡献中，莱弗拉尔在冲突法领域中的研究成果使其饮誉欧美，他所著的《美国冲突法》成为了一部流传甚广的经典之作。③

---

① W. Cook, *The Logical and Legal Bases of the Conflict of Laws*, Cambridge: Harvard University Press, 1942, p. 8.

② F. Kenison, “The Continuing Contribution of Robert A. Leflar to the Judicial Education of Appellate Judges”, *Arkansas Law Review*, Vol. 25, 1971 - 1972, p. 95.

③ J. Barrett, “Vignette of Robert A. Leflar”, *Arkansas Law Review*, Vol. 25, 1971 - 1972, pp. 144-145.

一度投身审判并长期关注实践的独特阅历铸就了莱弗拉尔鲜明的法律现实主义风格。他不尚空谈、行文简洁,立论简明扼要、判例剖析入微。他一生主要涉猎冲突法和侵权法。在冲突法领域,他被称为"一位一贯的法律现实主义者",其贡献是"观察法官在法律选择案件中的所为而不是他们所说,然后将实际决定法官判决的因素提炼出来"[①]。在侵权法领域,他同样被称为"侵权法领域的现实主义者(torts realist)",深刻洞察到侵权法的历史经历了如下过程:由严格责任到过失责任,再到假定的过失责任(fictional negligence),最后在某些领域采用严格责任。[②] 他不仅自己立足现实,而且还提醒其他冲突法学者自觉抵制"几乎难以抗拒的理论化诱惑"[③]。

莱弗拉尔一生虽然著述甚丰,但真正使其蜚声海内外的是他在冲突法领域总结出了"五点影响法律选择的主要考虑因素"(five major choice-influencing considerations)[④]。因此,可将其理

---

① W. Reynolds and W. Richman, "Robert Leflar, Judicial Process, and Choice of Law", *Arkansas Law Review*, Vol. 52, 1999, p. 135.

② R. Bischoff, "Robert A. Leflar: Torts Realist", *Arkansas Law Review*, Vol. 25, 1971-1972, pp. 34, 38.

③ R. Leflar, "The Nature of Conflicts Law", *Columbia Law Review*, Vol. 81, 1981, p. 1095.

④ 莱弗拉尔的研究领域横跨了冲突法、侵权法、法学教育(包括法官继续教育)等。在冲突法领域,除了多次再版的《美国冲突法》以外,最有名的成果当属1966年面世的"冲突法中影响法律选择的考虑因素"("Choice-Influencing Considerations in Conflicts Law", *New York University Law Review*, Vol. 41, 1966, p. 267)和"冲突法:再论影响法律选择的考虑因素"("Conflicts Law: More on Choice-Influencing Considerations", *California Law Review*, Vol. 54, 1966, p. 1584)。此后,他又发表了多篇论文对自己的理论进一步加以阐明,如"The 'New' Choice of Law", *The American University Law Review*, Vol. 21, 1972, p. 457; "Choice of Law: A Well-Watered Plateau", *Law and Contemporary Problems*, Vol. 41, 1977, p. 10; "The Nature of Conflicts Law", *Columbia Law Review*, Vol. 81, 1981, p. 1080(本注释中论文的页码均为起始页码——笔者注)。从20世纪40年代到80年代,他还持之以恒地撰写了美国和阿肯色州的冲突法司法实践报告。

论简称为"五点考虑因素说"。在五点考虑因素中,"适用较好的法律规则"最为法官所偏爱,同时也最为学者所诟病。因此,他的理论又被称为"较好法方法"(better law approach)。①

"五点考虑因素"其实就是五项冲突法政策。② 在冲突法领域采用政策分析方法由来已久。③ 奇塔姆与里斯在1952年的"准据法的选择"一文中罗列了9项法律选择中需要考虑的因素。④ 安特马(Yntema)在1957年就将先前学者的政策分析总结为17项法律选择中需要考虑的因素,并将其归纳为两大类:"安全"(security)和"最后结果的相对公平"(comparative justice of the end result)。⑤ 这两篇论文是莱弗拉尔立论的主要来源。但莱弗拉尔理论的独特性在于:他将以往学者提出的考虑因素缩减为"易于掌控

---

① E. Scoles, P. Hay, P. Borchers and S. Symeonides, *Conflict of Laws*, 4th Edition, St. Paul: Thomson/West, 2004, pp. 52-53.

② 莱弗拉尔写道:"这些法律选择政策(policies)——我称之为影响法律选择的考虑因素……"R. Leflar, "Choice-Influencing Considerations in Conflicts Law", *New York University Law Review*, Vol. 41, 1966, p. 281.

③ 早期进行法律选择政策分析的论文主要有:H. Goodrich, "Public Policy in the Conflict of Laws", *West Virginia Law Quarterly*, Vol. 20, 1930, p. 156; R. Heilman, "Judicial Method and Economic Objectives in Conflict of Laws", *The Yale Law Journal*, Vol. 43, 1934, p. 1082; R. Neuner, "Policy Considerations in the Conflict of Laws", *The Canadian Bar Review*, Vol. 20, 1942, p. 479; M. Hancock, "Choice of Law Policies in Multiple Contact Cases", *The University of Toronto Law Journal*, Vol. 5, 1943, p. 133; F. Harper, "Policy Bases of the Conflict of Laws", *The Yale Law Journal*, Vol. 56, 1947, p. 1155(本注释中论文的页码均为起始页码——笔者注)。

④ E. Cheatham and W. Reese, "Choice of the Applicable Law", *Columbia Law Review*, Vol. 52, 1952, p. 959.

⑤ H. Yntema, "The Objectives of Private International Law", *The Canadian Bar Review*, Vol. 35, 1957, p. 735.

的简洁形式"(manageably compact form);并且认为这些考虑因素不仅揭示了隐含在涉外判决中的真正理由——"行为中的法",而且可以直接作为法官裁判的指南;[①]他还特别强调了法律及其政策因素的流变性。[②] 那么,莱弗拉尔是如何提出并论证"五点考虑说"的?这种理论能直接用于司法裁判吗?它同里斯和安特马等人的政策分析之间有何具体关系?它又如何体现了莱弗拉尔的法律现实主义思想?如何认识莱弗拉尔理论的贡献及其固有缺陷?下文对此详细分析。

一、"五点考虑因素说"的具体内容

莱弗拉尔将"影响法律选择的考虑因素"总结为五个:"结果的可预见性"(predictability of results);"维护州际和国际秩序"(maintenance of interstate and international order);"简化司法工作"(simplification of the judicial task);"增进法院地的法律适用兴趣"(advancement of the forum's governmental interests);"适用较好的法律规则"(application of the better rule of law)。莱弗拉尔特别指明:"排列顺序并不表明考虑因素之间的优先地位。根据所涉及的法律领域的不同,它们的相对重要性也不同;不管涉及

---

① R. Leflar, "Conflicts Law: More on Choice-Influencing Considerations", *California Law Review*, Vol. 54, 1966, p. 1585.

② 莱弗拉尔指出:"影响法律选择的考虑因素不是永久不变的,它们带来的结果也一样如此。"其研究的唯一意义在于"考虑到了法律选择法中发生的主要变化"。R. Leflar, "Choice-Influencing Considerations in Conflicts Law", *New York University Law Review*, Vol. 41, 1966, pp. 325, 327.

的领域如何，所有的因素都应在考虑之列。"①下面具体分析莱弗拉尔的论证过程。

(一)结果的可预见性

结果的可预见性包含两方面的内容：一是诉讼结果的一致性，即使"挑选法院"，也不会让一方当事人因选择诉讼地而额外获利；二是当事人对交易结果的预见，当事人可以根据预见到的结果安排交易。实现结果的可预见性有两个途径：一是允许当事人在交易时选择适用的法律；二是在当事人没有作出选择时，法院推定当事人的意图，根据相关法律的内容选择法律。莱弗拉尔特别强调了第二种途径可行性的前提是法官必须"在法律之间选择"，因为只有"在法律之间选择"而不是"在法域之间选择"才能让法官"有机会根据当事人期待的社会经济结果和可能存在的任何法律适用兴趣权衡判决"。保证结果可预见性的主要目的是实现交易的安全性。"可预见性带来交易的安全；没有了可预见性，安全性将明显地下降。"但交易的安全性并不总是最重要的。交易的安全性常常和所有权的安全性相对立，而且任何冲突法规则都无法同时实现两个相对的目标。很明显，当两种安全性同时存在时，所有权的安全性可能更加重要。②

(二)维护州际和国际秩序

维护州际和国际秩序是世界一体化和美国联邦体制的要求。莱弗拉尔敏锐地观察到，随着世界一体化逐步成为现实、国家沙文主义的影响日渐消退，追求州际和国际的协调已经成为冲突法的

① R. Leflar, "Choice-Influencing Considerations in Conflicts Law", *New York University Law Review*, Vol. 41, 1966, p. 282.

② Ibid., pp. 282-285.

重要目标。联邦宪法中的一些条款(充分信任与诚信条款、正当程序条款、特权与豁免条款、平等保护条款、跨州贸易条款等)、联邦对全国和国际事务的掌控权以及美国最高法院对上述内容的解释权,均构成了对各州权力的外部限制。逾越这些限制就违反了国际和州际秩序的要求。“人员和货物从一州向另一州自由而不受妨碍地流动以及商业交易的自由,对我们联邦体制的成功必不可少,确保上述目标的实现是法律的使命之一。”①

维护州际和国际秩序有两方面的具体要求。一是当姊妹州与冲突法问题存在实质性联系时应当适用该姊妹州的法律,即使法院地州对适用自己的法律不乏兴趣,出于联邦体制的需要也应让步于姊妹州的法律适用兴趣。如果一个案件中的几乎所有重要连结点都在姊妹州,而法院地非得适用自己的法律,这样做很可能遭致随后的报复。二是对挑选法院施加合理的限制或通过不方便法院原则予以禁止。法院管辖和法律适用存在密切联系,因为法院地决定了程序法的适用,在法院偏爱自己的实体法时也会影响到实体法的适用。但是,任何故意偏爱法院地法的妥当性都值得怀疑,因为这种做法至少在表面上置州际和国际秩序于不顾。②

(三)简化司法工作

简化司法工作的必要性在于提高司法效率。虽然通常说“法律不是为了运用它的法院方便与否而存在,而是为社会及其成员而存在”,但是案件积压是个真实的难题,而法律规则的复

---

① R. Leflar, “Choice-Influencing Considerations in Conflicts Law”, *New York University Law Review*, Vol. 41, 1966, pp. 285-286.

② Ibid., pp. 286-287.

杂可能是导致这种难题的原因之一。复杂的法律难以适用，尤其对于复杂的事实更是如此，无论适格的初审法院还是上诉法院都可能会误用这类规则。当陪审团处理外国法问题时，这类错误的概率会倍增。"法律的简易是一种优点。司法效率经常依赖于它。"①

简化司法工作体现在三个方面。一是柯里和艾伦茨威格所主张的，除非有充分的相反理由，法院应当适用法院地法。"只要'除非'款项被充分强调，没有人能否定这种主张的妥当性。"原因是法官熟悉本地法并习惯于应用它，因此适用本地法会更加容易些。二是法院有充分的理由适用自己的程序规则，因为为了一个涉外案件适用外法域的全部程序制度和方法是"完全行不通的"。但是，如果程序规则对案件结果具有决定性的影响，而且在适用上并不比适用外法域的实体法更加困难，那么就不存在拒绝适用另一法域程序法的理由。如果将程序法扩展到防止欺诈法、赔偿标准、侵权请求的存续（survival of tort claims）问题，那么对这类问题依据上述适用程序法的理由一律适用本地法显然不妥。对这类影响案件结果的问题适用法院地法可能出于多种原因：赤裸裸地过分偏爱法院地法、选择适用更妥当的规则、实现个案公平或者其他原因。无论真正的原因是什么，都应该直接标明。实体和程序问题的二分法无疑具有"真正的合理性"，但如果基于其他原因把它作为一种实现公正判决的"掩饰的花招"（cover-up gimmick）则是错误的。三是通过剔除"虚假冲突"（false conflict）

---

① R. Leflar, "Choice-Influencing Considerations in Conflicts Law", *New York University Law Review*, Vol. 41, 1966, p. 288.

最大程度地减少法律冲突问题。虽然这种方法还没有得到广泛普及，但它“应该是简化法律选择最富有成果和可推广适用的方法之一”。如果两个法域的内容相同，或内容不同但适用结果相同，这样就不存在真正的法律冲突。①

简化司法工作同样是传统的比尔规则追求的主要目标之一。过去机械的冲突法规则，比如合同案件适用合同缔结地法、侵权适用侵权结果发生地法，也具有适用简便的优点。但莱弗拉尔强调，过去的这类规则被否定，不是因为它简便的优点，而是因为其他更加重要的考虑因素。在创制未来规则时，“简便和容易适用依然是一个重要的考虑因素”②。

(四)增进法院地的法律适用兴趣

这一考虑因素既吸收了柯里的“法律适用兴趣分析”理论的合理成分，又对其作了重大修正。

莱弗拉尔肯定了柯里“法律适用兴趣分析”的存在价值及其基本分析思路。他指出，一个法院自然而且很合理地主要关心满足本地的法律适用兴趣。从本地私法中虽然并不总是能发现这种法律适用兴趣，但是能经常发现这种兴趣的存在。只要能发现这种兴趣，法院将而且应当实现本地法律适用的兴趣和目的。他还特别强调，这与不得不求助于法院地法的“绝望的建议”(counsel of despair)③

---

① R. Leflar, “Choice-Influencing Considerations in Conflicts Law”, *New York University Law Review*, Vol. 41, 1966, pp. 288-289.

② Ibid., p. 289.

③ 安特马将选择法律需要考虑的因素归纳为17项，其中最后一项为“最终求助于法院地法”。但他认为这一项“显然是一种绝望的建议”，因此在设计冲突法政策时应将其排除在外。H. Yntema, “The Objectives of Private International Law”, *The Canadian Bar Review*, Vol. 35, 1957, p. 735.

完全不同。①

界定法律适用兴趣至少要考虑两方面:“(1)支持适用讨论中的法律规则(F 地或 X 地的法律)的缘由,以及(2)该州(F 地或 X 地)与一个案件或一个案件中的问题之间的事实联系。”通过“观察二者是否匹配”可以初步决定一个法域是否具有适用自己法律的兴趣。② 这种界定方法与柯里的主张非常相似。③

虽然莱弗拉尔对“法律适用兴趣分析”方法的肯定沿袭了柯里理论的内核,但在具体细节上又作了重大修正。首先,他反对将“法律适用兴趣分析”作为扩大适用法院地法的借口。他清醒地意识到,由于各种原因,只要一个州与案件存在任何事实上的联系,一个业务熟练的律师通常就能“魔术般地变出”(conjure up)该州对该案的法律适用兴趣。法院通常要比对待本州的法律适用兴趣更加严格地分析另一州的法律适用兴趣。为了确定法院地法的适用而采用“法律适用兴趣分析”方法,往往带有“人为操纵的特点”。但莱弗拉尔指出,不合理地退回到优先适用法院地法以取代法律

---

① 莱弗拉尔指出:“只要能将‘本地公共政策’这种模棱两可的观念和本地实体法联系起来,它就具有了一个法院优先适用本地法而不是任何外地法的确定的吸引力。这是一种法院地法偏好的合理基石。它和那种‘绝望的建议’截然不同……”R. Leflar, “Choice-Influencing Considerations in Conflicts Law”, *New York University Law Review*, Vol. 41, 1966, pp. 290-291.

② Ibid., p. 291.

③ 比较柯里界定“法律适用兴趣”的方法:“当同时存在两个条件时,一个州有理由适用它的法律。首先,必须存在一种可以确定的*政策*,这种政策妥当地表现在该州的法律中。第二,该州和当事人、交易、争议事项或诉讼的关系如此密切,以致在将其政策适用于这种案情的*兴趣*(interest)方面赋予该州一种合理的基础;争议问题必须在该州合理的管理关心(governmental concerns)的范围之内。”(斜体为原文所加——笔者注)B. Currie, *Selected Essays on the Conflict of Laws*, Durham: Duke University Press, 1963, p. 228.

选择的思路不会满足法院地或任何其他州的法律适用兴趣,也不是评论家们真正表达的意思。① 这与柯里主张的法院地法优先的主张截然不同。② 其次,莱弗拉尔重新界定"法律适用兴趣"的含义,反对各地对本地人的过分关心。莱弗拉尔认为应将"法律适用兴趣"理解为"包含一个特定政体全部有关的关心,不仅作为一个主权实体(sovereign entity),而且作为一个正义主持者(repository of justice),可能对于一系列的事实或一个问题具有的关切"。作为一个"正义主持者",各地显然不应只关心本地人。在美国,人口流动性的增强使得各州意识到许多人都与不只一个州存在联系,本地人和外地人都应在该州的关心范围之内,本地法应该平等地保护本地人和外地人。③ 这与柯里对"法律适用兴趣"的狭隘界定和强调各地对本地人的保护形成了鲜明对比。④ 再次,莱弗拉尔主张通过全面分析界定"法律适用兴趣",并对美国各州"法律适用兴趣"的差异持谨慎态度。他指出,通过简单地查找一个州法律书上的陈旧规则,无法发现该州真正的法律适用兴趣。只有通过深思熟虑地和明智地分析法律资料,并结合当前的社会经济、文化和政治政策才能查明和实现该州法律适用的兴趣。

---

① R. Leflar, "Choice-Influencing Considerations in Conflicts Law", *New York University Law Review*, Vol. 41, 1966, pp. 291-292.

② 柯里主张,只要法院地存在"法律适用兴趣",就可以适用法院地法。See B. Currie, "Comments on Babcock v. Jackson, A Recent Development in Conflict of Laws", *Columbia Law Review*, Vol. 63, 1963, pp. 1242-1243.

③ R. Leflar, "Choice-Influencing Considerations in Conflicts Law", *New York University Law Review*, Vol. 41, 1966, p. 293.

④ 柯里在"法律适用兴趣"的界定上表现出强烈的属人主义倾向——各州首先考虑保护本州居民。See B. Currie, *Selected Essays on the Conflict of Laws*, Durham: Duke University Press, 1963, pp. 85, 705.

查明一个州的法律适用兴趣不是一件轻而易举的工作，不应该通过解读制定法的一个章节或司法判决中的一个段落来完成。法院不应轻易地承担这项任务，但有时这是司法功能的一个组成部分。同时，各州的社会政策差异虽然确实存在，但大相径庭的差异只是例外。“通常，不同州之间普通法规则的差异并不代表社会政策上根深蒂固的真正分歧……就两个州内的社会政策而言，尽管存在不同的判决，社会政策倾向于大致相同。”①最后，莱弗拉尔只是将“增进法院地的法律适用兴趣”作为法律选择政策之一。对于动产的法定继承、婚姻财产权以及转让，人们希望适用单一的法律，以便确保结果的唯一性，同时为了适用的便利，通常适用的法律为当事人住所地法。此时，结果的可预见性和司法任务的简化要比政府对其居民的关心更加重要。② 这与柯里将“法律适用兴趣分析”作为唯一的法律选择方法显然有实质性区别。

莱弗拉尔十分精彩地将自己的观点简要总结如下：

> 如果我们把政策分析过程视做寻找和实现各州的法律适用兴趣，那么我们应当这样思考问题，将美国一个现代的州里主持正义的法院对法律适用的全部关切考虑在内。尽管美国各州之间日益增加的共性，但在一些为数不多的事项上，它们之间仍然存在着重大分歧。如果两个州真正存在针锋相对的法律适用兴趣，那么满足法院地而非他州的兴趣应该被接受

---

① R. Leflar, “Choice-Influencing Considerations in Conflicts Law”, *New York University Law Review*, Vol. 41, 1966, pp. 291, 294.

② Ibid., p. 293.

为法律选择过程中的一个合理部分(但不是全部)。[①]

(五)适用较好的法律规则

“适用较好的法律规则”是“在法律之间选择”而不是“在法域之间选择”的必然结论;既是司法过程中的“行为中的法”,也是学者理论中的合理成分。

根据法律内容作出选择已经成为美国法院的普遍实践。盲目地通过选择法域决定准据法“不是法院的实际做法,也不是它们应该做的”。在不同的法律之间作出选择时,法律的优劣必然成为考虑因素之一。反之,“如果法律选择纯粹是一个法域选择过程,法院首先决定适用哪个州的法律,然后核实那个州的法律是什么内容,那么这个考虑因素将不复存在。”[②]

司法过程的真相表明“法域选择”往往只是适用“较好法”的幌子。一位典型的律师,知道他希望取得的结果并已经根据结果对问题定性,然后审查所涉及的各法域的法律规则,查明那个对自己有利的法律内容。随后,他查阅机械的选择法域的冲突法规则,并重新定性或挑选一个冲突法理论,这样就可以根据机械的冲突法规则达到他所希望的结果。当律师来到法院的时候,他把前面的推理思路颠倒过来,首先主张他所认为正确的定性或冲突法理论,然后得出其实是最初思路起点的结论。由于双方当事人的律师通常都是以这种方式展示法律推理的过程,法院也就接受这种形式,

---

① R. Leflar, “Choice-Influencing Considerations in Conflicts Law”, *New York University Law Review*, Vol. 41, 1966, p. 295.

② R. Leflar, “Conflicts Law: More on Choice-Influencing Considerations”, *California Law Review*, Vol. 54, 1966, p. 1587.

并在裁决中采用一方的观点。可以预料的是,法院看破了律师的做法,并在司法的天平上衡量双方的观点。法官也像律师那样渴望司法公正,但与律师不同的是,他不受当事人利益的影响,他所关注的是相冲突的法律本身的好坏,尽管通常他并不这样表述他的观点。①

“较好法”也是各种冲突法操作技巧幕后的一双“无形的手”。在很长一段时期里,法官运用操作技巧达到所希望的结果“已经得到公开认可”。识别曾被视为许多法律选择问题的关键,但它在司法实践中很容易变成法院使用的伎俩,因为识别建立在传统“奥斯丁分析法学”的基础上,从没有十分精确过。实体与程序问题的区分一直被以各种各样的方式操纵,如人身伤害有时被视为侵权问题,有时又被识别为合同问题。还有其他的操纵技巧,如不同法院赋予住所和居所以不同的定义,将反致当成找到合适准据法的手段,《第二次重述》主张的“重力中心”或“最重要连结点”规则、诉讼时效法规的“特征”(specificity)标准、“当事人的推定意图”也都可以非常灵活地根据案件的特殊性作出不同的解释和运用。莱弗拉尔充分理解这种做法,认为这是机智的法官利用司法技巧“达到社会赞同但粉饰以传统法律外衣的结果”,通过操纵手段选择较好法总比不顾及法律的优劣盲目选择要好些。但是,他主张更好的做法是“给出判决的真正理由而不是虚伪的借口”,这样律师和其他的法官不仅可以更好地“理解过去的判决”,而且能获得“未来判决的指南”。②

① R. Leflar, “Choice Influencing Considerations in Conflicts Law”, *New York University Law Review*, Vol. 41, 1966, p. 303.

② Ibid., pp. 300-302.

最后，"适用较好的法律规则"也是学者理论中的合理成分。首先，适用"较好法"是诸多学者主张的"个案公平"的内在要求。"个案公平"为众多学者所推崇，甚至有时被当作涉外审判追求的"最佳目的"，奇塔姆、里斯和安特马所罗列的考虑因素均将其收入囊中。适用"较好法"有助于实现"个案公平"，"在相互冲突的法律规则中，当按照法院地的标准有意倾向于选择适用其中的较好法律规则时，根据该标准，诉讼当事人之间的公平可能也就接近实现了。"在涉外案件中，法官是在法律规则而不是当事人之间作出选择，因而更少个人色彩和主观性，可以有效减少当事人唯恐人治取代法治的忧虑。其次，适用"较好法"可以部分地实现戚特海姆和里斯罗列的第五项政策——"对正当期望的保护"。一项期望是否正当，是否值得法律保护，通常要看法院对什么是较好法的判断。此外，较好的法通常是指支持当事人善意达成的交易有效的法律，即艾伦茨威格所说的"支持有效性的基本规则"。当然，情况并不全然如此。如果合同的内容被法院认为很不道德或违反社会秩序，或者合同的履行方式与方法被视为一方滥用优势地位，那么合同通常会被宣布无效。①

莱弗拉尔还清醒地指出了"较好法"与"法院地法"之间的关系。显然，适用较好的法律常常导致法院适用本地的法律。法院地自己的法律就是世界上最好的法律，这种观念仍然在美国的高级法院之间"令人遗憾但可以理解地流行"。法院偏爱本州的法律存在合理的理由，如司法任务的简化和满足法院地的法律适用兴

---

① R. Leflar, "Choice-Influencing Considerations in Conflicts Law", *New York University Law Review*, Vol. 41, 1966, pp. 296-298.

趣，也很有可能法院经过明智地比较之后发现本地法比外地法更智慧、更妥当以及能更好地实现正义的目标。这种经过审慎思考之后得出的结论值得尊重。但是，这并不等于可以自动优先考虑本地法的适用，自动优先适用本地法没有正当理由。当今大多数法院也并没有采用这种自动优先适用本地法的方法。莱弗拉尔坚信："法官能够和其他任何人一样察觉这一事实，在某些领域法院地法是时代错误的、落伍于时代的、一种文明发展的累赘，或者其他某州的法律具有这些愚昧的特征。"①

二、"五点考虑因素说"的具体运用及其理论渊源

(一)"五点考虑因素说"的具体运用

"五点考虑因素"中的前三项是传统的比尔既得权理论所侧重的目标，而最后两项则是美国冲突法新理论的重要成分。这两种看似水火不容的目标能够用做法官判决的指南吗？莱弗拉尔对此的回答是：运用"五点考虑因素说"分析案件"并非如可能想象中的那样复杂和困难，它几乎如同冲突法案件中的更陈旧和熟悉的方法一样轻而易举"②。莱弗拉尔自己的做法是，虽然每次都全面考虑五个方面的考虑因素，但案情不同，各个考虑因素的重要性随之不同。运用之妙，存乎一心。下面试举两例看莱弗拉尔如何自己运用这种方法的。

---

① R. Leflar, "Choice-Influencing Considerations in Conflicts Law", *New York University Law Review*, Vol. 41, 1966, pp. 298-300.

② R. Leflar, "Conflicts Law: More on Choice-Influencing Considerations", *California Law Review*, Vol. 54, 1966, p. 1588.

案例一：

H的住所、车库和汽车的投保地都是在加拿大的安大略省，G也是一位安大略省的居民。H邀请G到美国纽约游玩，但由于驾驶过失在纽约导致G受伤。根据纽约州的法律，H因为过失驾驶应承担赔偿责任，而根据安大略省的法律，车主对因过失所致客人受伤不承担责任。G在纽约州起诉H。

莱弗拉尔对此案分析如下：

"结果的可预见性"与此案没有关系，因为很少当事人会预计交通事故的发生，没有证据显示本案中的当事人有此安排。"维护州际和国际秩序"以及"简化司法任务"也与此案没有多少关系，因为适用何种法律都不会影响到美国和加拿大、纽约州和安大略省之间的友好关系，而且适用哪种法律法院都会感到轻而易举。纽约州确实对于该案存在一定的法律适用兴趣，但这种兴趣并不像它对州内公路交通的管护和安全的兴趣那样强烈，它主要关注的是争议的公正解决。"适用较好的法律规则"在本案中至关重要。纽约州从未屈服过保险公司的游说压力，对于安大略省这类禁止乘客获得赔偿的规定尤其反感，因此，它会认为自己的规定能取得更好的社会经济效果。基于第四和第五项考虑因素，本案应适用纽约州的法律。①

案例二：

P是一家在波多黎各经营合法赌场的特拉华州的公司，一位参赌的纽约州居民G因为欠了赌资向P开出了一张支票，许诺从

① R. Leflar, "Conflicts Law: More on Choice-Influencing Considerations", *California Law Review*, Vol. 54, 1966, pp. 1593-1595.

他在纽约州的银行账户上付款3000美元。在支票兑现前，G停止了付款。P在纽约州起诉G要求付款。根据波多黎各的法律，这张支票构成一份有效的合同债务；而根据纽约州的法律，赌博合同非法。

莱弗拉尔对此案的分析如下：

“结果的可预见性”在合同案件中“始终重要”，基于善意签订的合同应认定为合法有效，法院应保护当事人的正当期望。维护波多黎各和纽约州的良好关系也要求适用前者的法律。“简化司法任务”与本案没有联系，因为两地的法律都很明确和容易适用。纽约州对适用自己禁止赌博的法律没有强烈的兴趣，因为它自己也允许境内的其他方式的赌博。最后，纽约州或许不会认为自己的法律比波多黎各的法律更好。总之，本案应适用波多黎各的法律，支持合同有效。①

(二)“五点考虑因素说”的理论渊源

莱弗拉尔总结的“五点考虑因素”具体内容主要来自于奇塔姆和里斯1952年的论文。在“准据法的选择”一文中，奇塔姆和里斯归纳了9项法律选择中遵循的主要政策：“州际和国际秩序的需要”；“除非有相反的适当理由，法院应当适用所在的本地法”；“在处理法律选择问题时，法院应当努力实现它本地相关法律的目的”；“结果的确定性、可预见性和一致性”；“保护当事人的正当期望”；“适用具有主导利益的州的法律”；“容易判定准据法，法院的便利”；“有关的一般本地法领域背后的基本政策”和“个

---

① R. Leflar, “Conflicts Law: More on Choice-Influencing Considerations”, *California Law Review*, Vol. 54, 1966, pp. 1595-1596.

案公平”。[①] 除了第四项和第五项考虑因素之外，莱弗拉尔其余三项考虑因素在具体措辞上都几乎来自奇塔姆和里斯的论文。在对五项考虑因素的具体阐述中，莱弗拉尔的论文也与奇塔姆和里斯的论文有相似之处。莱弗拉尔在晚年盛赞奇塔姆和里斯的论文是“对法律选择考虑因素的真正具有开创性的分析”，坦陈他的五项考虑因素中的前四项来自奇塔姆和里斯论文中的前八项，并将第九项“个案公平”改为“较好的法律规则”。[②] 但奇塔姆和里斯的观点显然不同于莱弗拉尔的见解之处在于，前者认为理解和把握法律选择政策只是通过司法实践发展冲突法的第一步，最终应将政策变为规则，而不像莱弗拉尔那样主张将政策本身作为判决的指南。[③]

莱弗拉尔的“五点考虑因素”同安特马罗列的 17 项法律选择考虑因素同样有很大的类似之处，[④]他对冲突法政策因素的深入

---

① 除了这 9 项法律选择政策，他们还提出了一条首要政策，即“法院必须遵循立法机关合乎宪法的规定”。由于大量的立法并未对法律适用问题作出明确的规定，他们没有将这一政策单列。See E. Cheatham and W. Reese, “Choice of the Applicable Law”, *Columbia Law Review*, Vol. 52, 1952, pp. 959, 962-980.

② See R. Leflar, “The Nature of Conflicts Law”, *Columbia Law Review*, Vol. 81, 1981, pp. 1082-1083.

③ 奇塔姆和里斯认为，法官通过司法发展法律要经过三个步骤：首先，理解和把握相关的社会政策；其次，将从社会政策得出的结论充分和清楚地表述为法律规则；第三，将规则用于具体的情况。一旦清楚地把握住了社会政策并将其表述成相应的规则，通过援引这些规则就很容易得出特定问题的合意答案。法律选择依然处于法律发展的第一个关注基本政策的阶段。See E. Cheatham and W. Reese, “Choice of the Applicable Law”, *Columbia Law Review*, Vol. 52, 1952, p. 960.

④ 安特马罗列的 17 项考虑因素包括：法律结果的一致性、法律冲突的最少化、法律结果的可预见性、当事人的正当期望、社会和经济结果的一致性、交易的有效性、连结点的相对重要性、认可“更强有力的(stronger)”法律、州际之间的合作、尊重他州的利益、最终结果的公平、尊重州内法的政策、要适用的实体规则的内部和谐、交易的地点或本质、私人的益处、国内法的同质性、最终求助于法院地法。不过，他不赞成最后一项考虑因素，主张在设计冲突法政策时将其排除在外。H. Yntema, “The Objectives of Private International Law”, *The Canadian Bar Review*, Vol. 35, 1957, pp. 734-735.

分析可谓响应了安特马的倡议。作为一位学贯欧美的法律现实主义者，安特马强调了政策分析的必要性和紧迫性。他观察到，在库克的“本地法说”之后，冲突法已经走入了死胡同，因为库克的理论“把国际私法的历史逻辑简化为一种毫无结果的自明之理，漠视甚至敌视国际商业的需要”。摆脱困境需要加强对冲突法的比较研究和实务研究。冲突法比较研究已经获得令人欣喜的进展，而系统的实践分析依然进展不大。但冲突法学界出现了三种实践分析方法，其中的政策分析方法最值得肯定。冲突法领域的政策分析方法由来已久。在 1924 年，劳伦森就附和库克的观点，明确指出法律选择背后的政策因素，随后众多的学者发表了主张政策分析的论文。冲突法领域的政策分析代表了一种对法律本质的认识，是贯穿于法律现实主义者的众多皇皇巨著之中的一根红线。法律现实主义的先驱霍姆斯早在 1881 年在其《普通法》一书中就揭示了法律“最终的分析可追溯至公共政策的观点”，而直接预示霍姆斯的法律政策观的是耶林于 1877 年提出的法律观——法律本质上是作为相冲突的利益和政策斗争的产物。虽然政策分析历史悠久，但它“依然是处于我们法理学的雏形状态的一门科学”。安特马指出，仅仅明确表述政策“绝不够用”，它们不过是具体情况下“指引道路的灯塔”。因此，他倡议：大量调查分析国际和州际商业的典型交易或事件，从中发现法律适用中的问题，然后进一步研究。他同时强调，冲突法领域的政策只是过渡性的，随着社会生活的变化而变化。① 莱弗拉尔将政策分

① H. Yntema, “The Objectives of Private International Law”, *The Canadian Bar Review*, Vol. 35, 1957, pp. 723-742.

析提炼为一种独立理论，并一再强调政策的流变性，同安特马的思想存在契合之处。

驱使莱弗拉尔孜孜以求影响法律选择考虑因素的直接动因是其法律现实主义信念，他要找到司法审判中“行为中的法”——决定判决的真实理由。他在多处表明了自己的这一动因。在1966年的“冲突法中影响法律选择的考虑因素”一文中，他明确指出：“如果要确认和表述出现一种或另一种结果的真正原因，就必须采用影响法律选择的考虑因素的措辞。”①在随后同年写作的“冲突法：再论影响法律选择的考虑因素”一文中，他再次强调：“通过采用这种方法，法院能用真实原因的表述取代机械的规则以及用冲突法判决意见的用语显示出的迂回设计的方法，后者极其常见地作为判决背后真实原因的掩饰。”②在多年之后，他更直率地阐明了自己的写作目的：“查明促使法院在法律冲突案件中选择一种而不是另一种法律的真实原因，并让法律选择过程与这些真实原因相一致。”③确认并公开采用这些真实的判决理由，“将会极大地便利学生、律师和其他法官理解司法判决”④。从更宏大的意义上讲，这种做法可以让普通法永葆青春，因为“原因，真正的原因，仍旧是普通法和普通法裁判的生命。

---

① R. Leflar, “Choice-Influencing Considerations in Conflicts Law”, *New York University Law Review*, Vol. 41, 1966, p. 318.

② R. Leflar, “Conflicts Law: More on Choice-Influencing Considerations”, *California Law Review*, Vol. 54, 1966, p. 1585.

③ R. Leflar, “The ‘New’ Choice of Law”, *The American University Law Review*, Vol. 21, 1972, p. 459.

④ R. Leflar, “Conflicts Law: More on Choice-Influencing Considerations”, *California Law Review*, Vol. 54, 1966, p. 1586.

自从普通法诞生之日起，它们就一直构成了判例的基本司法方法”①。

动态的法律观是法律现实主义的重要立场，②也是莱弗拉尔立论的基石之一。从法律的流变性出发，莱弗拉尔认为影响法律选择的考虑因素也是变化的，因为“新型交易和新的社会情况产生需要考虑的新型因素，或者改变旧因素的核心。更好的洞察力也会带来变化。这个列举和斟酌的过程需要几个世纪”③。莱弗拉尔之所以努力发现判决的真实理由，是因为法官过分依赖了冲突法的操作技巧和虚饰；而法官之所以不得不依靠“作为诚实大敌的花招(gimmicks)”，是因为冲突法正处于“发展中的转轨阶段”。莱弗拉尔为此充分理解“任何这类取得良好结果的间接手段”，甚至预计在他阐明了法院判决的真实原因——影响法律选择的考虑因素之后，法官可能会依然故我。为了服从“遵循先例原则”，他们也会“假装什么都没有改变”，利用传统的冲突法技巧的伪装，同时“不动声色地重视最近被认可的原则和考虑因素”，得出符合社会正义的判决。虽然表示充分理解，但莱弗拉尔并不赞同这种虚伪的手段，而是主张：“尽快地和尽我们所能地承认什么是真正的影响选择的因素，然后在转轨时期继续前行。”④

---

① R. Leflar, “Choice-Influencing Considerations in Conflicts Law”, *New York University Law Review*, Vol. 41, 1966, p. 325.

② 卢埃林在同庞德论战中提出动态的法律观是法律现实主义者的共同出发点之一。See K. Llewellyn, “Some Realism about Realism—Responding to Dean Pound”, *Harvard Law Review*, Vol. 44, 1930 - 1931, p. 1236.

③ R. Leflar, “Choice-Influencing Considerations in Conflicts Law”, *New York University Law Review*, Vol. 41, 1966, p. 325.

④ Ibid., pp. 325-326.

三、小结

莱弗拉尔的“五点考虑因素说”吸收了美国主要冲突法理论的精髓，带有鲜明的折中主义特征。在莱弗拉尔提出自己的理论时，比尔的法域选择方法当时已经受到种种责难，日薄西山，而柯里的“法律适用兴趣分析”方法对于运用政策分析解决真实冲突无能为力。它们都对法官通过“明确陈述的理由”取得公正判决设置了人为的障碍。纽约州法院提出的“重力中心(center of gravity)方法”和《第二次重述(草案)》提出的“最重要的连结点(most significant contacts)方法”将法官从这些人为的障碍中解放了出来，但却对冲突法案件要求的可预见性束手无策。面对这种“僵硬性”(rigidity)和“无预见性”(unpredictability)的两难困境，莱弗拉尔提出了自己的“五点考虑因素说”。这种方法一方面让法官摆脱人为障碍的束缚，另一方面为法官选择法律提供了一系列的判断标准。① “五点考虑因素”中的“增进法院地的法律适用兴趣”是对柯里“法律适用兴趣分析说”的继承与发展，“适用较好的法律规则”肯定了艾伦茨威格的“支配交易有效性的基本规则”，考虑因素的五个方面几乎全部提炼自奇塔姆和里斯1952年论文。凯弗斯主张的“规则和结果选择说”是“适用较好的法律规则”立论的主要依据，为莱弗拉尔推崇备至。莱弗拉尔高度

---

① W. Reynolds and W. Richman, “Robert Leflar, Judicial Process, and Choice of Law”, *Arkansas Law Review*, Vol. 52, 1999, p. 134.

评价过凯弗斯1933年的论文，[①]直言凯弗斯在众多优秀冲突法学者中“卓尔不群”(stand up pre-eminently)。[②] 在吸收其他学者理论精华的同时，莱弗拉尔批判了其中的不合理成分，并力主将五点考虑因素本身作为法官灵活判决的指南。

莱弗拉尔采用折中主义而不附从任何一种现有理论，源自他对司法现实的深刻把握。他在20世纪50年代就发现，“真相是——我们最好承认这一点——判例的推理和这一领域大多数学者的著述之间几乎没有联系。”虽然学者们在大张旗鼓地分析冲突法政策，但极少数法官能够理解和运用。[③] 为了检视法院在何种程度上采用艾伦茨威格的理论，莱弗拉尔仔细阅读了许多最重要的判例，结果有些令人失望。法官很少遵循单一的理论，他们在判决中会从各种渊源中寻求表面上的证据。[④] 在晚年的著述中，莱弗拉尔深刻地分析了法官回避甚至玩弄理论的缘由。如果同时选修了多门课程，“甚至在法学院冲突法课程上最用功的学生也无法阅读完所有的冲突法作品”；在工作中，繁忙的法官没有时间像法学院的冲突法教师那样精读学者的著述。因此，“一位能干且尽责

---

① 莱弗拉尔认为这篇论文指出了价值判断而不是纯粹的机械分析会影响到法律选择。这在一定意义上是对霍姆斯名言的认可：“对法官事实上将如何行为的预测，而不是更多的伪饰，就是我所意指的法律。”从更广泛意义上讲，这是对司法过程现实的认可。法院，尤其是上诉法院，能够通览案情，法官很难对法律内容视而不见。“有些法官企图忽略它，其他法官承认他们无法、也没有忽视法律内容。”R. Leflar, “The Nature of Conflicts Law”, *Columbia Law Review*, Vol. 81, 1981, pp. 1081-1082.

② R. Leflar, “Choice of Law: A Well-Watered Plateau”, *Law and Contemporary Problems*, Vol. 41, 1977, p. 10.

③ R. Leflar, “Choice of Law: Torts: Current Trends”, *Vanderbilt Law Review*, Vol. 6, 1952－1953, p. 461.

④ R. Leflar, “Ehrenzweig and the Courts”, *Oklahoma Law Review*, Vol. 18, 1965, p. 374.

的法官能引用凯弗斯的伟大著作——《法律选择过程》、布雷纳德·柯里和艾伦茨威格著作的一部分以及其他著述的零星内容，但这就是几乎所有的内容。”①为了给繁忙的法官提供判决的指南，莱弗拉尔不遗余力地分析判例的真实原因，并将其总结为简明扼要的五项考虑因素，力图做到“写出来能让人明白、用起来能切实可行”②，希望法官借此抛弃操纵传统冲突法的种种伎俩。

反对操纵伎俩，主张陈述判决的真正原因，体现了莱弗拉尔理论的建构成分。经过早期法律现实主义者的猛烈抨击，到了20世纪中叶，“比尔式的概念主义”已经式微，传统的冲突法规则也在司法实践中屡屡碰壁，法官开始开拓新路。起初，他们没有各种冲突法理论作指导，不得不自行摸索。③ 在60年代各种理论纷纷登场之后，学者理论中也没有“乐土的清晰图景”，而只是努力朝着学者认为正确的方向摸索。④ 在规则和理论不确定的时期，法官常常借助于传统冲突法的外衣，去实现符合社会潮流的结果。但莱弗拉尔不完全赞成这种做法，因为这样会使律师和其他法官不明就里，先例的指引功能得不到充分发挥，冲突法的转轨也会因此受阻。为此，他通过分析普通法的演变历史告诫法官：在判决中表明“真正的理由”丝毫不会损害法律的庄严和威信，“坦诚的现实主义

---

① R. Leflar, “Choice of Law: A Well-Watered Plateau”, *Law and Contemporary Problems*, Vol. 41, 1977, p. 11.

② R. Leflar, “Conflict of Laws, Contracts, and the New Restatement”, *Arkansas Law Review*, Vol. 15, 1960－1961, p. 172.

③ R. Leflar, “The ‘New’ Choice of Law”, *The American University Law Review*, Vol. 21, 1972, pp. 459-460.

④ R. Leflar, “Ehrenzweig and the Courts”, *Oklahoma Law Review*, Vol. 18, 1965, p. 374.

其实维系了法律的庄严和威信”。如果法官接受这种见解,“坦诚而清晰”地陈述司法意见,普通法将能更好地发挥指南作用。[①]

显然,莱弗拉尔的理论完全是在普通法语境下建构的,一切着眼于法官的工作,这种立场符合美国冲突法实况。美国的立法机关通常不愿涉足法律选择领域。大多数法律,无论是普通法还是成文法,并没有关于适用范围的规定,无论是明确的还是隐含的。即使稍有涉足,立法效果也不理想。莱弗拉尔观察到:“我们的法律选择立法的经历常常令人惋惜。”除了一些仔细草拟的统一法中的条文以及其他一些规定,美国有关法律选择的成文法倾向于模糊笼统。[②] 由于冲突法几乎都是法官创制的法律,因此,探究冲突法的本质其实就是探究英美普通法的本质。[③]

在冲突法几乎就是普通法的情景下,莱弗拉尔的理论可以促进普通法的演进,但其自身“并不提供经验法则(rules of thumb)”。莱弗拉尔指出,运用他的理论应该与“一如既往演进的普通法联系在一起”,前提条件是“假定大量的关于法律选择的普通法继续发挥正常的先例功能”。法官直接陈述法律选择的考虑因素,就可获得“更明智的司法观点”;他人从考虑因素的真实原因看判决,可以得到“对判决相关理由的更富有思想性的分析”。法官运用考虑因素审视先例,一方面应“准备抛弃显示得不到考虑因素的支持或违反考虑因素的陈旧机械规则”,另一方面应“确认那些符合和执行

① R. Leflar, “Honest Judicial Opinions”, *Northwestern University Law Review*, Vol. 74, 1979 - 1980, p. 735.

② R. Leflar, “Choice-Influencing Considerations in Conflicts Law”, *New York University Law Review*, Vol. 41, 1966, pp. 271 276.

③ R. Leflar, “The Nature of Conflicts Law”, *Columbia Law Review*, Vol. 81, 1981, p. 1080.

这些考虑因素的旧规则或至少旧的结果”。[①] 通过这种去伪存真的方法审视先例，美国冲突法的真相就呈现在世人面前：在少数领域，旧规则继续有效，如土地所有权适用土地所在地法；而在侵权、私人信托、合同领域，法律选择规则还处在摇摆不定的状态，采用五点考虑因素分析案件显示出的也是这种不准确性。[②] 整体而言，莱弗拉尔的理论“不仅它不会带来许多准确的法律选择规则（至少不是永久不变的规则），而且无法非常准确地表述这些决定性的考虑因素自身。每次列举这些因素都是一次残缺的、重叠的、尝试性的归纳努力”。但它的独特价值在于，清楚地辨认出判决背后的原因并将其联系起来，这种做法要比让判决原因显得杂乱无章效果更好，普通法制度会因此运转更加良好；同时，依赖考虑因素裁判要比随意地优先选择适用法院地法更容易实现判决的一致性，而且结果更加合乎理性，同时包容判决的多样性。[③]

或许正是这种巨大的弹性和包容性，莱弗拉尔理论受到了一些法官和学者的肯定。阿肯色州、明尼苏达州、新罕布什尔州、北达科他州、罗得岛州和威斯康星州在侵权案件中采用了莱弗拉尔的方法，还有一些州在合同案件中采用了他的方法。对此，麦当格尔（McDougal）盛赞道：“在所有今天法院采用的法律选择方法或理论中，莱弗拉尔的影响法律选择的考虑因素应当

---

① R. Leflar, “Choice-Influencing Considerations in Conflicts Law”, *New York University Law Review*, Vol. 41, 1966, pp. 304-305.

② R. Leflar, “Conflicts Law: More on Choice-Influencing Considerations”, *California Law Review*, Vol. 54, 1966, p. 1588.

③ R. Leflar, “Choice-Influencing Considerations in Conflicts Law”, *New York University Law Review*, Vol. 41, 1966, pp. 324-325.

被视为是最好的。”[①]艾伦茨威格认为莱弗拉尔“适用较好的法律规则”考虑因素符合国际私法的传统，“明确承认法院适用自己较好规则的权利和责任是一种古老的传统，这种传统只是明显屈从过19世纪的国际学派的概念主义。”[②]

但这种巨大的弹性和包容性同时构成了莱弗拉尔理论的致命缺陷，它赋予了法官过大的自由裁量权，而且常常导致适用法院地法。荣格(Juenger)指出，由于其“开放和折中”，莱弗拉尔的理论使法官拥有了宽泛的选择权；尤其是最后一项考虑因素(“适用较好的法律规则”)，它赋予法官的自由裁量权“近乎绝对”(nearly absolute)。[③] 凯弗斯对莱弗拉尔过分自由的法律选择方法坚决反对，认为让法官选择较好的法律并不是解决法律选择问题的“有原则的优先选择”(principled preference)，而是对法律选择问题的逃避；他指责莱弗拉尔教授将“较好法律规则”(better rule of law)混同于“较好的法律选择”(better choice of law)。[④] 艾伦茨威格一针见血地指出“较好法”存在与法院地法混同的危险倾向，法院常从本地法中发现较好的法律规则。[⑤] 里斯中肯地指出，莱弗拉尔

---

① L. McDougal III, “Leflar's Choice-Influencing Considerations: Revisited, Refined and Reaffirmed”, *Arkansas Law Review*, Vol. 52, 1999, pp. 106, 121.

② A. Ehrenzweig, *Private International Law: A Comparative Treatise on American International Conflicts Law, Including the Law of Admiralty, General Part*, Leyden: Sijthoff, 1967, p. 97.

③ F. Juenger, *Choice of Law and Multistate Justice*, Dordrecht: Martinus Nijhoff Publishers, 1993, pp. 104-105.

④ D. Cavers, “The Value of Principled Preference”, *The Choice of Law, Selected Essays, 1933 -1983*, Durham: Duke University Press, 1985, p. 206.

⑤ A. Ehrenzweig, *Private International Law: A Comparative Treatise on American International Conflicts Law, Including the Law of Admiralty, General Part*, Leyden: Sijthoff, 1967, p. 97.

理论最大的问题是“较好法”的适用，法院几乎总认为自己本地法最好。①

采用莱弗拉尔理论的司法实践验证了批评者的观点。从采用莱弗拉尔方法的五个州司法实践观察，法院往往只是口头上提及其他四个考虑因素，实际上只是采用“适用较好的法律规则”一个考虑因素；而适用“较好法”的结果，往往是适用法院地法；即使偶尔适用外地法，也是出于偏爱本地人或原告。② 需要指出的是，法院的做法其实违反了莱弗拉尔的本意。莱弗拉尔明确指出过，适用“较好法”“只是五个考虑因素中的一个”，在某些案件中重要而在另一些案件中并不重要；机械地选择法律有欠妥当，而简单地“选择所偏爱的当事人”同样糟糕。③ 这种理论与现实的截然反差正可谓“播下的是龙种，收获的是跳蚤”。

莱弗拉尔晚年曾对美国20世纪70年代末的冲突法实践和理论状况有过一段精彩的素描，这段话表明他自己非常清楚自己和其他学者理论的命运。

> 美国冲突法案件中关于法律选择的判例法已经达到了一定水平的稳定性，或许其不稳定和不持久还是确实存在，但这一领域的类似状况已经许多年没有出现过了。它是发现于上

---

① W. Reese, “American Trends in Private International Law: Academic and Judicial Manipulation of Choice of Law Rules in Tort Cases”, *Vanderbilt Law Review*, Vol. 33, 1980, p. 725.

② E. Scoles, P. Hay, P. Borchers and S. Symeonides, *Conflict of Laws*, 4th Edition, St. Paul: Thomson/West, 2004, pp. 53-55.

③ R. Leflar, “Choice-Influencing Considerations in Conflicts Law”, *New York University Law Review*, Vol. 41, 1966, pp. 302, 304.

诉法院观点中而不是在法律评论之中的稳定性。学术著述中依然搅起最新争议的尘埃,新思想家们提出了可能再次革新冲突法的新方法。这是活跃的法律思想的特权与功能。但是,大多数裁判法律选择案件的法院现在已经安顿在一种政策的高地(policy plateau),这块高地远远超越了比尔概念主义的水准;尽管美国冲突法学者令人耳目一新的远见卓识滋润着这块高地,其中戴维·F.凯弗斯卓尔不群,但这块高地在特征上并不符合任何一位学者先前宣扬的图景。①

① R. Leflar, "Choice of Law: A Well-Watered Plateau", *Law and Contemporary Problems*, Vol. 41, 1977, p. 10.

第八章 从政策分析到规则构建

在那些从事于除草并指点随后播种的人中，没有一个人比威力斯·里斯更加勤奋、富于创新或更适合于做个园丁或更具有园艺才能。①

在众多冲突法革命者运用法律现实主义铲除了冲突法智慧花园里的法律形式主义杂草后，最终需要有人栽种上更美丽的花草，里斯承担并出色地完成了这一任务。同许多冲突法革命者不同，里斯更多地运用了法律形式主义的政策分析和规则细化的建构思路，并同凯弗斯一道发展了规则细化的思路——以原则或方法为过渡。

在当代美国著名的冲突法学者中，里斯是一位睿智的法律现实主义者和长于归纳综合的集大成者。他一直密切关注美国的涉外审判实践和各种理论的最新进展，不时清醒地指陈其中的利弊；他行文简洁明快、切中要害、不温不火而立场却一直鲜明坚定。②

---

① S. Fuld, "Willis L. M. Reese", *Columbia Law Review*, Vol. 81, 1981, p. 935.

② 里斯的同事斯密特(Smit)教授称里斯的写作风格简明直接、切中要害，颇具海明威的精湛技巧。See H. Smit, "In Memoriam, Willis Livingston Mesier Reese", *Columbia Law Review*, Vol. 91, 1991, p. 3.

美国法学会选择里斯作《第二次重述》的报告人可谓独具慧眼、知人善任。

里斯一生对冲突法的研究与《第二次重述》的编撰密切相连。在《第二次重述》编撰开始的1952年，他才发表自己的第一篇关于法律选择的论文，[①]奠定了编撰《第二次重述》的思想基调；他随后发表的一系列冲突法论文基本上都是为重述的编纂作阐述和辩解。[②] 离开了里斯的冲突法思想，我们无从把握《第二次重述》的

---

① 这篇论文为"准据法的选择"，为里斯和奇塔姆合写。See E. Cheatham and W. Reese, "Choice of the Applicable Law", *Columbia Law Review*, Vol. 52, 1952, p. 959. 里斯一生作品的列表可见于 H. Smit, "In Memoriam, Willis Livingston Mesier Reese", *Columbia Law Review*, Vol. 91, 1991, pp. 5-9。

② 里斯冲突法论文的代表作有："Choice of the Applicable Law (with E. Cheatham)", *Columbia Law Review*, Vol. 52, 1952, p. 959；"Contracts and the Restatement of Conflict of Laws, Second", *The International and Comparative Law Quarterly*, Vol. 9, 1960, p. 531；"Conflict of Laws and the Restatement Second", *Law and Contemporary Problems*, Vol. 28, 1963, p. 679；"Choice of Law: Rules or Approach", *Cornell Law Review*, Vol. 57, 1972, p. 315；"Dépeçage: A Common Phenomenon in Choice of Law", *Columbia Law Review*, Vol. 73, 1973, p. 58；"Choice of Law in the United States: The Past, the Present and Some Prophecies for the Future", J. Hazard and W. Wagner(eds.), *Law in the United States of America in Social and Technological Revolution*, Brussels: Etablissements Emile Bruylant, 1974；"Choice of Law in Torts and Contracts and Directions for the Future", *Columbia Journal of Transnational Law*, Vol. 16, 1977, p. 1；"American Trends in Private International Law: Academic and Judicial Manipulation of Choice of Law Rules in Tort Cases", *Vanderbilt Law Review*, Vol. 33, 1980, p. 717；"The Second Restatement of Conflict of Laws Revisited", *Mercer Law Review*, Vol. 34, 1982－1983, p. 501；"Substantive Policies and Choice of Law", *Touro Law Review*, Vol. 2, 1986, p. 1；"A Suggested Approach to Choice-of-Law", *Vermont Law Review*, Vol. 14, 1989, p. 1。他在海牙国际法学院的两次演讲都以《第二次重述》的内容为核心。See "Discussion of Major Areas of Choice of Law", *Recueil des Cours*, Vol. 111, 1964, p. 309；"General Course on Private International Law", *Recueil des Cours*, Vol. 150, 1976, p. 1(本注释中论文的页码均为起始页码——笔者注).

思路和灵魂；抛开《第二次重述》，我们无从理解里斯冲突法思想的表现形式和立场基点。因此，下文将里斯的冲突法思想与《第二次重述》两项研究前后并列，相互印证。

里斯1938年毕业于法律现实主义者的大本营——耶鲁大学法学院，①在其冲突法理论的建构中，他深受凯弗斯、柯里和艾伦茨威格基于法律现实主义的冲突法理论的影响，尤其是他对坚定的法律现实主义者——凯弗斯的理论推崇有加，这一切使里斯的冲突法思想深深打上了法律现实主义的烙印。但是，与其他冲突法学者不同的是，作为《第二次重述》的报告人，里斯更多地着眼于冲突法制度的重构，而不是对比尔的理论和制度的摧毁。因此，里斯的冲突法思想集中体现了法律现实主义中的建构思路——政策分析和规则细化。

里斯的冲突法思想兼收并蓄了美国主要冲突法学者的理论精华，并在此基础上形成了独具一格的法律选择方法和思路。他理论上的折中主义奠定了今天美国冲突法学界的基调，他编纂的《第二次重述》成为美国司法界最受欢迎的一套规则。经过了冲突法革命烈火的洗礼，冲突法"智慧花园"里终于在里斯的辛勤耕耘下重新绽放出灿烂的花朵。那么，里斯是如何汲取了美国主要冲突法理论的营养？其主要冲突法观点是什么？"最重要关系原则"到底在其思想中占据何种地位？其冲突法思想如何彰显了法律现实主义？《第二次重述》怎样具体体现了里斯的冲突法思想？下文对此将详细剖析，最后总体评价里斯的冲突法思想和《第二次重述》。

---

① "Resolution of the Faculty", *Columbia Law Review*, Vol. 81, 1981, p. 933.

一、里斯的冲突法思想——规则导向的政策分析

里斯简洁明快的文风使人读来轻松愉悦，易于把握其主旨，但他高度凝练的归纳和吝于注释的写作习惯又使人难于寻觅其思想来源和根基。因此，笔者主要从里斯对他人理论的评价中推究其思想根源。同样，里斯的思想虽然包含了鲜明的法律现实主义内核，但他从不声称自己为法律现实主义者。因此，笔者只能从其观点与法律现实主义的契合处断定其法律现实主义根基。

(一)里斯对主要冲突法理论的评论

里斯与奇塔姆合写第一篇关于法律选择的论文时已经近 40 岁，[①]他的法律视野主要局限在美国法和理论，很少涉足欧洲大陆国家的冲突法及理论。[②] 因此，里斯的理论主要根植于美国本土。我们探究里斯的冲突法理论根源也必须从他评价当时美国流行的其他冲突法理论着手。

柯里的《冲突法文集》于 1963 年发表后很快引起里斯的注意，

---

① 里斯生于 1913 年，这篇论文发表于 1952 年。See W. Reese, "Discussion of Major Areas of Choice of Law", *Recueil des Cours*, Vol. 111, 1964, p. 311("Biographical Note"), p. 314("Principal Publications").

② 里斯在 1976 年的海牙演讲中开篇谦虚地谈道："如果我还算懂得一点法律的话，它就是美国法。"W. Reese, "General Course on Private International Law", *Recueil des Cours*, Vol. 150, 1976, p. 1. 不过，里斯对英国冲突法及其理论比较关注，在《第二次重述》"合同"部分他吸收了英国的"适当法原理"(proper law doctrine)。他还指出，在起草《第二次重述》的过程中，对英国冲突法判例的重视和对美国判例的重视几乎可以等量齐观；重述的草案应该大致上合乎英国法律，因为人们认为在英国和美国占主导地位的冲突法规则没有本质上的差异。W. Reese, "Contracts and the Restatement of Conflict of Laws, Second", *The International and Comparative Law Quarterly*, Vol. 9, 1960, pp. 537, 541.

他在1964年的海牙演讲中详细归纳了柯里的“法律适用兴趣分析说”，并侧重批判了其学说中的极端和荒谬之处。他指出，柯里所持的法院无法衡量适用兴趣的观点“非常难以立足，甚至难以理解”。

> 衡量两个或多个法域在特定案件中的适用自己法律的兴趣大小，不可避免地依据涉及的精确问题、案件事实和这些事实与所涉及法域的当事人之间的关系。法院是最适合在个案基础上处理这类变化因素的机构。另一方面，立法机关可能不可避免地在多少概括的层面上立法，无法考虑到每个单独案件中变化不定的事实。此外，由立法机关承担柯里教授主张的任务存在严重的危险。立法者是像我们一样的人；在像法律选择这样如此广阔且不发达的领域，理所当然无法预见到所有将来可能出现的不同情况。应对法律选择的一部成文法将不可避免地以这样的条款措辞：让成文法适用于立法机关永远没有想到的情况，而且对于这种情况立法机关并不希望适用这部法律。①

此外，柯里的这一观点与司法实践背道而驰，“至少在世界的大部分地区，法院和立法机关的做法不支持柯里教授的教导”。更为致命的是，柯里忽略了法院在适用本地实体法兴趣之外的其他更重要的兴趣，即维持州际和国际秩序以及保护当事人正当期望。

① W. Reese, “Discussion of Major Areas of Choice of Law”, *Recueil des Cours*, Vol. 111, 1964, p. 332.

同时,柯里方法对于出现的“无兴趣的案件”无能为力。[①]

与对柯里方法的强烈批判态度相比,里斯肯定了艾伦茨威格的主要论点:法院应当适用法院地法,除非适用另一法域的法律是由于“确定的先例或相反的非常有说服力的理由”要求如此;先例要求土地转让的效力和据此创设的权利适用土地所在地法,婚姻的有效性适用婚礼举行地法或当事人住所地法;“取决于一些例外,法院将通过适用与当事人和交易有合理密切联系的任何法域有利的法律支持合同的有效性”;至少在侵权的一部分领域,法院应当适用要求被告承担责任的法律,条件是被告能预见到这一法律的适用并因此有机会办理针对这种责任的保险。[②]

相比较而言,里斯对凯弗斯的观点赞誉有加。虽然相对于柯里和艾伦茨威格的作品,凯弗斯关于冲突法著述相对较少,“但是他已经撰写的作品极其富有创见和煽动性,从长远来看,他会被充分证明是三位中最有影响的一位。”凯弗斯基于两点反对传统的法律选择规则。第一个方面是,传统的规则都具有“法域选择”(jurisdiction-selecting)的性质,要求法院选择法律时不考虑法律的内容及其选择带来的结果,这样做既“不现实”(unrealistic)也“不受欢迎”(undesirable)。凯弗斯反对传统规则的第二点理由是,“它们在适用中过分宽泛”,主张应针对细微的法律争点(issue)寻找适当的针对该争点的规则。法院应适用“能够包容所有法域的兴趣”的法律;在无法找到这类法律时,“法院应当根据所有相关的因素适用它感到最适当的法律,这些因素包括具体的问题、所涉及法

---

① W. Reese, “Discussion of Major Areas of Choice of Law”, *Recueil des Cours*, Vol. 111, 1964, pp. 332-333.

② Ibid., pp. 333-334.

域的兴趣大小、各法域实体法的条款、每个法域与当事人和交易之间的连结点。”[①]对于凯弗斯后来提出的“优先选择原则”，里斯指出这一方法面临的主要困难在于难于提炼原则，但是在难以提炼规则的领域首先提炼出原则不失为可行的方法。《第二次重述》起草中也借助了优先原则的方法。但与凯弗斯的方法有不同之处：凯弗斯的原则部分基于对相关法律内容的考虑，而《第二次重述》中的规则绝对依赖地域联系。[②]

里斯还特别指出了柯里与凯弗斯理论的适用范围。柯里与凯弗斯探讨的几乎全是有关合同与侵权法律适用的问题，两者都是法律选择最为困难和不确定的领域。土地转让和关于土地的遗嘱有效性适用土地所在地法、有关动产遗嘱的效力适用死者死亡时住所地法，对于这类问题他们持什么态度还不明确。“或许柯里与凯弗斯，或者至少其中一位，会准备接受这类规则。”[③]

里斯最后总结点明了自己的立场。他赞同柯里、艾伦茨威格和凯弗斯所言的大部分内容，但基本不同意柯里的下述主张，即“应该抛弃所有冲突规则”，以及“只要法院地在适用自己法律上具有‘合理’(legitimate)的兴趣，法院应当总是适用自己当地的法律”。不管怎样，柯里的观点对强调法域的兴趣在塑造法律选择规则中的作用很有帮助，只是这种兴趣不是唯一的考虑因素。艾伦

① W. Reese, “Discussion of Major Areas of Choice of Law”, *Recueil des Cours*, Vol. 111, 1964, pp. 334-337.

② W. Reese, “American Trends in Private International Law: Academic and Judicial Manipulation of Choice of Law Rules in Tort Cases”, *Vanderbilt Law Review*, Vol. 33, 1980, pp. 732-733.

③ W. Reese, “Discussion of Major Areas of Choice of Law”, *Recueil des Cours*, Vol. 111, 1964, p. 338.

茨威格教授也提出了许多有价值的观点。他强调法院应该经常适用支持合同有效性的法律，这种观点有其价值，只是他有些过分强调了这一趋势。凯弗斯教授正确地强调了所涉及具体问题的重要性以及法律适用效果对法律选择的影响，但他在抨击传统法律选择规则为“法域选择”方面“过分极端”(too extreme)。对于转让土地和遗嘱的有效性问题，可预见性和结果的一致性非常重要，“法域选择”规则还有存在的价值。即使在合同和侵权领域，只要法律选择政策要求特定问题适用特定的法律，而不管相关法律的内容如何，在这种情况下，法域选择规则同样有一席之地。比如，共同住所地法应该适用于决定一个家庭成员是否可以在侵权案件中起诉另一家庭成员。①

里斯对于在一定程度上借鉴了自己思想的莱弗拉尔“五点考虑因素说”不太重视，在著述中很少提及。他指出，与柯里和艾伦茨威格不同，莱弗拉尔的理论考虑到了涉外政策。但这一理论最大的问题是“较好法”的适用，法院几乎总认为自己本地法最好；同时，五点不同的考虑因素指向不同法律的适用。在司法实践中，莱弗拉尔的方法虽然因为相对简单和明显的灵活性被相当数量的法院所采用，但它实际发挥的作用值得怀疑。阅读这些判例会发现，法院经常先作出判决，然后用莱弗拉尔的方法加以说理。这种方法的灵活性，尤其是它对“较好法”的强调，使得它很容易为法院随意操纵。②

---

① W. Reese, “Discussion of Major Areas of Choice of Law”, *Recueil des Cours*, Vol. 111, 1964, pp. 338-339.

② W. Reese, “American Trends in Private International Law: Academic and Judicial Manipulation of Choice of Law Rules in Tort Cases”, *Vanderbilt Law Review*, Vol. 33, 1980, pp. 725-726.

里斯对当时主流理论的评论可谓归纳精练、见解深刻，体现了其折中的立场。柯里的文集甫一面世，里斯就敏锐地察觉了其中的致命缺陷：对规则的漠视、过分倚重实体法政策而忽视涉外政策、对"无兴趣案件"无能为力。针对柯里对规则的漠视和学界对柯里方法的追捧，里斯曾专门撰文批判这种用"方法"取代"规则"的理论倾向，[①]强调"规则"的结果确定性价值。里斯对柯里理论中过分倚重实体法政策的批判反映出他意识到了冲突法本身的独特价值和对涉外政策的重视。里斯指出柯里方法对"无兴趣案件"的无能为力是因为法院无权衡量兴趣大小，而里斯认为普通法法院衡量政策轻重和相应法域的"法律适用兴趣"既不违传统又切合实际，这为他在《第二次重述》中赋予法官较大自由裁量权埋下伏笔。虽然整体上对柯里方法持批判态度，但他肯定了柯里方法中强调政策分析和兴趣分析的合理成分，这与他早期对政策分析的强调有重合之处。里斯虽然反对以"方法"取代"规则"，但他意识到在法律选择政策不明的领域，运用"方法"无法避免，"规则"与"方法"相结合成为《第二次重述》的一大特色。里斯吸收了艾伦茨威格总结的大部分"真实规则"，但由于《第二次重述》采用了"中立法院"的立场，艾伦茨威格对"法院地法"的强调没有为里斯所采纳。里斯在一定程度上继承了凯弗斯理论的衣钵：反对理论演绎，主张分析法律内容和政策；反对涵盖过分广泛的规则，主张针对具体问题细化规则；在细化规则不可能时，首先发展法律选择的原则。但他抛弃了凯弗斯理论中的革命色彩，肯定了传统冲突法中

① 这篇论文为"法律选择：规则还是方法"。See W. Reese, "Choice of Law: Rules or Approach", *Cornell Law Review*, Vol. 57, 1972, p. 315(本页码为起始页码——笔者注).

的合理成分。

在批判地继承美国主流冲突法理论的基础上，加之自己天才般的灵感，里斯创建了以《第二次重述》为主要载体的冲突法思想。

(二)里斯的主要冲突法观点

里斯的主要冲突法观点可以归纳为：政策分析为基础，规则细化为目标，“原则”或“方法”为过渡。

1. 政策分析为基础

里斯对于法律选择问题有个坚定的信念：辨明相关领域的基本政策是法律选择的基础。“法律选择规则应当是政策的产物；一条特定的法律选择规则是否正确体现了这些政策，在有可能决定这个问题之前必须识别出这些政策。”①这种观念是里斯的法理思想在冲突法领域的自然延伸。里斯认为：“政策是所有法律规则的基础和根源。是政策首先为人所知。其后，政策可能被体现在成文法中或可能通过司法判决被赋予效力。”②普通法的产生过程可以充分证明这一点。法官创制普通法大致分为三步：确立相关的政策、将政策具体化为法律规则、将规则用于特定案情。③

确立法律选择的政策并非轻而易举。冲突法是个年轻而多变的领域。有些政策因素至今未明，还需要详细研究法律选择的具体领域；有些政策因素尚处于朦胧可见的状态。此外，确定法律选择的政策面临特别的难题。由于是在两个以上的法律之间选择，

---

① W. Reese, “Discussion of Major Areas of Choice of Law”, *Recueil des Cours*, Vol. 111, 1964, p. 340.

② W. Reese, “Choice of Law: Rules or Approach”, *Cornell Law Review*, Vol. 57, 1972, p. 318.

③ E. Cheatham and W. Reese, “Choice of the Applicable Law”, *Columbia Law Review*, Vol. 52, 1952, p. 960.

每个法律背后都隐含着相关法域的政策要求，因此，法律选择的政策不仅要考虑案件的涉外因素和涉外政策，而且要考虑相关法域准据法背后的实体法政策。①

辨明政策是冲突法迈向成熟的第一步，因此尽管面临诸多难题，里斯和奇塔姆还是尝试着总结出了10项法律选择政策。②

---

① E. Cheatham and W. Reese, "Choice of the Applicable Law", *Columbia Law Review*, Vol. 52, 1952, p. 960.

② 在里斯和奇塔姆合著的1952年论文中，第一项首要政策——法院必须遵循立法机关合乎宪法的规定，没有和其他一般政策相并列。但他们是将这项政策排在一般政策之前首先阐明的。See ibid., p. 961. 里斯在1963年的"冲突法和《第二次重述》"一文中对这10项法律选择政策在措辞上稍作修改。修改后的10项法律选择政策为：(1)法院必须遵循其所在地的立法机关合乎宪法的规定；(2)法律选择规则应被设计为使国际和州际制度运作良好；(3)除非存在相反的适当理由，法院应当适用其当地的实体法；(4)法院在决定是适用其本地法还是另一法域的法律时，应当考虑相关实体法规则的目的；(5)法律选择规则应当寻求取得结果的确定性、可预见性和一致性；(6)法院应当寻求保护当事人的正当期望；(7)法院应当寻求适用占据主导地位的兴趣(dominant interest)所属法域的法律；(8)法律选择规则应当简单并容易适用；(9)法院应当寻求促进相关实体法领域中的基本政策；(10)法院应当寻求取得个案公平。实质内容的改变有两处：第一处是补充了第四项政策的运用方法。里斯结合1961年特雷纳法官审理的"伯恩克兰特诉福勒案"(Bernkrant v. Fowler)具体指明了两种权衡相关实体法政策的方法：一是公开承认其拥有"裁断的权力"(power of decision)，然后探究，是否实现其当地实体法的政策不如实现"其他法律选择政策和其他法域的(实体法)政策"更重要；二是"假装其唯一的任务就是成文法解释，或换而言之，它只需探究立法机关是否确实想要(intend)将这部成文法用于特定的事实情况"。这两种方法形式不同，而考虑因素和结果一致。第二处实质性修改是关于"州际和国际秩序的需要"的地位。在1952年的论文中，里斯认为这一政策最为重要(overriding)，后面的几个政策可以说是他的推论。而在1963年的论文中，里斯将其修改为，除了第一个政策——法院遵循立法机关的指示，其余政策之间无主次之分。See W. Reese, "Conflict of Laws and the Restatement Second", *Law and Contemporary Problems*, Vol. 28, 1963, pp. 682-690. 1964年里斯在海牙演讲中论及法律选择政策的部分基本照搬了其1963年论文中的内容。See W. Reese, "Discussion of Major Areas of Choice of Law", *Recueil des Cours*, Vol. 111, 1964, pp. 340-352. 为简洁起见，正文中的10项法律选择政策还是采用1952年论文中的表述。

(1) 法院必须遵循立法机关合乎宪法的规定

这项政策虽然最为重要,但其实并无多少实际用处。原因是,大量的法规只是为州内情况而制定,对适用于州外的情况未置可否。即使法规中采用泛泛的"每份合同"或"每位死者"这类用语,也不能从字面上将这种法规理解为适用于每一个法院受理的合同和继承案件。只有当立法者合乎宪法地明确规定了法律适用问题,法院才需要严格遵循。①

(2) 州际和国际秩序的需要

除了在比较罕见的情况下法院必须遵循立法机关的明确指引外,维护良好的州际和国际秩序应当成为法律选择的基本考虑因素。在美国,人们从事商业和社会活动几乎不考虑州际边界,因此维护州际秩序在美国比在任何其他国家更重要。在涉及宪法对法律选择问题的控制时,美国联邦最高法院一直考虑州际秩序的需要,下级联邦法院和州法院在遇到不涉及宪法的问题时也应该考虑州际秩序的需要。同理,国际法律选择规则应该源自国际社会的利益。但是,这项政策用词模糊,难以适用。以一种或另一种方式处理纠纷几乎不可能准确断定是否有利于维护州际或国际秩序。或许,这一政策最好从后面其他政策的适用中去理解。②

(3) 除非有相反的适当理由,法院应当适用当地的实体法

采用这项原则的主要理由在于:"显然,法院最熟悉自己本地的法律。没有适当的理由,它不应承担查明和适用另一法律的责任。而且,涉及的这种责任越重,承担它的理由必须更有力。"实体

---

① E. Cheatham and W. Reese, "Choice of the Applicable Law", *Columbia Law Review*, Vol. 52, 1952, p. 961.

② Ibid., pp. 962-963.

和程序问题的区分很能说明这个道理。法院几乎不可能完全采用另一个法域的审判制度,包括证据规则、送达和执行判决的方法。而且,这类程序问题不可能影响诉讼的最终结果。但是,目前实体和程序问题区分背后的冲突法政策尚不明朗,在界定程序问题上法院有时犯了错误,典型的例证是法院通常误将诉讼时效和证明责任问题视为程序问题适用了法院地法。对于这类问题,外法域的法律很容易被查明和适用,而且最终的审判结果与此密切相关,法院应将其视为实体问题看待。①

(4) 在处理法律选择问题时,法院应当努力实现它本地相关实体法的目的

每部成文法背后都隐含着一种或几种立法目的,在界定一部成文法适当的适用范围时,应当考虑一部法律的立法目的。为了实现立法目的而去解释和运用一部成文法并不是一件轻而易举的工作。造成这种困难的原因首先是难以界定一部成文法背后的立法目的。第二种或许更为重要的困难根源存在于法院作为一个自由者形式,法院的职责并非简单地遵循立法机关明确的立法指示;相反,它必须努力作出一个正确的冲突法判决。为此,法院不能只考虑本地成文法追求的目的,而且它还必须注意到法律选择背后的相关政策。②

(5) 结果的确定性、可预见性和一致性

这是冲突法和其他法律都必须遵循的基本价值理念。这些理念要求无论在何处诉讼,法官都应以同样的方式裁判案件。当处

① E. Cheatham and W. Reese, "Choice of the Applicable Law", *Columbia Law Review*, Vol. 52, 1952, p. 964.

② Ibid., pp. 965-966.

于主导地位的法律赋予一个事件以特定的法律后果时，这种后果应得到其他地方法院的认可。这种法律选择政策提醒法院适用与事件存在最密切联系法域的法律，而不能让不重要的相反考虑因素决定案件结果。这种法律选择政策可让当事人及其律师按照占支配地位的法律安排交易，同时阻止原告挑选对自己有利的法院。此外，这项政策要求防止冲突规范之间没有必要的差异，要求法院在决定摆脱普遍接受的规则束缚时应当特别谨慎。①

(6) 保护当事人的正当期望

在一定程度上，保护当事人的正当期望是上一政策的另一种说法。但从更深层的意义上讲，这个政策是冲突法存在的根本原因之一。当一件事情的所有情况都发生在一个法域时，这个政策要求适用该法域的法律。当事人在合同中选择法律时，除非有重大的相反理由，应肯定当事人法律选择的有效性。但是，当事人的期望必须是正当的。对于滥用优势地位的当事人的正当期望，有许多专门的法律明确予以禁止。②

(7) 适用占据主导地位的兴趣所属法域的法律

由于法律是政策的产物，各法域都希望通过适用自己的法律实现相应的政策。因此，"法律选择判决对相关州具有真正的利害关系，因为该判决在最终的结果上决定了谁的政策在具体案件中将占据上风。"这就要求在具体案件中适用占据主导地位的兴趣所属法域的法律，尤其在所有案情都发生在一个法域的情况下更是如此。在一个特定的争议中，两个或更多法域的各自兴趣必须至

---

① E. Cheatham and W. Reese, "Choice of the Applicable Law", *Columbia Law Review*, Vol. 52, 1952, pp. 969-970.

② Ibid., pp. 970-972.

少根据三个因素来衡量：诉讼中涉及的特定问题，竞相适用的法律背后的目的或政策，聚集在每个法域内有关事件之实质要素的数量。[①]

(8) 容易判定准据法，法院的便利

与其他政策相比，这一政策相对次要。因为如果过分强调这个政策，“将导致只存在一条单一的规则，即根据法院地法裁判所有案件”。但是，这一政策有其价值，而且在一些情况下，它应当占据支配地位。这一政策为侵权适用侵权行为地法提供了部分支持理由。一般而言，每个侵权有两个实质要素：被告行为地和原告受害地。当两个要素都在一个州时，显然应该适用该州的法律。[②]

(9) 有关的一般实体法领域背后的基本政策

具有自身目的的特别法只是承载更重要政策的本地一般法的一部分。有时，特别法的目的可能与一般法的基本政策针锋相对。因此，法院应该考虑的不能只限于特别法，而且应该考虑更广泛法律领域包含的基本政策。如果更广泛法律领域的基本政策明确指向一个结果，那么它就是选择某个法律的一个重要原因。高利贷案件是个绝佳例证。反高利贷法的政策是保护借款人免受过高利息的负担，但是合同法领域的更一般性政策却要求其兑现承诺。在商业贷款案件中，许多法院坚持高利贷法的政策让步于支持合同成立的一般政策。经常出现这种情况：坚持基本政策会触犯一个具有利害关系的州的法律政策。这种情况下要考虑前面探讨过的政策，而不是法律的基本政策。有时，几个政策之间很难分出哪

① E. Cheatham and W. Reese, “Choice of the Applicable Law”, *Columbia Law Review*, Vol. 52, 1952, p. 972.

② Ibid., pp. 976-977.

个更加重要。此时，这一法律选择政策就无能为力了。例如，侵权法背后就有多个政策目标（确立行为标准、威慑潜在的侵权人和赔偿原告），很难分清哪个更重要。此外，这项政策还要求适用与时代同步的法律，而不是适用“落后于时代步伐”的法律。①

（10）个案公平

这项政策与其他政策明显不同，因为它要求“法官将注意力集中在特定案件的事实，并适用能最佳实现公正结果的法律”。但是，正义的含义变幻莫测，几乎没有法官像所罗门那样知道正义的真正含义。此外，如果把正义作为判决的唯一标准，所有的规则将不复存在，但规则对社会生活必不可少。在法律选择中，“取得个案公平只是许多政策中的一个”。它可以在案件出现特殊情况时，帮助法官摆脱一般规则的束缚。②

里斯指出，除了第一项政策，其余政策之间没有主次之分。③这些政策的相对重要性不仅在不同种类的案件中有所不同，而且每一个单独的案件也可能提出不同的政策组合。法律选择规则必须在尽可能地考虑这些政策变化的基础上获得发展。单一的方法或始终恪守单一的政策都不会奏效。④ 此外，以上政策都是法律

---

① E. Cheatham and W. Reese, “Choice of the Applicable Law”, *Columbia Law Review*, Vol. 52, 1952, pp. 978-980.

② Ibid., pp. 980-981.

③ 这是里斯在1963年论文中修正后的观点。See W. Reese, “Conflict of Laws and the Restatement Second”, *Law and Contemporary Problems*, Vol. 28, 1963, p. 690. 在1952年论文中，里斯将第二项政策（州际和国际秩序的需要）的重要性列在后面其他政策之前。See E. Cheatham and W. Reese, “Choice of the Applicable Law”, *Columbia Law Review*, Vol. 52, 1952, p. 981.

④ See W. Reese, “Conflict of Laws and the Restatement Second”, *Law and Contemporary Problems*, Vol. 28, 1963, p. 692.

选择政策，在解决具体问题时，还应考虑相应的实体法政策。比较实体法政策之后可能会发现，这些政策之间并不冲突。①

2. 规则细化为目标

规则细化为目标涉及两个问题：为何采用"规则"而不是"方法"；进一步的问题是为何采用"细化"的规则。在"规则"还是"方法"的取舍上，②里斯的态度旗帜鲜明："同其他领域一样，发展规则同样应该是法律选择领域的一个目标。"③

之所以将发展规则作为法律选择领域的目标，是因为"规则"具有"方法"难以比拟的价值。"规则"最明显的好处是它带来的确定性和可预见性，这对于当事人安排未来的交易或在谈判中确定自己的筹码和立场都非常重要。规则的另一个好处是方便司法工作，法官只需挑选合适的规则将之用于手头的问题即可。比较而言，运用"方法"裁判案件难免个案处理，后面的法官无法获得确定的判决指南。当法官被告知适用对争议"最关心的法域的法律"时，司法工作尤其艰难。查明成文法或判例法背后的政策是一种

---

① See W. Reese, "Discussion of Major Areas of Choice of Law", *Recueil des Cours*, Vol. 111, 1964, pp. 355-356.

② 里斯将"规则"(rule)界定为："一种可见于大多数法律领域的现象，即一旦适用一个准则(formula)，就会引导法院得出一个结论。"他将"方法"(approach)界定为："只是表述得出一个结论所应考虑的哪个因素或哪些因素。""方法"的典型例子是《第二次重述》的第6条，它列出了选择法律应考虑的因素，但是既没有说如何根据这些考虑因素作出法律选择，也没有说各个考虑因素的相对重要性。还有一种与规则相对的方法，就是根据一种考虑因素选择法律，比如不少法院和学者经常主张的适用对特定问题最关心(have the greatest concern)的法域的法律。采用这种方法需要首先辨别出相关法域法律背后的政策，而采用"同样措辞的成文法或判例法规则"可能隐含着不同的或轻重有别的政策。显然，这是一种要求个案分析的方法。W. Reese, "Choice of Law: Rules or Approach", *Cornell Law Review*, Vol. 57, 1972, pp. 315-316.

③ Ibid., p. 319.

"费力、艰难和令人灰心的工作"。更麻烦的是，大量的时间浪费在查明政策之后，"那些政策的确切性质可能依然难以确定。"通常各州立法委员会的报告难以获取，法官理解成文法背后的政策不得不依赖推测甚至灵感。即使能找到立法委员会的报告，成文法或判例法背后的政策查清了，一般也难以确定是否将某条规则适用于一个涉外争议就能推进这一政策。此外，假如一个案件所涉及各州的政策都能通过法律适用促进自己政策的实现，那么法院如何决定哪个州的关切才是更重要的呢？如果法院发现所涉及两个或多个州的政策几乎同等重要，那么法院又面临基于什么合理理由决定推进一个州的政策而牺牲另一州的政策。① 因此，虽然政策是规则的基础，但政策本身不适合作为裁判的直接依据，法律选择的长期目标必然是发展规则。

> 由于其准确的适用范围可能还未确定，因此在原生态中的政策难以适用。更麻烦的是，罕有一项政策孑然而立；通常由一个或更多的相反政策伴随左右，因此就有这样一个问题：决定在何种程度上应当推进一种政策而牺牲另一种政策。界定政策的适用范围或对相冲突的政策提供适当包容性的程度，这项工作同下面的法律选择问题非常类似：决定如何最佳地包容涉外政策和本地法政策，包括哪个州对特定问题的判决最为关心。至少在大部分法律领域，法院始终如一的目标一直是尽可能快地将政策转化为规则，原因之一就是规则更

---

① See W. Reese, "Choice of Law: Rules or Approach", *Cornell Law Review*, Vol. 57, 1972, pp. 316-318.

准确，并因此比政策提供更强的确定性和可预见性，法院也更容易适用。在法律选择问题上，法院的目标不也一样吗？本人的观点是，应对该问题给出肯定的回答，同其他领域一样，发展规则同样应该是法律选择领域的一个目标。[①]

法律选择规则在美国不受欢迎，主要源于“对创制侵权和合同领域的规则归于失败的一种过度反应”，但这并不意味着无法创制出更好的规则，也不意味着宽泛的法律规则永远无法成功。过去比尔提出的合同和侵权领域的法律选择规则“数量稀少而在性质上无所不包”，这与社会现实格格不入。在合同和侵权两个看似简单的领域，其实分别隐含着众多的不同问题，各个法域的实体法也各有特色。况且，伴随着争议问题和连结点聚集的变化，对特定案情最关心的法域也随之变化。在这种情况下，“如果一个或两个简单而严格的规则就能令人满意地处理在这两个领域出现的无数法律选择问题，这将令人称奇。”而现实的回答恰恰是这类规则没有出现这种“令人称奇”的特效。但是，宽泛的规则在合同和侵权领域的失败只是意味着“在性质上同先前尝试过的那些规则相类似的规则将不可能被证实成功。”不过，这并不意味着将来无法设计出令人满意的规则。同时，在特定领域，宽泛的规则依然可行。比如关于土地权益的转让问题仍然适用土地所在地法院所适用的法律，动产继承问题依然主要适用死者死亡时住所地的法律。对采用法律选择规则的反对声音主要还是存在

① See W. Reese, “Choice of Law: Rules or Approach”, *Cornell Law Review*, Vol. 57, 1972, pp. 318-319.

于合同与侵权领域。[1]

发展规则的最终目标是提炼出数量众多的细化规则。冲突法规则应该能有效地实现相关的涉外政策和本地法政策，而宽泛的规则无法实现这个目标。规则的宽泛措辞往往导致这种糟糕的情况："涉及的政策不同于规则被设定执行的政策。"比如夫妻之间是否免责适用夫妻共同住所地法。这一规则对于只涉及夫妻二人的案件非常合适，适用的是对争议问题最关心的州的法律。但是如果案情变化为妻子起诉第三人，而第三人主张由其丈夫承担责任，这时再适用这条冲突规则就显得对第三人不公平了。[2] 因此，法官通过司法实践发展规则应从特定具体问题着手，然后慢慢尝试扩大其适用范围：

> 他应该从一个特定的问题入手，尝试制定能令人满意地调整这个问题的法律选择规则。可能最终有望证实下述做法是可行的：一个单一的规则涵盖一组问题。但是，直到有合理的基础支持这种做法——令人满意地包含第一个问题背后政策的规则同样也包含第二个问题背后的政策，他才应该将针对一个特定问题制定的规则适用到另一个问题上。[3]

这样积累的规则不仅数量庞大，而且相对精确，"每个规则

---

① See W. Reese, "Choice of Law: Rules or Approach", *Cornell Law Review*, Vol. 57, 1972, pp. 319-320.

② Ibid., pp. 321, 325.

③ Ibid., p. 325.

将只是有关一个特定的问题或一组密切联系的问题”。不过，初步提炼出的规则并不是恒定不变，而是要经过实践的不断检验。提出规则后，法官要在随后的案件中不断检验其实用价值。一旦最初的规则或修正后的规则经过了多次检验，它就在普通法规则中占有了一席之地，以后法院就可以多少自动地适用这条规则。在创制规则的过程中，法官如果能在判决中阐述真实的判决理由，那么对发展规则的帮助将“难以估量”。但令人遗憾的是，法官经常隐瞒自己的真实判决原因。这种判决推理的虚假将可能会“误导其他法官和诉讼当事人并阻碍法律的发展”①。

发展细化的规则将不可避免地要求更广泛地采用分割法(dépeçage)②。细化的规则往往针对单独的一个问题，“充其量不过是相对很少的问题”。一个案件中可能出现多个需要处理的问题，新兴的法律选择规则在许多情况下要求这些问题分别由不同法域的规则来调整。此时，反对分割法就无法适用细化的规则，法院和当事人也无从获得“适用的便利、确定性和可预见性”。因此，“乐意自由地采用分割法，看来是令人满意地发展精细法律选择规

---

① See W. Reese, “Choice of Law: Rules or Approach”, *Cornell Law Review*, Vol. 57, 1972, pp. 323, 325.

② 分割法有三种含义。广义上分割法指“在同一案件中针对不同的争点适用不同法域的规则”。这种定义的缺陷在于涵盖了无可争议的一种问题，这就是程序问题适用法院地法，而实体问题适用其他的法律。狭义上的分割法指“通过适用不同法域的规则调整不同的问题，这样取得的结果无法通过绝对地适用任何一个相关法域的法律来获得”。这种定义“太受限了”，容易掩盖一些“相关的基本因素和价值”。里斯采用了折中的含义：“只是指适用不同法域的规则调整不同的实体法争点(substantive issues)。”See W. Reese, “Dépeçage: A Common Phenomenon in Choice of Law”, *Columbia Law Review*, Vol. 73, 1973, pp. 58-59.

则的一个前提条件。”①

3. “原则”或“方法”为过渡

在单纯依赖政策进行个案分析和最终提炼出细化的规则之间存在一个中间阶段——采用“原则”或“方法”。在这个阶段里，现有的知识只是告诉法官对于一个特定问题或一类问题通常如何裁断，但不可能决定例外的情形何时出现。因此，规范的形态就是一般原则后带着一种不准确的例外情形。虽然这种原则性的规定还不准确，但它相对于什么也不规定要好多了，因为它至少还能为法官提供一定的确定性和可预见性。有了这种原则，法官不用总是需要考虑相关的政策；即使考虑相关的政策，他们也知道通常情况下的判决结果。②

在《第二次重述》中，这种原则的具体形态为：首先规定了一般情况下适用某个法域的法律，然后规定“除非，对于特定问题，某个其他法域与当事人和事件存在更重要的关系”；在“除非”的情况出现时，适用的是另一法域的法律。比如对于人身伤害或有形动产之损失法律适用的规定；再比如对于有关土地权益转让合同法律适用的规定。可能在现阶段，大多数法律选择领域只能为这类原则有效地涵盖。③

在合同和侵权领域，现有的审判经验还不允许拟定明确的规则，于是最概括和最灵活的公式——适用具有“最重要关系”法域

---

① See W. Reese, “Dépeçage: A Common Phenomenon in Choice of Law”, *Columbia Law Review*, Vol. 73, 1973, pp. 59-60.

② W. Reese, “Choice of Law: Rules or Approach”, *Cornell Law Review*, Vol. 57, 1972, pp. 323-324.

③ Ibid., p. 324.

的法律就成了最后的方法。[①] 在合同领域，首先允许当事人选择所适用的法律。在当事人没有作出选择时，《第二次重述》彻底放弃了《第一次重述》中的合同签订地法的规则，取而代之以与合同存在“最重要关系”法域的法律，它“几乎不是一条规则(hardly a rule)，本质上更是一种解决问题的方法(an approach to the problem)”。这种规定具有两个明显的价值：一方面，它基本上不至于产生误导，原因是它不精确，它不会让人误以为“结果的确定性和可预见性能够出现在这种价值现在还无法取得的一个领域”；另一方面，“这种简洁陈述将法院从合同签地法规则的束缚中解放出来，将迫使它们在发展合同领域的新型而更精细的法律选择规则方面开始起步。”[②]对于侵权问题的法律适用，《第二次重述》最初的草案规定，当侵权行为地和结果发生地处于同一法域时，则该地的法律将调整当事人之间的权利和责任，但家庭成员之间的免责除外；当行为地和结果发生地位于不同的法域时，则适用侵权结果发生地法，除非侵权行为地与事件和当事人存在更加重要的关系。但随后出现的“基尔伯案”(Kilberg)并不符合这种归纳。受该案的启发，里斯决定将侵权冲突法从僵硬的冲突规则中解放出来，规定了侵权适用与侵权存在“最重要关系”法域的法律。这一规定可以更好地反映侵权的法律适用处于变动状态的真相。[③]

① W. Reese, “Conflict of Laws and the Restatement Second”, *Law and Contemporary Problems*, Vol. 28, 1963, p. 699.

② See W. Reese, “Discussion of Major Areas of Choice of Law”, *Recueil des Cours*, Vol. 111, 1964, p. 375.

③ Ibid., pp. 391, 393.

之所以在审判经验不成熟的领域并不去为了追求形式的完美仓促拟定细则，是因为里斯总结了《第一次重述》失败的教训，确信“不好的规则要比完全没有规则更糟”。在政策不明晰的领域制定了规则，或宽泛的规则涵盖了制定者没有考虑的情形，这种规则就无法实现个案公平，从而得不到法院的支持，规则具有的结果可预见性和一致性也就无从实现。[①] 既然如此，就不如在合同和侵权这类处于变动状态的领域只是规定“原则”或“方法”，给法院尽可能的指导；在经验积累到一定程度后，再制定更加明确和准确的规则。

(三)里斯冲突法思想的法律现实主义根基

成功的实践离不开正确的理论指导。里斯成功编撰《第二次重述》与其法律现实主义思想密不可分。从其著述分析，里斯颇得法律现实主义的真谛，虽然他从不言明自己的法理根基。但正如法律现实主义注重“行为中的法”而非“书本上的法”，判断里斯冲突法思想的法理基础也不能仅关注其表面的说法，而且应考察其具体的做法。

美国法律现实主义的核心内容为规则怀疑主义、法律功能主义、规则细化主义和法学教育的革新。[②] 除了法学教育的革新与冲突法没有直接关联之外，里斯身体力行了法律现实主义的前三项主张，虽然整体上他侧重于新规则的构建而不是对旧规

---

① W. Reese, “Choice of Law: Rules or Approach”, *Cornell Law Review*, Vol. 57, 1972, p. 320.

② 关于法律现实主义的具体内容请参见前文第一章第10—24页，但该章未涉及“法学教育的革新”。关于法律现实主义内容全面而简洁的归纳，参见许庆坤：“重读美国法律现实主义”，《比较法研究》2007年第4期，第4—11页。

则的批判。

规则怀疑主义构成了法律现实主义最鲜明的特色，它要求彻底批判不合时宜的旧规则。里斯对《第一次重述》不乏无情批判，认为“在所有《重述》中，《冲突法重述(第一次)》最不成功和争议最大”①；比尔尝试制定一些无所不包的规则，这类规则与相关的政策几乎没有关系，并且在实践中表现得一塌糊涂，比尔的这种尝试极大地妨碍了令人满意的规则的出现。② 法律现实主义者还怀疑“法律发现论”，主张法官立法。里斯对富德法官在“巴布科克案”中大胆抛弃旧规则改而创建新规则的做法大加赞赏，认为该案关于法律适用兴趣的观点代表了冲突法向现代社会的迈进，表明了适用对案件最感兴趣的州的法律是法律选择中的重要价值，强调了存在州的关切(state's concern)，而且必须衡量这种关切的程度。③ 法律现实主义者怀疑规则的确定性，主张从法官的行为中发现真实的规则。里斯接受了这种观点。在评判合同冲突法时他认为：

> 几乎可以确定地说，判决意见中提到的规则经常并不是作出判决的真正原因。毋庸置疑，常见的做法是法院首先根据没有言明的原因作出裁决，得出他希望的结果，然后挑选特定的能推导出这一结果的法律选择规则。通常得出的结果并

---

① W. Reese, “Contracts and the Restatement of Conflict of Laws, Second”, *The International and Comparative Law Quarterly*, Vol. 9, 1960, p. 541.

② W. Reese, “Choice of Law: Rules or Approach”, *Cornell Law Review*, Vol. 57, 1972, pp. 333-334.

③ W. Reese, “Choice of Law in Torts and Contracts and Directions for the Future”, *Columbia Journal of Transnational Law*, Vol. 16, 1977, p. 5.

无惊人之举，但采用的步骤还有许多值得改进之处。①

对于新规则的构建，法律现实主义者提出了法律功能主义和规则细化的主张。里斯对此莫不应从。从上文所述里斯的冲突法思想中，我们可以看出里斯对政策分析和规则细化的推崇，下面对此再作进一步的补充。法律功能主义主张视法律为实现社会政策的工具，并且伴随社会生活和政策的变化而变化。里斯就特别强调政策在发展冲突法规则中的作用：

> 所有的规则——当然法律选择规则也不例外，都是政策的产物。一条规则在创立之初都是要促进法律制定者设想的相关基本政策。在规则的早期发展阶段，要经常考虑这条规则的潜在政策目标来决定是否需要修正规则，是否应该在宽泛或狭隘的意义上适用规则。只有当规则已经立足稳健时，才可以不需考虑相关政策而放心地适用它。上述论断尤其适合于法律选择规则。很少规则立足稳健，许多规则尚在初期发展阶段。法院在适用这些规则时应该经常考虑相关政策。《第二次重述》应该陈述那些尽可能促进相关政策实现的规则。②

里斯对冲突法规则的变动状态一直保持着清醒的认识，并

① W. Reese, "Choice of Law in Torts and Contracts and Directions for the Future", *Columbia Journal of Transnational Law*, Vol. 16, 1977, p. 18.

② W. Reese, "Conflict of Laws and the Restatement Second", *Law and Contemporary Problems*, Vol. 28, 1963, p. 681.

成为《第二次重述》采用灵活原则和方法的客观基础。在其1952年第一篇关于法律选择的论文中，他就谈道，法律选择是冲突法中最难解决的问题。困难主要来自这个学科的年轻和多变性。不仅该领域的先例较为稀少，而且少数的先例也常常让人误入歧途。由于不存在普遍接受的确定规则，法官经常不得不探寻政策和价值这类基本问题。[①] 在60年代他再次谈道，冲突法还是一个相对不成熟的领域，现在冲突法规则比以往更不确定。[②] 在1976年海牙演讲中，他又特别解释了编撰《第二次重述》面临的特别困难："美国冲突法当前处于变动(flux)和混乱(chaos)的状态中"；曾经建立起的规则已经被否定，而在新规则追求的基本价值层面还存在实质性的分歧，甚至在规则和方法的选择上也存在争议。[③]

规则细化主义反对规则的简略泛化，主张制定精确细密并针对特定问题的"有效规则"(working rules)，规则应符合相关的社会政策要求。里斯赞同这种观点，将细化规则作为冲突法发展的目标。里斯指出："我们现在相当确定地知道的是，法律选择如此广泛和复杂，无法用数量较少的普遍适用的规则来调整。相反，我们需要的是大量相对精确的规则，它们只是适用于明确

---

① See E. Cheatham and W. Reese, "Choice of the Applicable Law", *Columbia Law Review*, Vol. 52, 1952, p. 959.

② See W. Reese, "Contracts and the Restatement of Conflict of Laws, Second", *The International and Conparative Law Quarterly*, Vol. 9, 1960, p. 532; W. Reese, "Conflict of Laws and the Restatement Second", *Law and Contemporary Problems*, Vol. 28, 1963, p. 681.

③ W. Reese, "General Course on Private International Law", *Recueil des Cours*, Vol. 150, 1976, p. 9.

限定的情况。"[1]因此，应该抛弃《第一次重述》中的大部分泛化规则，而代之以一种新规则。新型规则应该调整范围相对狭小而数量众多，既适当考虑到法律选择的政策，也不忽略涉及的实体法政策。[2] 在《第二次重述》中，里斯不仅广泛采用分类法细化涉外民事法律关系，而且广泛采用分割法细分同一法律关系中的不同问题，有针对性地拟定规则。不过，在判例法还比较混乱的领域，里斯采用了灵活的原则或方法作为达到规则细化最终目标的过渡手段。

那么，里斯如何在《第二次重述》中具体表现其冲突法思想和法律现实主义立场的呢？这还要通过分析《第二次重述》本身来考察和分析。

二、《冲突法重述(第二次)》的编撰思路、主要内容和特点[3]

《第二次重述》主要体现了报告人里斯的冲突法思想。这与

① W. Reese, "Conflict of Laws and the Restatement Second", *Law and Contemporary Problems*, Vol. 28, 1963, p. 681.

② W. Reese, "Choice of Law in Torts and Contracts and Directions for the Future", *Columbia Journal of Transnational Law*, Vol. 16, 1977, p. 40.

③ 《第二次重述》共 14 章，423 条，内容涵盖了涉外管辖、法律选择和涉外判决的执行等，本书只涉及其中的法律选择部分(主要包括第 1 章和第 6 章至第 13 章，其余章节个别条文涉及法律选择)。这 14 章依次为："引言"(第 1 条—第 10 条)、"住所"(第 11 条—第 23 条)、"司法管辖"(第 24 条—第 79 条)、"对司法管辖权行使的限制"(第 80 条—第 91 条)、"判决"(第 92 条—第 121 条)、"程序问题"(第 122 条—第 144 条)、"不法行为"(第 145 条—第 185 条)、"合同"(第 186 条—第 221 条)、"财产"(第 222 条—第 266 条)、"信托"(第 267 条　第 282 条)、"身份"(第 283 条—第 290 条)、"代理与合伙"(第 291 条—第 295 条)、"商业公司"(第 296 条—第 313 条)、"财产管理"(administration of estates)(第 314 条—第 423 条)。

报告人在法律重述中的独特地位有关系。重述司法判例中的普通法规则是美国法学会的一项宏大工程，其目的在于消除普通法日益庞杂和混乱导致的法律指引功能丧失的危险。如何总结和厘清各州不同的判例法并在一定程度上引导判例法的发展，取决于报告人自身的立场、理论和采用的方法。在重述的编撰中，报告人担负对草案的起草和多次修改，对"重述"的质量负责。顾问、委员会和大会成员只是提出修改意见并予以批准或不批准。"因此，一份法学会成果的表述风格和方式实质上由报告人负责。最后，而且是最重要的，一份法学会成果的核心框架或潜在基本原理(underlying philosophy)就是报告人的。"①《第二次重述》的报告人为里斯，哈佛大学法学院的斯科特教授作为辅助报告人(Associate Reporter)只是负责第10章"信托"的起草工作。② 因此，《第二次重述》可以说主要是里斯冲突法思想的载体。下文将具体分析《第二次重述》如何承载了里斯的冲突法思想。

(一)《冲突法重述(第二次)》的编撰思路

里斯编撰《第二次重述》，正值既得权理论已遭抛弃而许多领域的新规则尚不明朗的转轨时期，因此，《第二次重述》的一个显著目标是不至于产生误导。里斯确立的总体指导思想是：宁可规则因为其可变性和不确定性而在适用中出错，也不让规则因为其精准和严格而在将来被证明错误。一方面，规则不能宽泛得几乎能

---

① W. Reese, "Discussion of Major Areas of Choice of Law", *Recueil des Cours*, Vol. 111, 1964, p. 320.

② American Law Institute, *Restatement, Second, Conflict of Laws*, St. Paul: American Law Institute Publishers, 1971, p. ix, "Introduction".

容得下法院可能作出的任何判决，这样的规则和没有规则没有什么两样；另一方面，在法律的价值还不存在的领域，规则不能提供确定性和可预见性。许多冲突法规则确有必要具有可变性以便给法院发展这些规则留下空间。当然，重述应该尽可能具有指引功能。在那些已经产生准确和固定规则的领域，《第二次重述》也应该陈述准确和确定的规则。其他地方，宽泛和灵活的规则就足够了。这种规则如果辅以指导法院应用的各种政策评论就能够在实践中发挥作用。①

里斯的第二个编撰思路是"中立法院"(neutral forum)的视角。所谓"中立法院"就是柯里所称的"无兴趣法院"，"这种法院并没有需要保护的自身利益，它只寻求适用最适当的法律。"里斯对此解释说，诱使法院适用本地法的考虑因素数量众多，变化无常，因而难以重述。对此可能有人提出批评说，罕有案件出现在"真正中立的法院"的情况。这很可能是真的，但事实依然是，这种方法是"唯一可行的方法"。②

里斯的第三个编撰思路是实现双重目标。在理论界存在激烈争论、司法实践判决不一的背景下，《第二次重述》的目标是双重的。一方面它要保持仍然获得相当数量判例支持并能在未来的岁月里有望取得良好结果的规则；另一方面在以往规则已遭废弃和法律正处于变易不定之中的合同和侵权领域，《第二次重述》尝试提出一些公式化的表述，这些表述符合判例，有足够的概括性和灵

① W. Reese, "Conflict of Laws and the Restatement Second", *Law and Contemporary Problems*, Vol. 28, 1963, p. 681.

② W. Reese, "Discussion of Major Areas of Choice of Law", *Recueil des Cours*, Vol. 111, 1964, pp. 357-358.

活性允许法律的未来发展，同时通过指出大多数案件的可能判决结果也能够提供一些指引。[①]

(二)《冲突法重述(第二次)》的主要内容

正因为《第二次重述》肩负双重目标，因此相对于《第一次重述》，其内容既有基本保持不变之处，也有发生实质性重大改变之所在。《第二次重述》保留了有关下述问题的原有规则：转让土地利益、动产继承、流通证券、普通合同履行细节的问题。[②] 在身份、公司和财产领域的其他问题上也基本上保留了原有规则的内核，采用了“相当明确的(fairly definite)法律选择规则”，这是因为法院对这些领域采用的法律选择政策已经基本一致。具体而言，夫妻共同住所地在婚姻的有效性方面具有最重要的决定权，这是因为该地对其居民的婚姻身份具有占主导地位的利益；另一方面，夫妻共同住所地的法院通常支持符合婚礼举行地法的婚姻的效力，这样做符合结果的可预见性和一致性、保护当事人的期望以及支持婚姻有效性的一般政策。婚生的问题适用父母住所地法，因为该地具有占主导地位的利益，同样这也是对父母而言正义的要求。公司的内部事务适用公司成立地的法律，它符合州际秩序的需要、结果的确定性、可预见性和一致性、当事人的期望以及容易适用。动产(chattel)适用动产所在地法，该规则保护动产所在地法域的利益，在一定程度上保护当事人的期望，这条规则容易适用，可实

---

① W. Reese, “The Second Restatement of Conflict of Laws Revisited”, *Mercer Law Review*, Vol. 34, 1982 – 1983, p. 519.

② W. Reese, “Choice of Law in the United States: The Past, the Present and Some Prophecies for the Future”, *Law in the United States of America in Social and Technological Revolution*, J. Hazard and W. Wagner(eds.), Brussels: Etablissements Emile Bruylant, 1974, pp. 201-202.

现结果的一致性和可预见性。[①] 不过,《第二次重述》对上述规则也根据司法实践的发展作了适当软化。[②] 真正发生实质性重大改变的,是《第二次重述》关于合同和侵权问题法律适用的规定。

1. 合同的法律适用[③]

对于合同的法律适用,《第二次重述》相对于《第一次重述》作了四个方面的重大变化:首先,允许当事人选择法律;其次,在当事人没有选择法律时,采用了"最重要关系"原则,而不是合同缔结地法;再次,不再区分合同实质有效性和合同履行事项;最后,针对不同类型的合同分别作了规定。[④]

---

① W. Reese, "Discussion of Major Areas of Choice of Law", *Recueil des Cours*, Vol. 111, 1964, pp. 360-363.

② 比如对于婚姻有效性,《第二次重述》一方面规定符合婚姻缔结地法要求的婚姻,其有效性应获得普遍承认,另一方面规定婚姻有效性原则上适用"根据第 6 条所述原则对于特定争点与配偶和婚姻具有最重要关系法域的实体法"。See *Restatement, Second, Conflict of Laws*, § 283 (1971).

③ 第 8 章"合同"分六部分:合同的有效性和据此创设的权利、合同权利的转让、依当事人一方或双方的行为废除合同、流通票据、商事仲裁、恢复原状(restitution),共 35 条(第 186 条—第 221 条)。最重要的是第一部分,共 22 条(第 186 条—第 207 条),具体包括:(一)一般原则:第 186 条"准据法"、第 187 条"当事人所选法域的法律"、第 188 条"当事人没有作出有效选择时适用的法律";(二)特定的合同:第 189 条"转让土地权益的合同"、第 190 条"产生于转让土地权益的合同义务"、第 191 条"出售动产(chattel)利益的合同"、第 192 条"人寿保险合同"、第 193 条"火灾、失信或意外事故保险合同"、第 194 条"保证合同"、第 195 条"偿还借款合同"、第 196 条"提供服务的合同"、第 197 条"运输合同";(三)特定的争点:第 198 条"缔约能力"(capacity to contract)、第 199 条"书面要求——形式"、第 200 条"当事人能力和合同形式以外事项的合同有效性"、第 201 条"虚假陈述、胁迫、不当影响和误解"(misrepresentation, duress, undue influence and mistake)、第 202 条"非法"(illegality)、第 203 条"高利贷"(usury)、第 204 条"对合同中所用词语的依法解释(construction)"、第 205 条"合同债务(contractual obligations)的性质和范围"、第 206 条"履行的细节"、第 207 条"救济标准"(measure of recovery)。

④ *Restatement, Second, Conflict of Laws*, Chapter 8, "Introductory Note" (1971).

里斯承认，合同的法律适用是法律选择领域最为困难的部分之一，原因在于当事人选择法律的权利范围不确定，同时存在许多不同种类的合同以及更多的不同合同问题，再者所有法域都在不同程度上限制特定合同及特定合同条款的法律效力。① 里斯在修订中结合美国的司法实践和英国法，大胆作了重大革新。②

合同法律适用部分最重大的变化是赋予了当事人广泛的选择支配合同有效性法律的权利，比尔编撰的《第一次重述》没有这样做。比尔反对意思自治的理由是让当事人选择法律等于让他们自己成为了立法者。里斯认为这种反对意见答非所问，“如果当事人获准选择合同有效性的法律，不是因为他们是立法者，而仅仅是因为法院采用了这样一条法律选择规则，它允许适用当事人选择的法律。”允许当事人选择法律最大的好处在于当事人可以据此预测合同结果，从而冲突法可以实现确定性和可预见性的价值。他还指出，让当事人选择法律，“被认为是被大多数法律体系牢固确立的一条规则。我们的研究业已表明，这一原则也是美国法的组成部分。”困难来自如何表述法院对该原则施加的限制上。为此首先应该区分当事人有权约定的事项和无权约定的事项。对于第一类事项，当事人的意愿应得到尊重。“只有对于超出当事人合同权利的问题，当事人选择准据法的权利才会受到限制。”这些事项包括：当事人能力问题、合同形式问题、防止欺诈法、合同实质有效性、非

① W. Reese, “Discussion of Major Areas of Choice of Law”, *Recueil des Cours*, Vol. 111, 1964, p. 366.

② W. Reese, “Contracts and the Restatement of Conflict of Laws, Second”, *The International and Comparative Law Quarterly*, Vol. 9, 1960, p. 534.

法和对价的需要问题。当事人针对这些事项选择法律，《第二次重述》考虑到了四种限制情况[①]：

(1) 合同为涉外合同，“必须在两个或多个法域具有重要的连结点”[②]。

(2) 当事人意思表示必须真实，“如果一个法律选择条款是通过虚假陈述、胁迫、不正当的影响或误解造成的，那么该条款将不具有法律效力”。比较麻烦的是格式合同(adhesion contract)中法律选择条款的效力。对此，权威的判例还没有给出确定的答案。因此，《第二次重述》只是这样表述：如果认可格式合同中的法律选择条款将会导致“对随属方(adherent)的重大不公平”，那么法院将不认可这种条款的效力。[③]

(3) 如果当事人的法律选择没有合理的理由，这种选择无效。这并非要求所选择的法域必须与合同存在“客观联系”(physical connection)，只是要求法律选择具有“合理的基础”(reasonable basis)。

(4) 最后但是最重要的限制是，当事人不得规避法院所认为的这种国家——如果不考虑法律选择条款将适用的准据法的所属国——的根本政策。[④]

第二个变化——采用“最重要关系”原则——与盛行于英国的

---

① W. Reese, “Contracts and the Restatement of Conflict of Laws, Second”, *The International and Comparative Law Quarterly*, Vol. 9, 1960, pp. 534-536.

② 这一限制条件并没有出现在正文中，而是在“评论 d”中。See *Restatement, Second, Conflict of Laws*, § 187 Comment d (1971).

③ 这一限制条件并没有出现在正文中，而是在“评论 b”中。See ibid., § 187 Comment b (1971).

④ *Restatement, Second, Conflict of Laws*, § 187 (1971).

“适当法原理”具有“实质的类似性”。① 在确定与合同存在“最重要关系”的法域时，应考虑所有的相关连结点。②《第二次重述》还规定，除了三类特殊情况（转让土地权益的合同、产生于转让土地权益的合同义务和高利贷），如果合同谈判地和履行地都在一个法域，那么通常这个法域的法律调整合同的有效性问题。③

第三个变化——不再区分合同有效性的法律适用和合同履行的法律适用——实质上采用了英国法院的规则。④ 不过，《第二次重述》同《第一次重述》一样也规定了履行的细节适用合同履行地法，这类细节就是不会对合同性质和债务范围产生实质性影响的事项。⑤

第四个变化是对于特定种类的合同，《第二次重述》采用了更加明确的规则。除了对于人寿保险合同以及火灾、失信或意外事故保险合同(contracts of fire, surety or casualty insurance)不适用意思自治原则之外，⑥《第二次重述》对于其余的合同规定了在

---

① W. Reese, "Contracts and the Restatement of Conflict of Laws, Second", *The International and Comparative Law Quarterly*, Vol. 9, 1960, p. 537.

② 这些相关的连结点包括：签订地，合同谈判地，履行地，合同标的(subject matter)［既包括有形财产，也包括风险(risk)］所在地，以及当事人的住所、居所、国籍、公司成立地和营业地。这些连结点要根据其对于特定争点的相对重要性加以衡量。See *Restatement, Second, Conflict of Laws*, § 188 (1971).

③ Ibid., § 188 (1971).

④ W. Reese, "Contracts and the Restatement of Conflict of Laws, Second", *The International and Comparative Law Quarterly*, Vol. 9, 1960, p. 540.

⑤ See *Restatement, Second, Conflict of Laws*, § 206 Comment b (1971).

⑥ 这两类合同都是格式合同，因此排除了保险人单方面指定准据法的情况，直接规定适用“申请保单时被保险人住所地法域”或“当事人所理解的、保险期间所保风险的主要所在地法域”的实体法，“除非对于特定争点，其他法域根据第6条所述原则与交易和当事人存在更重要的关系；在这种情况下，适用其他法域的实体法。”不过，对于人寿保险合同，被保险人在投保申请中有权作出有效的法律选择。See ibid., § § 192-193 (1971).

当事人没有作出有效的法律选择时，适用某特定连结点所在法域的法律；“除非对于特定争点，其他法域根据第 6 条所述原则与交易和当事人存在更重要的关系；在这种情况下，适用其他法域的实体法。”①

一个不太重要的变化是关于高利贷的规定。《第一次重述》规定合同签订地法决定高利贷的存在和效力。与之相比，《第二次重述》规定，在下列情况下关于高利贷的指控将不被支持而支持合同的有效性：合同约定的利率为任何与合同有实质性联系的法域所允许，而且也没有“远远超出根据第 188 条的规则可能适用的准据法所属法域之一般高利贷法所允许的利率”②。

2. 侵权的法律适用③

相对于《第一次重述》，《第二次重述》侵权部分彻底抛弃了原来的僵硬规则——侵权适用侵权最后结果发生地的法律，改而采用灵活的“最重要关系原则”，同时区分不同的侵权类型和重要的

---

① 对于转让土地权益的合同以及产生于转让土地权益的合同义务，土地所在地是最重要的连结点；对于出售动产权益的合同，卖方交付动产的所在地是最重要的连结点；保证合同适用的是主合同的准据法；对于付款合同的有效性，支付地是最重要的连结点；服务的提供地是服务合同的最重要的连结点；乘客出发地或货物发送地是运输合同最主要的连结点。See *Restatement*, *Second*, *Conflict of Laws*, §§189-191, 194-197 (1971).

② Ibid., §203 (1971).

③ 侵权是第 7 章“不法行为”(wrongs)中最重要的部分。第 7 章分三部分：侵权、侵权所致死亡之诉(actions for death)和工人赔偿，共 41 条(从第 145 条至第 185 条)，其中侵权部分 30 条(从第 145 条至第 174 条)。关于侵权所致死亡之诉和工人赔偿，《第二次重述》在一定程度上保留了原来的规则，同时适当地增加了灵活性。如对于侵权所致死亡之诉权，《第二次重述》第 175 条继续规定适用损害发生地的实体法，“除非对于特定争点，其他法域根据第 6 条所述原则与事件和当事人存在更重要的关系；在这种情况下，将适用其他法域的实体法。”

争点规定了比较明确的规则。①

里斯在侵权领域采用灵活的“最重要关系原则”主要出于三方面的考虑。首先，虽然比尔的侵权冲突法规则在司法实践中一度获得法院的追捧，但是比尔当年主要考虑的侵权类型是人身伤害和有形财产的损失，这些也是至今为止法院受理的主要案件类型；而且在这两类侵权中，侵权结果发生地和侵权行为地几乎都是发生在一个地方；因此，一旦出现侵权行为地和结果发生地不一致的情况，相应的答案并不清楚。其次，有许多不同类型的侵权和几乎数不尽的与侵权有关的问题。仅仅适用侵权结果发生地法就能应对所有的侵权类型和相应的问题，那简直就是奇迹。最后，在开始修订“侵权篇”时，就出现了一些与侵权结果发生地法不符的判例。这些判例一方面表明，住所地法逐渐被用以决定家庭成员之间免责的问题；另一方面，“施密特案”(Schmidt)表明，当侵权行为地和结果发生地位于不同法域时，有时法院适用行为发生地法。受到“基尔伯案”的启发，里斯决定将侵权冲突法从僵硬的冲突规则中解放出来，规定了侵权适用与侵权存在“最重要关系”法域的法律。

① 《第二次重述》区分的侵权类型有：人身伤害、损害有形财产、欺诈和虚假陈述、诽谤(defamation)、发生于多法域的诽谤(multistate defamation)、造成金钱损失的说谎(injurious falsehood)、隐私权(right of privacy)、在多法域侵犯隐私权(multistate invasion of privacy)、干涉婚姻关系、恶意诉讼和滥用程序。See *Restatement, Second, Conflict of Laws*, § § 146-155 (1971).《第二次重述》区分的重要争点有：行为的侵权性、谨慎标准、享受法律保护的利益、向原告承担的义务、法定成因(legal cause)、抗辩、责任的特定先决条件、行为的义务或特免、原告自负的过错(contributory fault)、风险承担(assumption of risk)、归咎于另一方的过失(imputed negligence)、诉讼的存续(survival of actions)、慈善免责(charitable immunity)、家庭成员之间的免责(intra-family immunity)、放弃起诉或协议不起诉(release or covenant not to sue)、赔偿金(damages)、共同侵权、侵权人之间的分担和补偿(contribution and indemnity among tortfeasors)、替代责任。See ibid., § § 156-174 (1971).

这一规定可以更好地反映侵权的法律适用处于变动状态的真相。①

《第二次重述》对特定的10种侵权行为规定了比较明确而不乏灵活性的法律适用规则。这10种侵权行为可分为两大类：一是对有形利益的损害；二是对无形利益的损害。前一类包括人身伤害和损害有形财产，两者适用一样的规定，“损害结果所在法域的实体法决定当事人的权利和责任；除非对于特定的争点，其他法域根据第6条所述的原则与事件和当事人存在更重要的关系；在这种情况下，适用其他法域的实体法。”②

对无形利益的损害，法律适用的规定可分为三种情况。第一种是对欺诈和虚假陈述法律适用的规定。如果虚假陈述和原告出于信任的行为发生在同一法域，该法域的法律应用以调整虚假陈述造成的侵权问题；“除非对于特定的争点，其他法域根据第6条所述的原则与事件和当事人存在更重要的关系；在这种情况下，适用其他法域的实体法。”如果原告基于信赖的行为地全部或部分位于虚假陈述地以外的法域，适用对于特定的争点与事件和当事人具有“最重要关系”法域的法律；在决定“最重要关系”法域时要考虑如下因素：

(1) 原告基于对被告陈述的信赖而采取行动的一个或数个地点；

(2) 原告收到被告陈述的地点；

(3) 被告作出陈述的地点；

① W. Reese, "Discussion of Major Areas of Choice of Law", *Recueil des Cours*, Vol. 111, 1964, pp. 386-393.

② *Restatement, Second, Conflict of Laws*, §§146-147 (1971).

(4) 当事人的住所、居所、国籍、公司成立地和营业地；

(5) 作为当事人之间交易对象的有形财产当时的所在地；

(6) 原告将要根据合同履行的地点，该合同是他因被告的虚假陈述引诱而签订。①

第二种情况是针对诽谤、造成金钱损失的说谎和侵犯隐私权的规定，它们适用一类规则。诽谤和侵犯隐私权各分成两种类型：一是非通过大众传媒导致的诽谤和侵犯隐私权；二是通过大众传媒导致的诽谤和侵犯隐私权。以对诽谤的规定为例。非通过大众传媒导致的诽谤，"讯息公布所在法域的实体法决定当事人的权利和责任；除非对于特定的争点，其他法域根据第 6 条所述的原则与事件和当事人存在更重要的关系；在这种情况下，适用其他法域的实体法。"通过大众传媒导致的诽谤，"根据第 6 条所述原则，适用对于特定的争点与事件和当事人具有'最重要关系'的法域的实体法。"但是，如果一个自然人在其住所遭遇他所指控的向大众传播诽谤事件，该法域通常就是存在"最重要关系"的法域；如果一家法人在其主要营业所遭遇它所指控的向大众传播的诽谤事件，该法域通常就是存在"最重要关系"的法域。②

第三种情况是针对干涉婚姻关系、恶意诉讼和滥用程序的规定。两者都是适用被指控的行为或程序发生地的实体法；"除非对于特定的争点，其他法域根据第 6 条所述的原则与事件和当事人存在更重要的关系；在这种情况下，适用其他法域的实体法。"③

---

① *Restatement, Second, Conflict of Laws*, § 148 (1971).

② Ibid., § § 149-153 (1971).

③ Ibid., § § 154-155 (1971).

《第二次重述》还针对19个重要的争点分别规定了如何适用法律。这一部分的规定有两种类型：一类是直接规定适用第145条的"最重要关系原则"；[①]另一类是首先规定适用第145条的"最重要关系原则"，然后规定"通常适用损害发生地的实体法"。[②] 这意味着在后一类条款中，"最重要关系地"通常就是"损害发生地"。

(三)《冲突法重述(第二次)》的特点

与《第一次重述》相比，《第二次重述》无论在形式上还是在实质性上都呈现出鲜明的特点，充分体现了里斯的冲突法思想。

在形式上，《第二次重述》的"评论"(comments)部分更加详尽，同时增加了"报告人的注解"(Reporter's Note)。当年《第一次重述》的顾问们虽然同意比尔起草的"黑体字规则"，但对于具体的理由存在分歧，因此《第一次重述》中的"评论"部分很多被删除了。《第二次重述》的"评论"内容丰富，不仅阐述规则的制定理由，而且说明规则的适用范围；对于法院没有遇到过的问题，提示法院需要考虑的因素。"报告人注解"中引用了最高法院的权威判决和其他的权威判决。[③] 这样不仅使条文的含义更加清晰，而且还丰富了

---

① 这类条款包括：第161条"抗辩"、第163条"行为的义务或特权"、第167条"诉讼的存续"、第168条"慈善免责"、第170条"放弃起诉或协议不起诉"、第171条"赔偿金"、第173条"侵权人之间的分担和补偿"、第174条"替代责任"。

② 这类条款包括：第156条"行为的侵权性"、第157条"谨慎标准"、第158条"享受法律保护的利益"、第159条"向原告承担的义务"、第160条"法定成因"、第162条"责任的特定先决条件"、第164条"原告自负的过错"、第165条"风险承担"、第166条"归咎于另一方的过失"、第172条"共同侵权"。第169条"家庭成员之间的免责"与上述条款稍有不同，它规定："准据法通常为当事人住所地所在法域的实体法"。

③ W. Reese, "Discussion of Major Areas of Choice of Law", *Recueil des Cours*, Vol. 111, 1964, p. 327.

条文的内容，使《第二次重述》更容易实现规则指引功能。此外，"评论"和正文一样得到了美国法学会的批准，是重述中不可或缺的内容。[①] 可以说，只阅读正文而不看"评论"会很难准确而全面地理解作者的真实含义，难以体会《第二次重述》规则导向的意旨。[②]

在实质内容上，《第二次重述》呈现出三个突出特点：以第 6 条所列的政策为指导、采用分类法和分割法、采用不同的开放性规定。

1. 以第 6 条所列的政策为指导

第 6 条所列的冲突法政策是《第二次重述》所有法律选择规则的基石，所有的"黑体字规则"都源自这些政策指引。[③] 尤其是采用"最重要关系原则"的条文，都要接受第 6 条所述政策的指引。这种做法体现了里斯的政策分析为基础的冲突法思想。

---

① American Law Institute, *Restatement*, *Second*, *Conflict of Laws*, St. Paul: American Law Institute Publishers, 1971, p. viii, "Introduction".

② 比如，对于人身伤害，第 146 条正文中只是简单规定了适用损害结果发生地法，除非另一法域根据第 6 条所述原则与事件和当事人存在更重要的关系。这是一条很难在个案中适用的规定，因为它对什么情况属于"除非"情形并不明确。但在"评论"部分对此给予了相当明确的解释和说明。如果侵权结果发生地和行为地出现在同一法域，那么这个法域的法律通常应该得到适用。同时，在两种情况下不适用侵权行为地和结果发生地的法律。一是根据涉及的具体问题，其他的法域具有更重要的关系，家庭成员之间的免责属于这类问题；第二种情况是，侵权行为地和结果发生地与当事人和事件之间存在很少的联系，如飞机在飞行中因飞行员操作失误导致的乘客受伤。"评论"还指出，当行为地和结果发生地位于不同的法域时，通常适用侵权结果发生地法，除非另一法域与当事人和事件存在更重要的关系。See *Restatement*, *Second*, *Conflict of Laws*, § 146 Comment d-e (1971).

③ W. Reese, "The Second Restatement of Conflict of Laws Revisited", *Mercer Law Review*, Vol. 34, 1982 - 1983, p. 516.

第6条共罗列了8项法律选择政策。[①] 除了第1款所列遵循法院地对于法律选择的成文法规定这项普通法国家的基本政策外，第2款提到了五类不同的政策。第一类是法院促进州际和国际秩序。第二类是关注与案件有联系法域的实体法规则后面的政策，目的是决定这些法域是否有兴趣或最大的兴趣适用本地法，重述此处支持柯里教授及其支持者们的"适用兴趣"方法。第三类是保护当事人的正当期望、确定性和可预见性。第四类是法院推进特定领域实体法背后的基本政策。最后一类是关于司法管理的需要，决定和运用准据法的便利程度。[②] 显然，至少其中的一部分政策因素"即使在最简单的案件中也会指向不同的方向"。任何法律选择规则都是对这些互相冲突政策的调和。在一些领域，规则本身已经足够精确，不需要再考虑这些法律选择政策；而在不法行为和合同领域，许多地方规定了适用"最重要关系"地的法律，法院此时必须针对个案考虑这些法律选择政策，并得出能最佳地调和这

---

① 第6条"法律选择原则"：

(1) 在接受宪法约束的前提下，法院应遵循其所在法域关于法律选择的成文法规定。

(2) 在不存在这种规定时，有关选择准据法的因素包括：

① 州际和国际制度的需要；

② 法院地的相关政策；

③ 其他感兴趣的法域的相关政策，以及在决定特定争点上这些法域的相对兴趣；

④ 对正当期望的保护；

⑤ 特定法律领域的基本政策；

⑥ 结果的确定性、可预见性和一致性；以及

⑦ 容易确定和适用准据法。

Restatement, *Second*, *Conflict of Laws*, § 6 (1971).

② W. Reese, "The Second Restatement of Conflict of Laws Revisited", *Mercer Law Review*, Vol. 34, 1982－1983, pp. 508-509.

些政策的判决。[①]

第6条的内容来自里斯于1952年与奇塔姆合写的论文，但比论文中的10项政策少了两项。之所以如此，是因为《第二次重述》采取了中立法院的立场，因此原文中的“法院除非有相反的适当理由应当适用当地的实体法”被去除；同时由于《第二次重述》的规则导向，原文中过分灵活的“个案公平”也被去掉。尽管如此，第6条中的政策依然显得过分斑驳混杂，与《第二次重述》的规则导向不尽相符，里斯开始并不愿将其纳入《第二次重述》中。后来在加利福尼亚州最高法院首席法官特雷纳的坚持下，里斯才将第6条的8项政策纳入正文中，为包容其他法律选择方法打开了方便之门。[②]

2. 采用分类法和分割法

这种做法在《第二次重述》的侵权和合同部分表现最为明显。如前所述，“侵权”部分区分了10类特定侵权行为分别规定了如何适用法律，同时针对19个重要的争点指明如何适用法律；“合同”部分区分了9种特定的合同分别作了规定，同时针对14个特定的争点分别规定了如何选择法律。在其他采用“最重要关系原则”的条文中，也都是规定了针对“特定的争点”选择适用最重要关系法域的法律。

采用分类法和分割法体现了里斯规则细化的冲突法思想。里斯充分吸取了比尔的宽泛规则失败的教训，认识到在冲突法如此复杂多变的领域，宽泛的规则难以成功，必须采取有针对性的细化规则。为此，就必须针对不同的具体涉外法律关系以及法律关系中的具体问题设计规则。也只有如此，规则才能更好地实现不同

---

① *Restatement, Second, Conflict of Laws*, § 6 Comment c (1971).

② H. Kay, "A Defense of Currie's Governmental Interest Analysis", *Recueil des Cours*, Vol. 215, 1990, p. 36.

实体法领域的具体政策以及相应的法律选择政策。此外，分类法和分割法符合普通法通过个案分析逐渐发展规则的传统，个案总是针对具体类型的法律关系或关于某个法律关系的具体争点。

3. 采用不同的开放性规定

除了在个别事项上采用严格规则之外，[①]《第二次重述》主要采用了三种不同的开放性规则。第一种完全采用"最重要关系原则"，同时为了增强其指引作用，规定接受第6条的政策指引并考虑相关的连结点。[②] 第二种规定一般情况下适用某个法域的法律，除非对于某个特定争点，某个其他法域与当事人和事件/交易/财产等存在更重要的关系；在"除非"情况下，适用其他法域的法律。[③] 第

---

① 比如，对于转让土地权益的有效性和效力，适用土地所在地法院将适用的法律，而土地所在地法院通常适用其自己的实体法决定这类问题(第223条)；对于无遗嘱的动产权益的移交，"适用死者死亡时住所地法域的法院将适用的法律"(第260条)；"提起诉讼之当事人住所地法域的实体法，得用以决定离婚权"(第285条)。*Restatement, Second, Conflict of Laws*, §§223, 260, 285 (1971).

② 比如第145条关于侵权法律适用的一般原则：

(1) 关于一个侵权争点(issue)的当事人权利和责任，在第6条表述的原则指导下，适用就该争点与事件和当事人存在最重要关系的法域的实体法。

(2) 在适用第6条的原则决定一个争点的准据法时，应当考虑的连结点包括：

① 损害发生地；

② 加害地；

③ 当事人的住所、居所、国籍、成立地和营业地；以及

④ 假如存在的当事人之间关系的集中地。

这些连结点要根据它们对于特定争点的相对重要性来衡量。

Ibid., §145 (1971).

③ 比如第192条对人寿保险合同法律适用的规定："在被保险人投保申请中没有作出有效的法律选择时，基于其申请签发的人寿保险合同的有效性和由此创设的权利，适用申请保单时被保险人住所地法域的实体法；除非对于特定争点，其他法域根据第6条所述原则与交易和当事人存在更重要的关系；在这种情况下，适用其他法域的实体法。"Ibid., §192 (1971).

三种一方面规定适用"最重要关系原则"决定准据法，另一方面规定"通常"(usually)适用的法律。[①]

这类规则还不是严格的细化规则，它并不限制法官根据个案灵活裁断的权力，在一定程度上还只是一种原则或方法。这种规定反映了里斯用原则和方法作为过渡手段的冲突法思想。在个案分析到精确规则之间，原则的灵活性也可有所不同，可能首先经历特别概括的原则，然后到精确度得到增强的原则，最后制定出具体的规则。[②]

三、小结

里斯以政策分析为基础的思想反映了美国冲突法学界的理论共性，对此罕有批评意见。艾伦茨威格对此总结道："我们同意诠释和解释的过程主要基于对'政策'(policy)——或用凯弗斯偏爱的术语'目的'(purpose)——的审查。"[③]但对于里斯通过编撰《第二次重述》发展规则的思想，柯里在评价"巴布科克案"时提出了强烈的批评，认为如此归纳的规则让法院回避了法律政策分析的难题，应该在一段时间里对归纳规则"保持完全的克制"：

---

① 比如第157条对谨慎标准法律适用的规定："(1)适用第145条的规则选择的法律决定判断行为人行为的谨慎标准。(2)准据法通常为损害发生地所在法域的实体法。"

② See W. Reese, "Choice of Law: Rules or Approach", *Cornell Law Review*, Vol. 57, 1972, p. 325.

③ A. Ehrenzweig, "A Counter-Revolution in Conflicts Law? From Beale to Cavers", *Harvard Law Review*, Vol. 80, 1966-1967, p. 385.

对于为解决这类问题努力汇编一套合理的法律选择规则的那些人来说，可以理解，这是一种令人不快的观念。我们长期抱有幻想，即在处理涉及一个以上法域的案件时，通过简单的归纳，我们就能够绕过在其他情境下逃不过的诠释和解释难题。这种归纳的激情难以消除。不免要问的问题是：如果"巴布科克诉杰克逊案"中的法律适用兴趣分析奏效，那么所有的法律选择问题是必须基于个案分析，还是新的归纳存在可能呢？我的回答是，至少就目前而言，寻求捷径和综合的新尝试应该被严格制止。我们刚从这种长期包围——过分放纵的普遍性导致的陶醉——中恢复元气；至少在一段时间内，应该保持完全的克制。①

对于"最重要关系原则"——里斯在《第二次重述》中采用的主要过渡性方法，众多学者冷嘲热讽，批评之声不绝于耳。艾伦茨威格称"最重要关系原则"为看似革命的"虚空规则"(non-rule)②和一种"绝望的方案"(give-it-up formula)，它支持法院实际上作出的任何判决，而表述真正的判决原因是发展规则的重要元素，但在"最重要关系"的掩饰下，这种努力被省略掉了；③其结果可能造成法院"浑然不觉冲突法的复杂和陷阱，不顾及必不可少的对法院地

① B. Currie, "Comments on Babcock v. Jackson, A Recent Development in Conflict of Laws", *Columbia Law Review*, Vol. 63, 1963, p. 1241.

② A. Ehrenzweig, "A Counter-Revolution in Conflicts Law? From Beale to Cavers", *Harvard Law Review*, Vol. 80, 1966－1967, p. 385.

③ A. Ehrenzweig, "The Second Conflicts Restatement: A Last Appeal for its Withdrawal", *University of Pennsylvania Law Review*, Vol. 113, 1964－1965, p. 1241.

主要法律和政策的分析,得出武断的判决";这种做法不仅与现有法律相悖、误导他人,而且也阻碍了冲突法的发展,因此"有违理智"(contrary to reason)。[①] 柯里认为这一理论会带来麻烦,它要求寻找的"最重要连结点"无法用任何可用来决定重要性的标准予以执行。"从几乎任何一种目的出发,一个'连结点'看起来和另一'连结点'几乎一样合适。为了达到让一组连结点或另一组连结点更加重要的目的,不得不把'连结点'相加或作出非常主观的决定。"[②]荣格指出,"最重要关系原则"最大的问题是其中的关键词"重要"含义不明,给法官留下了类似"心灵感应"(mind reading)的巨大空间,只能表明没有现成答案。[③] 欧洲的批评家们同样指责这个原则让法院自行其是,因此他们为这种方法创造了一个带讽刺意味的新名词——"法律印象主义"(legal impressionism)。[④]

对于《第二次重述》,从其开始编撰到正式出版以至今日,一直不乏批评之声。艾伦茨威格始终站在重述编撰的对立面,发表了

---

① A. Ehrenzweig, "The 'Most Significant Relationship' in the Conflicts Law of Torts, Law and Reason versus the Restatement Second", *Law and Contemporary Problems*, Vol. 28, 1963, pp. 701, 705.

② 这是柯里评判"重力中心"和"连结点聚集"理论时的评论。See B. Currie, "Comments on Babcock v. Jackson, A Recent Development in Conflict of Laws", *Columbia Law Review*, Vol. 63, 1963, p. 1233."最重要连结点"、"重力中心"、"连结点聚集"是可以互换的概念。See S. Symeonides, "The American Choice-of-Law Revolution in the Courts: Today and Tomorrow", *Recueil des Cours*, Vol. 298, 2003, p. 129.

③ F. Juenger, *Choice of Law and Multistate Justice*, Dordrecht: Martinus Nijhoff Publishers, 1993, pp. 58, 129.

④ K. Nadelmann, "Impressionism and Unification of Law: The EEC Draft Convention on the Law Applicable to Contractual and Non-Contractual Obligations", *The American Journal of Comparative Law*, Vol. 24, 1976, p. 11.

一系列的论文反对重述冲突法。[①] 在最后一次请求撤销重述计划的论文中，他批评《第二次重述》的编撰将州际法律冲突和国际法律冲突混为一谈，一流的冲突法学者——凯弗斯、柯里、汉考克(Hancock)、莱弗拉尔、雷恩斯坦、冯·迈伦、斯顿伯格(Stumberg)和安特马等没有被邀请作为《第二次重述》的顾问，草案中的许多条文缺乏权威判例的支持；草案中采用的"识别"和"反致"制度，是来自欧洲大陆国家的令人讨厌的概念和技巧，而且这些制度在其来源地要么已被抛弃，要么正被抛弃。[②] 反对规则本身的柯里教授认为编撰重述的时机远未成熟，"关于法律本质或功能以及法律治理制度的深刻分歧将在未来的很长一段时间内阻止任何一种学术团体——或许除了那个特别的权力组织：美国法学会——颁布一套全面细致的新制度。"他认为需要做的工作是仔细地总结和协调："即仔细评价其他人为同样的目标所作的努力，尽可能协调地朝着界定分歧、减少误解和最大限度地取得一致意见的方向行进。"[③]柯

① A. Ehrenzweig, "American Conflicts Law in its Historical Perspective: Should the Restatement Be 'Continued'?", *University of Pennsylvania Law Review*, Vol. 103, 1954, p. 133; Ehrenzweig, "American Private International Law and the 'Restatement'", *Nordisk Tidsskrift for International Ret*, Vol. 28, 1958, p. 229; A. Ehrenzweig, "The 'Most Significant Relationship' in the Conflicts Law of Torts, Law and Reason versus the Restatement Second", *Law and Contemporary Problems*, Vol. 28, 1963, p. 700; A. Ehrenzweig, "The Second Conflicts Restatement: A Last Appeal for its Withdrawal", *University of Pennsylvania Law Review*, Vol. 113, 1964 - 1965, p. 1230(本注释中论文的页码均为起始页码——笔者注).

② A. Ehrenzweig, "The Second Conflicts Restatement: A Last Appeal for its Withdrawal", *University of Pennsylvania Law Review*, Vol. 113, 1964 - 1965, pp. 1233-1238.

③ B. Currie, "The Disinterested Third State", *Law and Contemporary Problems*, Vol. 28, 1963, pp. 754-755.

里的得意弟子凯(Kay)依然延续了这种批评基调,她在详尽考察了各州的司法实践后指出:"在遵循各自方法的各州之间,《第二次重述》可能没有为法院提供充分的指南,以带来哪怕表面上的一致性。"其中的缘由在于里斯和其他起草者采取的过分折中的立场,"在起草者们企图安抚批评家们的过程中,他们为传统主义者和现代理论家同样造了一把伞——一个脆弱的遮蔽物,可能会被证明它无法承受哪怕最温和的阵雨。"①在《第二次重述》被通过近30年之后,温特劳布依然指责它是"属地的深奥用语加上功能分析的一种奇怪混合体";"恰如其名称所示,'重述'不是法律改革的妥当工具"。在法律稳定的领域,"重述"可以起到指引功能;而在法律处于变革的时期,"重述是个糟糕的想法"。② 彼得·海(Peter Hay)则风趣地指出,《第二次重述》由于非常概括和缺乏理论的定位,使得它可以向所有学者敞开大门:《第一次重述》的坚持者、法律适用兴趣的建议者,甚至"较好法"的提倡者都可以在这个"梦想之家"中找到自己的位置。"我们都能承认同样的规则,然后自行其是。"③

对于《第二次重述》采取的"中立法院"的立场,学者们指责它脱离实际。柯里为此嘲笑里斯:"他想为乌有之乡(Almost-Never Land)设计规则,明确希望这些规则侵入我们的真实生活,并适

---

① H. Kay, "Theory into Practice: Choice of Law in the Courts", *Mercer Law Review*, Vol. 34, 1982-1983, p. 562.

② R. Weintraub, "'At Least, to Do no Harm': Does the Second Restatement of Conflicts Meet the Hippocratic Standard?", *Maryland Law Review*, Vol. 56, 1997, p. 1315.

③ P. Hay, "Reflections on Conflict-of-Laws Methodology", *The Hastings Law Journal*, Vol. 32, 1980-1981, p. 1667.

用于我们通常经历中被忽视的案件。”[①]艾伦茨威格同样认为，里斯立足的“中立法院”情形，正如他自己所承认的“很少出现”。[②] 对《第二次重述》整体上给予极高评价的莫里斯也对里斯采取的“中立法院”立场委婉地提出批评：如果“例示”中多些法院权衡适用当地的法律还是其他法域法律的例子，这将更加符合现实。[③]

还有学者对《第二次重述》的具体规则提出批评。温特劳布指出了第187条的不足。对比其他国家的立法和大多数评论家们的观点，第187条限制过分严格。当事人应该能够自由地选择调整合同有效性的任何法律，哪怕所选择的法域与当事人或交易没有联系。对于该条中允许通过公共秩序原则否定当事人法律选择效力的规定，他认为，这种规定“引发的问题和它试图解答的难题一样多”。对于在合同和侵权领域中的相对精确的规则，温特劳布讽刺道，在冲突法革命依然进行之中能有这样的自信“非同寻常”，但“最终证明是有勇无谋”。他还认为，《第二次重述》中的不动产适用不动产所在地法的规则阻碍了该领域冲突法的发展。[④] 莫里斯认为《第二次重述》对结婚的规定过分简单，这与里斯追求的规则

---

① B. Currie, “The Disinterested Third State”, *Law and Contemporary Problems*, Vol. 28, 1963, p. 766.

② A. Ehrenzweig, “The Second Conflicts Restatement: A Last Appeal for its Withdrawal”, *University of Pennsylvania Law Review*, Vol. 113, 1964 - 1965, p. 1235.

③ J. Morris, “Law and Reason Triumphant or How not Review a Restatement”, *The American Journal of Comparative Law*, Vol. 21, 1973, p. 326.

④ R. Weintraub, “‘At Least, to Do no Harm’: Does the Second Restatement of Conflicts Meet the Hippocratic Standard?”, *Maryland Law Review*, Vol. 56, 1997, pp. 1291, 1297, 1299, 1309.

细化和详尽自相矛盾。①

尽管面临种种辛辣讽刺和冷嘲热讽，里斯的冲突法思想和《第二次重述》还是得到了一些学者的大力肯定和热情赞扬。莫里斯认为，里斯撰写的重述要远远好于比尔的重述。“在我看来，在任何国家、以任何语言和在任何时候出现的冲突法作品中，《第二次重述》是最令人印象深刻、最为全面和最有价值的。”他还表示，他会在《戴西论冲突法》中比引用《第一次重述》以更大的热情和更频繁地引用《第二次重述》。② 莱弗拉尔认为，《第二次重述》代表了当时对法律选择思想的认识，要比《第一次重述》至少进步 25 年，或者更多，因为后者在出台时就有些落伍。③ 温特劳布虽然整体上反对《第二次重述》，但他也肯定了其中的价值。他指出，《第二次重述》中包含了许多有关法律选择制度的宝贵见解，关注相关法律的内容和目的而不是盲目地按图索骥。④ 西蒙尼德斯充分肯定了《第二次重述》作出的两个突出贡献：推动了司法界抛弃传统的比尔规则；避免了冲突法理论的单极化，为各种方法的综合奠定了基础。⑤ 韦斯特布鲁克（Westbrook）赞成里斯在编撰重述时采取的折中主义立场，认为在一个矛盾和变化根深蒂固的领域，折中主

---

① J. Morris, “Law and Reason Triumphant or How not Review a Restatement”, *The American Journal of Comparative Law*, Vol. 21, 1973, p. 328.

② Ibid., p. 330.

③ R. Leflar, “Conflict of Laws, Contracts, and the New Restatement”, *Arkansas Law Review*, Vol. 15, 1960-1961, p. 164.

④ R. Weintraub, “‘At Least, to Do no Harm’: Does the Second Restatement of Conflicts Meet the Hippocratic Standard?”, *Maryland Law Review*, Vol. 56, 1997, p. 1312.

⑤ See S. Symeonides, “The Judicial Acceptance of the Second Conflicts Restatement: A Mixed Blessing”, *Maryland Law Review*, Vol. 56, 1997, pp. 1277-1278.

义是最适当的反应。今天需要的方法类型是一种依赖规则的方法而不是个案分析的方法，方法上是折中的，而且能提供一种规则不断接受检验和更新的机制。《第二次重述》要比其他方法更能满足这些要求。没有哪一个律师或法官应该必须只依赖冲突法领域的一本书或专著，但如果必须作此选择的话，应该选择《第二次重述》。他还坚信："《冲突法重述(第二次)》不仅代表了一种连贯的法律选择方法，而且它可能从长远看来被证明是各种当前竞相争取人们接受的方法中最持久的一个。"①

司法实践证实了韦斯特布鲁克的判断，《第二次重述》在起草之中就为一些法院所采纳，现今已成为最为流行的一套规则。在美国冲突法革命中声名远播的富德法官后来坦陈，深受里斯的论文和《第二次重述(草案)》的影响，他才在"奥汀案"(Auten v. Auten)(1954)、"巴布科克案"(1963)和"纽美尔案"(Neumeier v. Kuehner)(1972)等一系列判例中采用了"重力中心"或"连结点聚集"理论。富德法官和他的同行相信，这种理论可让"最密切关心(most intimately concerned)特定诉讼结果"的法域的政策居于支配地位。② 到20世纪80年代初，美国就有13个州已经明确地采用《第二次重述》作为法律选择的指南，还有一个州含蓄地引用了其中的一个条款解决法律冲突案件。③ 如今，在各种现代法律选

① J. Westbrook, "Survey and Evaluation of Competing Choice-of-Law Methodologies: the Case for Eclecticism", *Missouri Law Review*, Vol. 40, 1975, pp. 433, 439, 463, 466.

② S. Fuld, "Willis L. M. Reese", *Columbia Law Review*, Vol. 81, 1981, pp. 936-937.

③ H. Kay, "Theory into Practice: Choice of Law in the Courts", *Mercer Law Review*, Vol. 34, 1982-1983, p. 556.

择方法中,《第二次重述》成为美国最为流行的一套冲突法方案,在涉外侵权案件和涉外合同案件中采用《第二次重述》的州都达到了23个。[①] 西蒙尼德斯还详细总结了《第二次重述》在实践中大获成功的原因:赋予了法官"其实毫无限制的自由裁量权"(virtually unlimited discretion)、法官无须"费力思考"(hard thinking)就能运用、没有意识形态的负担、是一套完整的"体系"、仰仗了美国法学会的盛名。[②]

但也有学者同时指出,在众多法院表面遵循《第二次重述》的背后,其实另有隐情。温特劳布发现,有些州首先采用《第二次重述》反对僵硬的属地规则,然后就抛开《第二次重述》,基于相关法律的内容和政策自行重新创制规则。[③] 在美国多年撰写涉外审判年度报告的西蒙尼德斯发现了类似的现象。他在分析众多判例后发现,在口头采用《第二次重述》的各州中,有的是将其作为规避传统法律选择规则的借口,有的是将其作为采用"连结点聚集"方法的幌子,还有的州将其作为限制而不是回避"兴趣分析"的工具。甚至,这些不同做法经常出现在同一个法域。[④]

---

① See S. Symeonides, "Choice of Law in the American Courts in 2006: Twentieth Annual Survey", *The American Journal of Comparative Law*, Vol. 54, 2006, pp. 697, 713; S. Symeonides, "Choice of Law in the American Courts in 2007: Twenty-first Annual Survey", *The American Journal of Comparative Law*, Vol. 56, 2008, pp. 243, 246.

② S. Symeonides, "The Judicial Acceptance of the Second Conflicts Restatement: A Mixed Blessing", *Maryland Law Review*, Vol. 56, 1997, pp. 1269, 1272-1276.

③ R. Weintraub, "'At Least, to Do no Harm': Does the Second Restatement of Conflicts Meet the Hippocratic Standard?", *Maryland Law Review*, Vol. 56, 1997, p. 1287.

④ S. Symeonides, "The Judicial Acceptance of the Second Conflicts Restatement: A Mixed Blessing", *Maryland Law Review*, Vol. 56, 1997, pp. 1269, 1262-1263.

面对关于里斯的冲突法思想和《第二次重述》的种种评判，在《第二次重述》通过 40 年后的今天，我们应该能得出如下基本客观的结论。

(1) 里斯的冲突法思想合理可行，《第二次重述》基本实现了自己的有限目标。在美国冲突法剧烈变革时期，里斯基于法律现实主义，密切关注司法实践和理论发展，在归纳总结庞杂的判例法的同时，博采百家之长，提出了政策分析为基础、规则细化为目标、原则或方法为过渡的冲突法思想。这种思想虽然缺乏鲜明的革命色彩而减少了其理论魅力，但符合实际的理论才能常青。里斯将其思想用于编撰《第二次重述》，已经获得了巨大成功。里斯在 20 世纪 80 年代初曾颇感得意地谈道，无论人们怎样评价《第二次重述》在实践中的影响，但很明显，它所起的积极作用之一是"《第一次重述》施加的任何限制现在都已被排除"[①]。这既有美国法学会盛名的作用，但更主要的是《第二次重述》体现了里斯冲突法思想，其本身的合理性散发出了持久的影响力。许多学者指责关于合同和侵权的冲突法规则过分笼统，缺乏对法院的明确指引。但这不是里斯的过错，美国这两个冲突法领域的现状就是处于不确定状态之中，里斯能做的不过是在转轨时期给予法院尽可能的指导。在 1964 年的海牙演讲中，里斯就明确地确立了《第二次重述》的有限目标：

此时能做的不过是将法院从过去的束缚中解放出来，并

---

① W. Reese, "The Second Restatement of Conflict of Laws Revisited", *Mercer Law Review*, Vol. 34, 1982 - 1983, p. 502.

为它们阐明在发展一系列的精细法律选择规则——每个规则应当至少在最初针对一个特定的问题或难题——中遵循的宽泛指南。《第二次重述》尝试做的也就这么多。[1]

(2) 在将法律现实主义用于创建冲突法规则方面，里斯进行了有益而成功的探索。里斯将法律现实主义的建构思路具体化，即以规则细化为目标，把政策分析作为基础，并将二者有机结合。难能可贵的是，在规则细化难以实现的领域，法律现实主义没有给出现成答案的情况下，里斯吸收了凯弗斯的"优先选择原则"的思路，大胆将原则或方法作为过渡手段，这种过渡方案发展了法律现实主义的规则建构思路。由于里斯对法律现实主义的深刻理解和大胆创新，在冲突法的智慧花园被冲突法革命烈火焚毁多年之后，终于又重新生机盎然。富德法官高度评价里斯在冲突法规则创建方面的智慧和勤劳，指出"在那些从事于除草并指点随后所播种子的人中，没有一个人比威力斯·里斯更加勤奋、富于创新或更适合于做个园丁或更具有园艺才能(had a more green thumb)。"[2]

(3) 里斯的冲突法思想和《第二次重述》具有巨大的包容性，符合美国司法现实；同时，里斯在《第二次重述》中规则细化的初步尝试奠定了未来冲突法发展的方向。作为里斯分析基础的政策具有多元性，既能包含传统冲突法的有益成分，又能包含带有革命色彩的冲突法理论的闪光点。里斯一方面确立了规则细化的目标，

---

① W. Reese, "Discussion of Major Areas of Choice of Law", *Recueil des Cours*, Vol. 111, 1964, p. 414.

② S. Fuld, "Willis L. M. Reese", *Columbia Law Review*, Vol. 81, 1981, p. 935.

另一方面又采取了种种过渡手段。对于《第二次重述》的性质，里斯自己的评价为："可以将《第二次重述》中的法律选择条文描述为本质上为折中，因为它们依据了种种不同的理论和价值。"[1]尤其是"最重要关系原则"几乎可使法官得出任何合理的结果，不会阻碍其所作的任何有益尝试。这种宽松和包容的思想和制度安排，符合美国冲突法主要为普通法而且是各州法律的现实。萨瑟兰(Southerland)认识到《第二次重述》的这一灵活性价值，认为"在一定意义上，《第二次重述》足够灵活多变，支持多种解决真实冲突的方案"；这种灵活是对现实的恰当反应，"这个现实就是法院由不同政治派别和法学派别的法官组成，每个法院必须自己决定选择促进哪些价值而牺牲另外的价值。"[2]当然，这种灵活性的方案只是朝着规则细化目标迈进的手段，而不是目标本身。里斯自己也认为《第二次重述》"只是一个过渡文本"[3]。未来的规则应该是针对具体问题而且符合特定领域政策要求的新规则，《第二次重述》中已经包含了大量的这类规则。将来学者所做的就是进一步完善这类规则和增加规则数量。西蒙尼德斯对《冲突法重述(第三次)》的设想可以验证这一结论。他主张下一步编撰出的《冲突法重述(第三次)》的规则应该源自过去 25 年的经验，是里斯所希望的那种规则；这种规则不同于《第一次重述》，但也不同于《第二次重述》

---

① W. Reese, "The Second Restatement of Conflict of Laws Revisited", *Mercer Law Review*, Vol. 34, 1982－1983, p. 508.

② H. Southerland, "A Plea for the Proper Use of the Second Restatement of Conflict of Laws", *Vermont Law Review*, Vol. 27, 2002－2003, p. 40.

③ W. Reese, "American Trends in Private International Law: Academic and Judicial Manipulation of Choice of Law Rules in Tort Cases", *Vanderbilt Law Review*, Vol. 33, 1980, p. 734.

的“虚空规则”；新规则应该“精细”(narrow)、针对争点和“内容导向”(content-oriented)、立足于经验而不是教条；应该包含例外条款，但不应该像《第二次重述》那样容易被替换。①

总之，在冲突法这片“阴暗的沼泽地”中，里斯已经朝着光明的陆地迈出了坚实的一步，并指明了未来努力的基本方向。尽管前面还会有荆棘坎坷，但里斯的冲突法思想和《第二次重述》足以让人鼓起前行的勇气和希望。

---

① S. Symeonides, “The Judicial Acceptance of the Second Conflicts Restatement: A Mixed Blessing”, *Maryland Law Review*, Vol. 56, 1997, pp. 1280-1281.

结　语

从法律形式主义到法律现实主义构成了美国冲突法理论从传统向现代嬗变的一根红线。比尔身处法律形式主义大本营——哈佛大学法学院，成为兰德尔法律形式主义的忠实信徒，坚信冲突法学可成为如几何学一般的科学，“由一些原则或原理构成”。在既得权理论和《第一次重述》中，比尔将冲突法领域的法律形式主义推到了极端，繁杂的合同和侵权冲突法进入了由两三条规则组成的封闭容器。这种简单化处理满足了法律界对规则明确性和稳定性的需求，借助于美国法学会的威名，比尔的规则一度获得了法院的普遍认可，“几乎具有了法令的尊严和效力”①。但是，比尔的理论和规则可谓生不逢时。就在既得权理论初步成形和比尔编纂《第一次重述》的过程中，法律现实主义运动就以摧枯拉朽之势宣告了法律形式主义的破产，在法理领域清除了教条僵化和脱离现实的思维方式，为冲突法理论的变革提供了锐利的批判武器和初步的建构思路。以库克、安特马、劳伦森为代表的法律现实主义者，借助法律现实主义运动的雷霆万钧之势在理论层面彻底解构了比尔理论的虚假威严和形式完美。就连比尔钟爱的学生——凯弗斯也无法忍受比尔理论的逻辑矛盾和脱离实际，义无反顾地揭

① S. Symeonides (ed.), *Private International Law at the End of 20th Century: Progress or Regress?*, London: Kluwer Law International, 2000, p. 22.

起了反叛大旗。在第二次世界大战之后，伴随美国超级大国地位的确立和国际、州际贸易的兴盛，涉外合同和侵权纠纷日益复杂化。栖息在比尔阵营中的法官们再也无法忍受比尔规则与个案公平的巨大反差，纷纷运用各种例外制度和条款满足个案公平的迫切需求，比尔规则开始名存实亡；走在法律变革前线的部分智慧法官甚至直接宣告了比尔规则的破产。司法实践的春潮涌动为理论创新提供了动力和资源，一场声势浩大的法律现实主义运动开始在冲突法领域如火如荼地展开。柯里汲取了库克和凯弗斯冲突法思想的营养，在总结司法实践的基础上提出"法律适用兴趣分析说"，将规则怀疑主义和政策分析推到极端。艾伦茨威格运用渊博的比较法知识，将德国维希特的理论与法律现实主义巧妙结合，批判以比尔为代表的普遍主义法律观，寻求卢埃林所指的"真实规则"。凯弗斯则在深具法律现实主义风格的 1933 年论文的基础上，探究规则细化的可行方案——总结"优先选择原则"。莱弗拉尔响应了法律现实主义者区分"行为中的法"和"书本上的法"的呼吁，"观察法官在法律选择案件中的所为而不是他们所说，然后将实际决定法官判决的因素提炼出来"①，创立了"五点考虑因素说"。里斯深得法律现实主义的精髓，在总结既有理论和判例的基础上，开始冲突法制度的重建，使冲突法的智慧花园里重现生机。

美国冲突法理论的嬗变不仅验证了法律现实主义摧毁旧理论和旧制度的神奇威力，而且见证了其构建新理论和新制度的缺陷。法律现实主义者批判比尔理论和制度获得了巨大成功。到 20 世纪 70 年代末，"大多数裁判法律选择案件的法院现在已经安顿在

---

① W. Reynolds and W. Richman, "Robert Leflar, Judicial Process, and Choice of Law", *Arkansas Law Review*, Vol. 52, 1999, p. 135.

一种政策的高地(policy plateau),这块高地远远超越了比尔概念主义的水准”[①];里斯在80年代初总结道,“《冲突法重述(第一次)》施加的任何限制现在都已被排除”[②]。比尔的理论成为了落后保守的代名词,如今没有哪个美国学者在解决法律冲突时拒绝分析法律的内容。[③] 但是,法律现实主义缺乏规则构建的整体思路,其结局在一定意义上正如卡莱尔评价阿诺德那样:“他领着他们来到荒野中,然后就把他们晾在了那里。”[④]法律现实主义的这种缺陷同样鲜明地体现在冲突法新理论建构思路的巨大分歧上。库克的“本地法说”给人们留下的是个空空的行囊,凯弗斯“规则和结果选择说”中的个案公平和社会政策标准难以把握,柯里的“法律适用兴趣分析”中的“兴趣”一词仁者见仁、智者见智,艾伦茨威格的“法院地法说”主要指出了法院地法作为分析的出发点,莱弗拉尔的“五点考虑因素说”泛泛而论,凯弗斯的“优先选择原则”只是示范性的,里斯的“最重要关系原则”更是给法官提供了无限的想象和操纵空间。不仅现代主流理论在建构思路方面存在分歧,就是在“法律适用兴趣分析说”阵营内部,学者之间依然差异巨大。白克斯特(Baxter)虽然赞同柯里解决虚假冲突的方案,但他反对柯里解决真实冲突时求助法院地法的绝望建议,主张由法官比较兴趣大小,适

---

① R. Leflar, “Choice of Law: A Well-Watered Plateau”, *Law and Contemporary Problems*, Vol. 41, 1977, p. 10.

② W. Reese, “The Second Restatement of Conflict of Laws Revisited”, *Mercer Law Review*, Vol. 34, 1982-1983, p. 502.

③ H. Kay, “A Defense of Currie's Governmental Interest Analysis”, *Recueil des Cours*, Vol. 215, 1990, p. 179.

④ R. Stevens, *Law School: Legal Education in America from the 1850s to the 1980s*, Chapel Hill and London: The University of North Carolina Press, 1983, p. 156.

用内部目的受到最大损害法域的法律。① 冯·迈伦和特劳特曼在柯里学说的基础上提出了一种功能主义方法，虽然采用了柯里解决虚假冲突的方法，但他们要求在分析国内法政策之外，还要求分析涉外政策，其解决真实冲突的方案精致复杂得令人望而生畏。②

---

① 白克斯特的方法被称为“比较损害分析说”，是对“法律适用兴趣分析说”的改革和发展。白克斯特认为：(1)在冲突法案件中有两种不同类型的调整目标：内部目标和外部目标。内部目标是隐含在每个州解决相冲突的私人利益方案中的目标，这种目标在纯粹的州内案件中也存在。外部目标出现在涉及不同州的居民之间的交易中，它们是每个州在所有的涉及它负有管理责任的情形下，都要实现的为本地目的制定的私人利益调整方案的目标。在每个真实冲突的案件中，总有一个州的外部目标作出让步。(2)可以描述和运用一条规范化的原则来决定哪一方的外部目标作出让步。这个原则是在普遍范围内内部目标受到最小损害的州的外部目的在特定案件中作出让步。W. Baxter, “Choice of Law and the Federal System”, *Stanford Law Review*, Vol. 16, 1963－1964, pp. 17-18.

② 这种方法的应用步骤可简要归纳如下：(1)第一步是确定关心案件的法域(jurisdictions)。凡对要解决的特定争点或多个争点(particular issue or issues)表示关切的地域，只要它与特定的交易存在可能的重要联系都在考虑之列。(2)确定了相关的法域之后，第二步是为每一个法域解释调整特定问题的规则。这种规则可以是某个法域一般的国内法，或者是专门调整涉外问题的特别法。在解释规则时，不仅要考虑国内法政策，而且还要考虑涉外政策。(3)对于大多数案件，前两步就可以解决问题，因为常常是所有相关法域具有同样的调整规则(尽管他们的国内法规则不同)。余下的未解决的案件是最麻烦的，出现了要在竞相适用的规则之间进行选择的问题。相当大比例的这种“真实”冲突能够通过适用主要关心案件的法域的规则得到解决。在有的案件中，有一个法域对案件拥有最终的有效控制权；有的案件中，所有关心案件的法域同意其中一个法域最关心案件。在这两类案件中，这种技巧是可行的。(4)如果不能通过上述界定最关切法域的办法解决冲突，解决方案应该借助于分析相关法域的隐含的国内和涉外政策予以解决。对政策的分析经常显示，尽管存在冲突，但其中一个法域的主张如此明显突出，以至于这个法域的规则应该得到遵守。(5)如果通过上述步骤不能发现各方的政策主张明显不同，此时应该降低差异的要求，适用政策主张稍微强烈一方的法律，因为诉讼争议最终要得到解决。这种细微差异可以是一方的政策相对更有利于促进涉外交往或维护当事人正当期望；也可能是一方的法律属于新型制度，而另一方属于落后的制度；如果法院是相关的一方，适用法院地的法律；如果法院是中立法院，适用与法院地法最接近的规则，因为法院更熟悉这类规则，少犯错误；法院可以不方便法院为由拒绝管辖；如果是方便法院，可以适用有利于阻止挑选法院一方的法律。See A. von Mehren and D. Trautman, *The Law of Multistate Problems*, Boston: Little, Brown and Company, 1965, pp. 76-78, 407-408.

温特劳布一方面为柯里采用的“兴趣分析”一词辩解，承认自己的理论“起始于柯里提出的问题”，另一方面为避免“兴趣”一词引起的混乱，将“兴趣分析”改为了“功能分析”，①并反对柯里的个案分析方法，而主张将合理而公正的判例形成的各种模式总结成“最稳定和可靠类型的法律选择‘规则’”②。

美国现代冲突法理论不仅验证了法律现实主义的优势和缺陷，而且还进一步发展了其规则构建的策略，即以原则或方法为过渡。法律现实主义对于实现规则细化缺乏可行的具体措施，只是指出大方向——采用细化规则以便更好地实现相应领域的社会经济政策。凯弗斯在反思自己早年的冲突法思想和总结司法实践的基础上，提出了以“优先选择原则”作为规则细化前奏的大胆设想。他发现，“优先原则宽泛性的好处之一是推动其发展的案例有望经常发生，这与涉及针对范围狭小问题的冲突规则的判例之间可能要经历长长的间隔期形成鲜明的对比。”③里斯在编撰《第二次重述》过程中也深深地感到：从个案分析到精确规则之间，可能首先经历特别概括的原则，然后到精确度得到增强的原则，最后制定出具体的规则。④ 他在《第二次重述》中多处采用了“最重要关系原则”。

---

① R. Weintraub, “Functional Developments in Choice of Law for Contracts”, *Recueil des Cours*, Vol. 187, 1985, p. 252.

② R. Weintraub, *Commentary on the Conflict of Laws*, Mineola: Foundation Press, 1971, p. 208.

③ D. Cavers, *The Choice-of-Law Process*, Ann Arbor: The University of Michigan Press, 1965, pp. 132-133.

④ W. Reese, “Choice of Law: Rules or Approach”. *Cornell Law Review*, Vol. 57, 1972, p. 325.

在美国冲突法理论嬗变的背后，隐含着人们对法律确定性和灵活性的交替心理需求。虽然基于法律形式主义的比尔理论和规则遭到批判和抛弃，但是法律形式主义具有的法律确定性和形式正义的价值不可全盘遭到否定。① 在美国冲突法判例混乱得一塌糊涂的时候，比尔简单明确的理论和规则满足了法官和当事人对规则确定性的渴求，因此虽然面临各种理论批判，比尔的规则在20世纪上半叶的司法实践中依然牢牢地占据着主导地位。法律需要稳定，但不能始终不变。形式主义固有的“设计难题和冻结难题”(mapping problem and freezing problem)在变化的社会现实面前必然日益突出。② 法律现实主义逐渐取代法律形式主义，人们开始强调法律的灵活性，为法律的紧身衣松绑。20世纪下半叶各种现代冲突法方法的流行反映并满足了人们对冲突法弹性的渴望。法律需要灵活，但不能变幻不定。过分灵活的冲突法理论和方法导致美国的判例法就像《一千零一夜》中的故事，个个精彩而各个不同，这时人们又开始惊呼法律已经过分灵活，需要法律明确的指引。《第二次重述》的及时出台在一定程度上满足了人们对规则的要求。不过，这时的规则并没有重回比尔规则的老路，而是带

---

① 鲍尔斯将形式主义判决的优点总结为：(1)容易预测，方便私人安排事务和减少诉讼；(2)容易应用，因为需要处理的信息有限；(3)将责任由裁判者转给立法者；(4)帮助立法者将他们的价值传达给可能不被信任的裁判者；(5)促进形式上的正义，同类案件同样判决；(6)通过避免主观臆断和裁判者的困境促进自由。See W. Powers, “Formalism and Nonformalism in Choice of Law Methodology”, *Washington Law Review*, Vol. 52, 1976 - 1977, pp. 29-30.

② 设计难题是因为规则并不能总是完美地将其赖以产生的政策转化为个案中的结果。因为形式主义的规则在裁判中过滤掉了其他信息，导致的结果可能与其支持的政策背道而驰。当设计问题出现时，有必要考虑形式主义的优点超过不适当的结果带来的危害。当形式主义的规则将裁决过程冻结在反映一个时代价值的一系列规则上，而这种价值在下一个时代已经不复存在时，冻结问题便出现了。Ibid., pp. 30-31.

有更大灵活性和开放性的新规则，法律的灵活性和确定性得到了一定程度的融合和互补。

如今，美国学界正整理各种现代冲突法理论的宝贵遗产，处于折中主义时期。① 在这个时期，人们开始意识到，单边方法和双边方法、法律的确定性和灵活性、冲突法正义和实体法正义、法域选择和内容选择，这些看似矛盾的法律方法和法律价值可以通过适当的途径和谐相处、并行不悖。② 有部分学者甚至主张，将这种折中的综合研究成果用以编撰《冲突法重述（第三次）》。但是，在开创性的新理论出现之前，这种编撰愿望恐怕难以实现。③

冲突法从17世纪就开始面临用国内法解决国际问题的困境，④在美国联邦制多元法律体系的巨大实验室中，各种冲突法理论关

① 彼得森将20世纪美国法律选择的历史分为三个时期——既得权时代、冲突法革命时代和折中主义时代。See C. Peterson, "Private International Law at the End of the Twentieth Century: Progress or Regress?", *The American Journal of Comparative Law(Supplement)*, Vol. 46, 1998, p. 199.

② 对20世纪美国冲突法发展的整体回顾可参见：C. Peterson, "Private International Law at the End of the Twentieth Century: Progress or Regress?", *The American Journal of Comparative Law(Supplement)*, Vol. 46, 1998, p. 197。

③ 关于第三次重述，不仅学者们对具体重述什么观点不一，而且对是否该做些什么众说纷纭。在关于第三次冲突法重述的研讨会上，西蒙尼德斯主张开始新的重述，并且起草了部分条文。荣格教授则认为此时重述冲突法无异于浪费纸墨。利茨曼(Richman)教授认为此时开始重述时机不成熟，但美国法学会应该成立一个研究小组为未来的工作奠定基础。温伯格(Weinberg)教授不主张彻底抛弃《第二次重述》，而主张通过大手术对其清理，包括法律移植。彼得森教授认为开始新重述的时机并不成熟。See C. Peterson, "Restating Conflicts Again: A Cure for Schizophrenia?", *Indiana Law Journal*, Vol. 75, 2000, pp. 554-555.

④ See G. Kegel, "The Crisis of Conflict of Laws", *Recueil des Cours*, Vol. 112, 1964, p. 108. 这也是许多学者的共识，如荣格和维舍持同样的观点。See F. Juenger, *Choice of Law and Multistate Justice*, Dordrecht: Martinus Nijhoff Publishers, 1993, p. 21; F. Vischer, "General Course on Private International Law", *Recueil des Cours*, Vol. 232, 1993, p. 21.

于解决这种困境的试验无疑可以为我们提供各种有益借鉴。对其进行法理分析只能作为研究的开端，还有许多其他相关问题值得我们深入研究。比如，对采用各种冲突法理论的法院判例的实证分析，欧洲对现代美国冲突法理论的态度及其背后的法律文化内涵，美国冲突法理论的本土化分析，我国应该汲取的经验和教训，等等。诸如此类的问题将是笔者下一步需要深入研究的课题。

参考文献

一、中文部分

(一)著作类

1. 卢峻:《国际私法之理论与实际》,中国政法大学出版社 1998 年版。
2. 张翔雨编著:《现代美国国际私法学说研究》,武汉大学出版社 1986 年版。
3. 邓正来:《美国现代国际私法流派》(修订版),中国政法大学出版社 2006 年版。
4. 李浩培:《李浩培文选》,法律出版社 2000 年版。
5. 韩德培主编:《国际私法》,高等教育出版社、北京大学出版社 2000 年版。
6. 王承志:《美国冲突法重述之晚近发展》,法律出版社 2006 年版。
7. 〔美〕约翰·罗尔斯著,何怀宏、何包钢、廖申白译:《正义论》,中国社会科学出版社 1988 年版。

(二)论文类

1. 刘正中:"中国国际私法词源考",《中国国际私法与比较法年刊》总第 10 卷,北京大学出版社 2007 年版。

2. 刘星:“法律的不确定性——美国现实主义法学述评”,《中山大学学报》1996 年增刊。
3. 朱景文:“对西方法律传统的挑战——评美国批判法律研究运动”,《中国法学》1995 年第 4 期。

二、英文部分

(一)著作类

1. A. Ehrenzweig, *A Treatise on the Conflict of Laws*, St. Paul: West Publishing Co., 1962.
2. A. Ehrenzweig, *Private International Law: A Comparative Treatise on American International Conflicts Law, Including the Law of Admiralty, General Part*, Leyden: Sijthoff, 1967.
3. A. Ehrenzweig and E. Jayme, *Private International Law: A Comparative Treatise on American International Conflicts Law, Including the Law of Admiralty, Special Part*, Leyden: Sijthoff, 1973.
4. A. Ehrenzweig, *Conflicts in a Nutshell*, 3rd Edition, St. Paul: West Pub. Co., 1974.
5. A. Reppy(ed.), *Law, A Century of Progress, 1835 – 1935*, Vol. 2, New York: New York University Press, 1937.
6. A. Sutherland, *The Law at Harvard*, Cambridge: The Belknap Press, 1967.
7. A. von Mehren and D. Trautman, *The Law of Multistate Problems*, Boston: Little, Brown and Company, 1965.

8. B. Cardozo, *The Nature of the Judicial Process*, New Haven: Yale University Press, 1921.

9. B. Currie, *Selected Essays on the Conflict of Laws*, Durham: Duke University Press, 1963.

10. B. Garner (ed.), *Black's Law Dictionary*, 9th Edition, St. Paul: Thomson/West, 2009.

11. C. Langdell, *A Selection of Cases on the Law of Contracts*, Boston: Little, Brown, and Company, 1871.

12. C. Morse, *Torts in Private International Law*, North-Holland Publishing Company, 1978.

13. D. Cavers, *The Choice of Law*, *Selected Essays, 1933 – 1983*, Durham: Duke University Press, 1985.

14. D. Cavers, *The Choice-of-Law Process*, Ann Arbor: The University of Michigan Press, 1965.

15. E. Purcell, *The Crisis of Democratic Theory: Scientific Naturalism and the Problem of Value*, Lexington: The University Press of Kentucky, 1973.

16. E. Scoles and P. Hay, *Conflict of Laws*, 2nd Edition, St. Paul: West Publishing Co., 1992.

17. E. Scoles, P. Hay, P. Borchers and S. Symeonides, *Conflict of Laws*, 4th Edition, St. Paul: Thomson/West, 2004.

18. E. Sykes and M. Pryles, *Australian Private International Law*, The Law Book Company Limited, 2nd Edition, 1987.

19. F. C. von Savigny, *A Treatise on the Conflict of Laws*, Translated by W. Guthrie, 2nd Edition, South Hackensack:

Rothman Reprints, Inc., 1972.

20. F. Juenger, *Choice of Law and Multistate Justice*, Dordrecht: Martinus Nijhoff Publishers, 1993.

21. G. Aichele, *Legal Realism and Twentieth-Century American Jurisprudence: The Changing Consensus*, New York: Garland Publishing, Inc., 1990.

22. J. Beale, *A Treatise on the Conflict of Laws*, New York: Baker, Voorhis & Co., 1935.

23. J. Beale, *A Selection of Cases on the Conflict of Laws*, Vol. 1, Cambridge: The Harvard Law Review Publishing Association, 1900.

24. J. Beale, *A Selection of Cases on the Conflict of Laws*, Vol. 2, Cambridge: The Harvard Law Review Publishing Association, 1901.

25. J. Beale, *A Selection of Cases on the Conflict of Laws*, Vol. 3, Cambridge: The Harvard Law Review Publishing Association, 1902.

26. J. Frank, *Law and the Modern Mind*, New York: Brentano's Publishers, 1930.

27. J. Gray, *The Nature and Sources of the Law*, D. Campbell and P. Thomas (eds.), Aldershot: Ashgate & Dartmouth, 1997.

28. J. Johnson, *American Legal Culture, 1908 - 1940*, Westport: Greenwood Press, 1981.

29. K. Llewellyn, *The Bramble Bush*, Oceana Publications,

Inc., 1960.

30. K. Nadelmann, A. von Mehren, J. Hazard (ed.), *XXth Century Comparative and Conflicts Law*, *Legal Essays in Honor of Hessele Yntema*, A. W. Sythoff-Leyden, 1961.

31. L. Brilmayer and J. Goldsmith, *Conflict of Laws: Cases and Materials*, 中信出版社 2003 年影印版。

32. L. Brilmayer, *Conflict of Laws*, *Foundations and Future Directions*, Little, Brown and Company, 1991.

33. L. Kalman, *Legal Realism at Yale*, *1927－1960*, Chapel Hill and London: The University of North Carolina Press, 1986.

34. M. Davies, S. Richetson and G. Lindell, *Conflict of Laws: Commentary and Materials*, Sydney: Butterworths, 1997.

35. M. Martin, *Legal Realism: American and Scandinavian*, New York: Peter Lang Publishing, Inc., 1997.

36. M. White, *Social Thought in America: The Revolt against Formalism*, Boston: Beacon Press, 1957.

37. O. Kahn-Freund, *General Problems of Private International Law*, Leyden: Sijhoff, 1976.

38. O. Holmes, *The Common Law*, Boston: Little, Brown, and Company, 1923.

39. R. Cramton, D. Currie, H. Kay, *Conflict of Laws: Cases-Comments-Questions*, St. Paul: West Publishing Co., 1975.

40. R. Leflar, L. McDougal III and R. Felix, *American Con-*

flicts Law, Charlottesville: The Michie Company Law Publishers, 1989.

41. R. Stevens, *Law School: Legal Education in America from the 1850s to the 1980s*, Chapel Hill and London: The University of North Carolina Press, 1983.
42. R. Weintraub, *Commentary on the Conflict of Laws*, Mineola: Foundation Press, 1971.
43. S. Symeonides (ed.), *Private International Law at the End of 20th Century: Progress or Regress?*, London: Kluwer Law International, 2000.
44. The American Law Institute, *Restatement of the Law of Conflict of Laws*, St. Paul: American Law Institute Publishers, 1934.
45. The American Law Institute, *Restatement, Second, Conflict of Laws*, St. Paul: American Law Institute Publishers, 1971.
46. W. Cook, *The Logical and Legal Bases of the Conflict of Laws*, Cambridge: Harvard University Press, 1942.
47. W. Twining, *Karl Llewellyn and the Realist Movement*, Weidenfeld and Nicolson, 1973.
48. W. Fisher III, M. Horwitz and T. Reed (eds.), *American Legal Realism*, New York: Oxford University Press, 1993.

(二)论文类

1. A. Corbin, "Offer and Acceptance, and Some of the Resul-

ting Legal Relations", *The Yale Law Journal*, Vol. 26, 1916 - 1917.

2. A. Corbin, "Legal Analysis and Terminology", *The Yale Law Journal*, Vol. 29, 1919.
3. A. Corbin, "Jural Relations and their Classification", *The Yale Law Journal*, Vol. 30, 1920 - 1921.
4. A. Corbin, "Ernest Gustav Lorenzen", *The Yale Law Journal*, Vol. 60, 1951.
5. A. Ehrenzweig, "A Counter-Revolution in Conflicts Law? From Beale to Cavers", *Harvard Law Review*, Vol. 80, 1966 - 1967.
6. A. Ehrenzweig, "American Conflicts Law in its Historical Perspective: Should the Restatement Be 'Continued'?", *University of Pennsylvania Law Review*, Vol. 103, 1954.
7. A. Ehrenzweig, "American Private International Law and the 'Restatement'", *Nordisk Tidsskrift for Int'l Ret*, Vol. 28, 1958.
8. A. Ehrenzweig, "A Proper Law in a Proper Forum: A "Restatement" of the 'Lex Fori Approach'", *Oklahoma Law Review*, Vol. 18, 1965.
9. A. Ehrenzweig, "Beale's Translation of Bartolus", *The American Journal of Comparative Law*, Vol. 12, 1963.
10. A. Ehrenzweig, "Choice of Law: Current Doctrine and 'True Rules'", *California Law Review*, Vol. 49, 1961, p. 240.

11. A. Ehrenzweig, "The Lex Fori—Basic Rule in the Conflict of Laws", *Michigan Law Review*, Vol. 58, 1959 - 1960.

12. A. Ehrenzweig, "Lex Fori in the Conflict of Laws", *Rocky Mountain Law Review*, Vol. 32, 1959 - 1960.

13. A. Ehrenzweig, "Specific Principles of Private Transnational Law", *Recueil des Cours*, Vol. 124, 1969.

14. A. Ehrenzweig, "The Second Conflicts Restatement: A Last Appeal for its Withdrawal", *University of Pennsylvania Law Review*, Vol. 113, 1964 - 1965.

15. A. Ehrenzweig, "The 'Most Significant Relationship' in the Conflicts Law of Torts, Law and Reason versus the Restatement Second", *Law and Contemporary Problems*, Vol. 28, 1963.

16. A. Gulliver, "Book Review", *The Yale Law Journal*, Vol. 41, 1931 - 1932.

17. A. Harding, "Joseph Henry Beale: Pioneer", *Missouri Law Review*, Vol. 2, 1937.

18. A. von Mehren, K. Nadelmann and D. Trautman, "A Greeting to David F. Cavers", *Law and Contemporary Problems*, Vol. 41, 1977.

19. B. Currie, "Change of Venue and the Conflict of Laws", *The University of Chicago Law Review*, Vol. 22, 1955.

20. B. Currie, "Comments on Babcock v. Jackson, A Recent Development in Conflict of Laws", *Columbia Law Review*, Vol. 63, 1963.

21. B. Currie, "Ehrenzweig and the Statute of Fraud: An Inquiry into the 'Rule of Validation'", *Oklahoma Law Review*, Vol. 18, 1965.

22. B. Currie, "Notes on Methods and Objectives in the Conflict of Laws", *Duke Law Journal*, Vol. 1959, 1959.

23. B. Currie, "The Disinterested Third State", *Law and Contemporary Problems*, Vol. 28, 1963.

24. B. Wardhaugh, "From Natural Law to Legal Realism: Legal Philosophy, Legal Theory, and the Development of American Conflict of Laws since 1830", *Maine Law Review*, Vol. 41, 1989.

25. C. Clark, "Relations, Legal and Otherwise", *Illinois Law Quarterly*, Vol. 5, 1922 – 1923.

26. C. Clark and H. Carey, "Walter Wheeler Cook", *Illinois Law Review*, Vol. 38, 1943 – 1944.

27. C. Wächter, "On the Collision of Private Laws of Different States", Translated by K. Nadelmann, *The American Journal of Comparative Law*, Vol. 13, 1964.

28. C. Peterson, "Private International Law at the End of the Twentieth Century: Progress or Regress?", *The American Journal of Comparative Law (Supplement)*, Vol. 46, 1998.

29. C. Peterson, "Restating Conflicts Again: A Cure for Schizophrenia?", *Indiana Law Journal*, Vol. 75, 2000.

30. D. Cavers, "A Correspondence with Brainerd Currie, 1957 – 1958", *Mercer Law Review*, Vol. 34, 1982 – 1983.

31. D. Cavers, "A Critique of the Choice-of-Law Problem", *Harvard Law Review*, Vol. 47, 1933 - 1934.

32. D. Cavers, "A Critique of the Choice-of-Law Process: Addendum 1972", *Harvard International Law Journal*, Vol. 17, 1976.

33. D. Cavers, "Cipolla and Conflicts Justice", *Duquesne Law Review*, Vol. 9, 1970 - 1971.

34. D. Cavers, "Contemporary Conflicts Law in American Perspective", *Recueil des Cours*, Vol. 131, 1971.

35. D. Cavers, "Some of Ehrenzweig's Choice-of-Law Generalizations", *Oklahoma Law Review*, Vol. 18, 1965.

36. D. Cavers, "The Conditional Seller's Remedies and the Choice-of-Law Process — Some Notes on Shanahan", *New York University Law Review*, Vol. 35, 1960.

37. E. Cheatham and W. Reese, "Choice of the Applicable Law", *Columbia Law Review*, Vol. 52, 1952.

38. E. Lorenzen, "Territoriality, Public Policy, and the Conflict of Laws", *The Yale Law Journal*, Vol. 33, 1923 - 1924.

39. E. Lorenzen, "Tort Liability and the Conflict of Laws", *Selected Articles on the Conflict of Laws*, New Haven: Yale University Press, 1947.

40. E. Lorenzen, "Validity and Effects of Contracts in the Conflict of Laws (II)", *The Yale Law Journal*, Vol. 30, 1920 - 1921.

41. E. Lorenzen, "Validity and Effects of Contracts in the Con-

flict of Laws (III)", *The Yale Law Journal*, Vol. 72, 1921 - 1922.

42. E. Lorenzen and R. Heilman, "The Restatement of the Conflict of Laws", *University of Pennsylvania Law Review*, Vol. 83, 1934 - 1935.

43. E. Vitta, "The Impact in Europe of the American 'Conflicts Revolution'", *The American Journal of Comparative Law*, Vol. 30, 1982.

44. F. Cohen, "Transcendental Nonsense and the Functional Approach", *Columbia Law Review*, Vol. 35, 1935.

45. F. Harper, "Policy Bases of the Conflict of Laws", *The Yale Law Journal*, Vol. 56, 1947.

46. F. Juenger, "Conflict of Laws: A Critique of Interest Analysis", *The American Journal of Comparative Law*, Vol. 32, 1984.

47. F. Kenison, "The Continuing Contribution of Robert A. Leflar to the Judicial Education of Appellate Judges", *Arkansas Law Review*, Vol. 25, 1971 - 1972.

48. F. Sloovere, "On Looking into Mr. Beale's Conflict of Laws", *New York University Law Quarterly Review*, Vol. 13, 1935 - 1936.

49. F. Vischer, "General Course on Private International Law", *Recueil des Cours*, Vol. 232, 1993.

50. G. Kegel, "The Crisis of Conflict of Laws", *Recueil des Cours*, Vol. 112, 1964.

51. G. E. White, "From Sociological Jurisprudence to Realism: Jurisprudence and Social Change in Early Twentieth-century America", *Virginia Law Review*, Vol. 58, 1972.

52. G. Gilmore, "Legal Realism: Its Cause and Cure", *The Yale Law Journal*, Vol. 70, 1960 - 1961.

53. H. Baade, "Counter-Revolution or Alliance for Progress? Reflections on Reading Cavers, The Choice-of-Law Process", *Taxas Law Review*, Vol. 46, 1967.

54. H. Goodrich, "Public Policy in the Conflict of Laws", *West Virginia Law Quarterly*, Vol. 20, 1930.

55. H. Jones, "Law and Morality in the Perspective of Legal Realism", *Columbia Law Review*, Vol. 61, 1961.

56. H. Kay, "A Defense of Currie's Governmental Interest Analysis", *Recueil des Cours*, Vol. 215, 1990.

57. H. Kay, "Ehrenzweig's Proper Law and Proper Forum", *Oklahoma Law Review*, Vol. 18, 1965.

58. H. Kay, "Theory into Practice: Choice of Law in the Courts", *Mercer Law Review*, Vol. 34, 1982 - 1983.

59. H. Laski, "The Basis of Vicarious Liability", *The Yale Law Journal*, Vol. 26, 1916 - 1917.

60. H. Oliphant, "A Return to Stare Decisis", *American Bar Association Journal*, Vol. 14, 1928.

61. H. Pihlajamaki, "Against Metaphysics in Law: The Historical Background of American and Scandinavian Legal Realism Compared", *The American Journal of Comparative Law*,

Vol. 52, 2004.

62. H. Smit, "In Memoriam, Willis Livingston Mesier Reese", *Columbia Law Review*, Vol. 91, 1991.

63. H. Southerland, "A Plea for the Proper Use of the Second Restatement of Conflict of Laws", *Vermont Law Review*, Vol. 27, 2002 - 2003.

64. H. Yntema, "Contract and Conflict of Laws: 'Autonomy' in Choice of Law in the United States", *New York Law Forum*, Vol. 1, 1955.

65. H. Yntema, "The Historic Bases of Private International Law", *The American Journal of Comparative Law*, Vol. 2, 1953.

66. H. Yntema, "The Hornbook Method and the Conflict of Laws", *The Yale Law Journal*, Vol. 37, 1928.

67. H. Yntema, "The Objectives of Private International Law", *The Canadian Bar Review*, Vol. 35, 1957.

68. H. Yntema, "The Restatement of the Law of Conflict of Laws", *Columbia Law Review*, Vol. 36, 1936.

69. H. Yntema, "Walter Wheeler Cook", *Illinois Law Review*, Vol. 38, 1943 - 1944.

70. J. Barrett, "Vignette of Robert A. Leflar", *Arkansas Law Review*, Vol. 25, 1971 - 1972.

71. J. Beale, "Dicey's 'Conflict of Law'", *Harvard Law Review*, Vol. 10, 1896 - 1897.

72. J. Beale, "The Necessity for a Study of Legal System", *As-*

sociation of American Law Schools, *Proceedings*, Vol. 14, 1914.

73. J. C. Hutcheson, "The Judgment Intuitive: The Function of the 'Hunch' in Judicial Decision", *The Cornell Law Quarterly*, Vol. 14, 1928 - 1929.
74. J. Dewey, "Logical Method and Law", *The Cornell Law Quarterly*, Vol. 10, 1914 - 1925.
75. J. Frank, "Are Judges Human?", *University of Pennsylvania Law Review*, Vol. 80, 1931 - 1932.
76. J. Frank, "Why not a Clinical Lawyer-school?", *University of Pennsylvania Law Review*, Vol. 81, 1932 - 1933.
77. J. Frank, "What Constitutes a Good Legal Education?", *American Bar Association Journal*, Vol. 19, 1933.
78. J. Morris, "Law and Reason Triumphant or How not Review a Restatement", *The American Journal of Comparative Law*, Vol. 21, 1973.
79. J. Singer, "Legal Realism Now", *California Law Review*, Vol. 76, 1988.
80. J. Westbrook, "Survey and Evaluation of Competing Choice-of-Law Methodologies: The Case for Eclecticism", *Missouri Law Review*, Vol. 40, 1975.
81. K. Llewellyn, "A Realistic Jurisprudence—The Next Step", *Columbia Law Review*, Vol. 30, 1930.
82. K. Llewellyn, "On What Is Wrong with So-called Legal Education", *Columbia Law Review*, Vol. 35, 1935.

83. K. Llewellyn, "On Reading and Using the Newer Jurisprudence", *Columbia Law Review*, Vol. 40, 1940.

84. K. Llewellyn, "Some Realism about Realism—Responding to Dean Pound", *Harvard Law Review*, Vol. 44, 1930 - 1931.

85. K. Nadelmann, "Impressionism and Unification of Law: The EEC Draft Convention on the Law Applicable to Contractual and Non-contractual Obligations", *The American Journal of Comparative Law*, Vol. 24, 1976.

86. K. Siehr, "Domestic Relations in Europe: European Equivalents to American Evolutions", *The American Journal of Comparative Law*, Vol. 30, 1982.

87. K. Siehr, "Revolution and Evolution in Conflicts Law", *Louisiana Law Review*, Vol. 60, 1999 - 2000.

88. L. Brilmayer, "Interest Analysis and the Myth of Legislative Intent", *Michigan Law Review*, Vol. 78, 1979 - 1980.

89. L. Brilmayer, "The Role of Substantive and Choice of Law Policies in the Formation and Application of Choice of Law Rules", *Recueil des Cours*, Vol. 252, 1995.

90. L. Green, "Innocent Misrepresentation", *Virginia Law Review*, Vol. 19, 1932 - 1933.

91. L. Green, "The Duty Problem in Negligence Cases", *Columbia Law Review*, Vol. 28, 1928.

92. L. McDougal III, "Leflar's Choice-Influencing Considerations: Revisited, Refined and Reaffirmed", *Arkansas Law*

Review, Vol. 52, 1999.

93. M. Cohen, "Property and Sovereignty", *The Cornell Law Quarterly*, Vol. 13, 1927 – 1928.

94. M. Green, "Legal Realism, Lex Fori, and the Choice-of-Law Revolution", *The Yale Law Journal*, Vol. 104, 1994 – 1995.

95. M. Hancock, "Choice of Law Policies in Multiple Contact Cases", *The University of Toronto Law Journal*, Vol. 5, 1943.

96. M. Rheinstein, "Ehrenzweig on the Law of Conflict of Laws", *Oklahoma Law Review*, Vol. 18, 1965.

97. M. Traynor, "Conflict of Laws: Professor Currie's Restrained and Enlightened Forum", *California Law Review*, Vol. 49, 1961.

98. N. Isaacs, "The Standardizing of Contracts", *The Yale Law Journal*, Vol. 27, 1917 – 1918.

99. O. Holmes, "The Path of the Law", *The Boston Law School Magazine*, Vol. 1, 1896 – 1897.

100. P. Freund, "Chief Justice Stone and the Conflict of Laws", *Harvard Law Review*, Vol. 59, 1945 – 1946.

101. P. Hay, "Reflections on Conflict-of-Laws Methodology", *The Hastings Law Journal*, Vol. 32, 1980 – 1981.

102. R. Bischoff, "Robert A. Leflar: Torts Realist", *Arkansas Law Review*, Vol. 25, 1971 – 1972.

103. R. de Nova, "Historical and Comparative Introduction to

Conflict of Laws", *Recueil des Cours*, Vol. 118, 1966.

104. R. Heilman, "Judicial Method and Economic Objectives in Conflict of Laws", *The Yale Law Journal*, Vol. 43, 1934.

105. R. Leflar, "Choice-Influencing Considerations in Conflicts Law", *New York University Law Review*, Vol. 41, 1966.

106. R. Leflar, "Choice of Law: A Well-Watered Plateau", *Law and Contemporary Problems*, Vol. 41, 1977.

107. R. Leflar, "Choice of Law: Torts: Current Trends", *Vanderbilt Law Review*, Vol. 6, 1952 - 1953.

108. R. Leflar, "Conflicts Law: More on Choice-Influencing Considerations", *California Law Review*, Vol. 54, 1966.

109. R. Leflar, "Conflict of Laws, Contracts, and the New Restatement", *Arkansas Law Review*, Vol. 15, 1960 - 1961.

110. R. Leflar, "Ehrenzweig and the Courts", *Oklahoma Law Review*, Vol. 18, 1965.

111. R. Leflar, "Honest Judicial Opinions", *Northwestern University Law Review*, Vol. 74, 1979 - 1980.

112. R. Leflar, "The Nature of Conflicts Law", *Columbia Law Review*, Vol. 81, 1981.

113. R. Leflar, "The 'New' Choice of Law", *The American University Law Review*, Vol. 21, 1972.

114. R. Neuner, "Policy Considerations in the Conflict of Laws", *The Canadian Bar Review*, Vol. 20, 1942.

115. R. Pound, "Liberty of Contract", *The Yale Law Journal*, Vol. 18, 1908 - 1909.

116. R. Pound, "Law in Books and Law in Action", *American Law Review*, Vol. 44, 1910.

117. R. Sedler, "Professor Juenger's Challenge to the Interest Analysis Approach to Choice-of-Law: An Appreciation and a Response", *University of California, Davis Law Review*, Vol. 23, 1989 - 1990.

118. R. Weintraub, "Functional Developments in Choice of Law for Contracts", *Recueil des Cours*, Vol. 187, 1985.

119. R. Weintraub, "'At Least, to Do no Harm': Does the Second Restatement of Conflicts Meet the Hippocratic Standard?", *Maryland Law Review*, Vol. 56, 1997.

120. S. Fuld, "Willis L. M. Reese", *Columbia Law Review*, Vol. 81, 1981.

121. S. Symeonides, "The American Choice-of-Law Revolution in the Courts: Today and Tomorrow", *Recueil des Cours*, Vol. 298, 2003.

122. S. Symeonides, "The Judicial Acceptance of the Second Conflicts Restatement: A Mixed Blessing", *Maryland Law Review*, Vol. 56, 1997.

123. T. Arnold, "Institute Priests and Yale Observers—A Reply to Dean Goodrich", *University of Pennsylvania Law Review*, Vol. 84, 1935 - 1936.

124. T. Arnold, "The Jurisprudence of Edward S. Robinson", *The Yale Law Journal*, Vol. 46, 1936 - 1937.

125. T. Arnold, "The Role of Substantive Law and Procedure in

the Legal Process", *Harvard Law Review*, Vol. 45, 1931 - 1932.

126. U. Moore, "Rational Basis of Legal Institutions", *Columbia Law Review*, Vol. 23, 1923.

127. W. Baxter, "Choice of Law and the Federal System", *Stanford Law Review*, Vol. 16, 1963 - 1964.

128. W. Cook, "An Unpublished Chapter of the Logical and Legal Bases of the Conflict of Laws", *Illinois Law Review*, Vol. 37, 1942 - 1943.

129. W. Cook, "Hohfeld's Contributions to the Science of Law", *The Yale Law Journal*, Vol. 28, 1919.

130. W. Cook, "Privileges of Labor Unions in the Struggle for Life", *The Yale Law Journal*, Vol. 27, 1918.

131. W. Cook, "Scientific Method and the Law", *American Bar Association Journal*, Vol. 13, 1927.

132. W. Cook, "Walter Wheeler Cook", *My Philosophy of Law*, Littleton: Fred B. Rothman & Co., 1987.

133. W. Cook, "The Logical and Legal Bases of the Conflict of Laws", *The Yale Law Journal*, Vol. 33, 1923 - 1924.

134. W. Douglas, "A Functional Approach to the Law of Business Associations", *Illinois Law Review*, Vol. 23, 1928 - 1929.

135. W. Hohfeld, "Some Fundamental Legal Conceptions as Applied in Judicial Reasoning", *The Yale Law Journal*, Vol. 23, 1913.

136. W. Prosser, "Interstate Publication", *Michigan Law Review*, Vol. 51, 1953.

137. W. Reese, "American Trends in Private International Law: Academic and Judicial Manipulation of Choice of Law Rules in Tort Cases", *Vanderbilt Law Review*, Vol. 33, 1980.

138. W. Reese, "Choice of Law: Rules or Approach", *Cornell Law Review*, Vol. 57, 1972.

139. W. Reese, "Choice of Law in Torts and Contracts and Directions for the Future", *Columbia Journal of Transnational Law*, Vol. 16, 1977.

140. W. Reese, "Choice of Law in the United States: The Past, the Present and Some Prophecies for the Future", J. Hazard and W. Wagner(eds.), *Law in the United States of America in Social and Technological Revolution*, Brussels: Etablissements Emile Bruylant, 1974.

141. W. Reese, "Conflict of Laws and the Restatement Second", *Law and Contemporary Problems*, Vol. 28, 1963.

142. W. Reese, "Contracts and the Restatement of Conflict of Laws, Second", *The International and Comparative Law Quarterly*, Vol. 9, 1960.

143. W. Reese, "Dépeçage: A Common Phenomenon in Choice of Law", *Columbia Law Review*, Vol. 73, 1973.

144. W. Reese, "Discussion of Major Areas of Choice of Law", *Recueil des Cours*, Vol. 111, 1964.

145. W. Reese, "General Course on Private International Law",

Recueil des Cours, Vol. 150, 1976.

146. W. Reese, "The Second Restatement of Conflict of Laws Revisited", *Mercer Law Review*, Vol. 34, 1982 - 1983.

147. W. Reynolds and W. Richman, "Robert Leflar, Judicial Process, and Choice of Law", *Arkansas Law Review*, Vol. 52, 1999.

148. W. Sturges and S. Clark, "Legal Theory and Real Property Mortgages", *The Yale Law Journal*, Vol. 37, 1927 - 1928.

149. W. Samuels, "Joseph Henry Beale's Lectures on Jurisprudence, 1909", *University of Miami Law Review*, Vol. 29, 1974 - 1975.

后 记

第二次世界大战之后，美国冲突法理论独领世界冲突法研究风气之先，而其法理底色则为法律现实主义。五年前，我就为这一论断所吸引，但当时国内研究成果对此却语焉不详且多有抵牾甚至舛误之处。明察美国冲突法理论的奥妙，深究其法理意蕴，便成为我有意攻克的难关。

真正下定决心并非易事。当时，国内有关美国法律现实主义的只言片语令人如坠雾中，关于美国冲突法理论的研究成果同样令人疑窦重生。我对这一高难度的选题曾经踌躇不定。时任山东大学法学院院长的梁慧星先生多次对我面授治学从业之道，鼓励我利用科研青春的黄金时光攻克有价值的研究课题。读博期间，梁先生多次为我解答与冲突法相关的民商法难题。正是梁先生的指点和鼓励使我坚定了信心并顺利完成研究。先生之恩，我会永远铭记在心。

承蒙谢晖教授不弃，我有幸忝入门下。谢老师勤于治学，著述甚丰。“严谨治学、勤奋写作”，这种治学方法令我颇受启发。我因此抛却不轻易动笔的习惯，及时将读书心得行之成文，初步领略了科研乐趣。三年多的博士攻读时光中，我遭遇不少学习和研究障碍，谢老师多次鼎力相助，方使我得以从容耐心为文。为我此次专著出版，谢老师百忙中拨冗作序，对我学术尽快有成的殷切之情溢于言表。我今后当更加努力进步，以不辜负谢老师的期许。

攻读博士学位期间，我有幸得到国家留学基金管理委员会和山东大学的资助，到美国爱默雷(Emory)大学法学院访学一年。恰巧世界知名的法理学大师伯尔曼(H. Berman)教授在此任教，从精选有关美国法律现实主义的文献，到对美国法律现实主义的具体认识和总结，我屡次得到伯尔曼教授面授机宜。如今，先生虽然已经驾鹤归去，但其音容笑貌仍清晰如在眼前。我在美国的指导老师彼得·海(Peter Hay)教授精通欧美冲突法比较研究，法理和民商法学识渊博。在美国一年中，我不仅通过听其讲授三门课程学到了美国冲突法以及相关知识，而且通过经常性的面谈和通信释除了种种疑惑。归国后，我依然同其保持频繁的联络，得以讨教各种法学难题。其待人的热诚、风趣的谈吐、学识的渊博以及笔耕不辍的创作热情让我领略到了大师风采。

本书的顺利完成和出版同黄进教授密不可分。黄老师在多年前曾倡导国际私法基础理论研究。我正是受此启发才萌生了研究美国冲突法理论之法理根基的热望。以前，我只是在国际私法年会召开之际才得以向黄老师请教。如今，黄老师成了我从事博士后研究的合作导师，经常性的面谈和通信成为我提高学识的捷径。书稿修改的顺利完成归功于黄老师的指导、鼓励和提供的良好研究条件。最近，黄老师虽然荣任中国政法大学校长，但他在百忙中仍经常关注我的学术进展，并在繁忙之余为本书作序。黄老师博学多才、睿智谦和、儒雅从容，是我敬仰和学习的楷模。

宋连斌教授和宋晓副教授与我相识多年。从本书选题的确定到书稿的修改完善，他们的鼓励、指点和帮助一直不离左右。他们治学的严谨、思维的敏捷和待人的真诚是我求学上进的不竭动力。

“人生得一知己足矣”，有此挚友在学海中相伴实在是人生幸事，本来清苦的学术之途当不再孤寂！

本书是我辗转于三个美丽可爱的大学校园完成的。爱默雷大学设施先进、藏书丰富、名师众多，尤其是其法学图书馆一流的服务和馆际互借的便利令我受益匪浅，能读到天下可读之书是我最深的印象。在该校期间，阿迪恩（Ahdieh）教授、彼德曼（Bederman）教授、范恩曼（Fineman）教授、辛迪・王（Cindy Wang）女士、朱丽安娜・柏克（Julianna Burke）女士和何帆先生等对我提供了诸多帮助和便利。历史悠久的山东大学老校古朴典雅，是我本科和博士学业完成之地。读博期间，法学院的众多同仁和同窗所给予的无私帮助令我终生难忘，王芳、张东等多位辅导员助理和张强等法学院 2004 级本科生对我学业的完成给予了必不可少的协助。在书稿修改中，硕士生朱娜为校对工作付出了大量宝贵时间与精力。依山傍水的武汉大学校园宁静优雅，是我硕士阶段学习和从事博士后研究的学术圣地。在书稿修改期间，武汉大学国际法研究所的多位老师以及博士后管理办公室的各位老师等对我的学术研究和日常生活给予了热情支持。

最后，我还应感谢家人和所有一直默默支持和关心我的亲朋好友，正是他们的无私奉献和真挚关爱使我顺利发展至今，他们的爱是我生活和工作的动力和意义所在。

2009 年 9 月于武汉大学珞珈山